丝路百城传

特立,不独行

出版说明

2013年，中国国家主席习近平向世界提出共建"一带一路"的倡议。自提出以来，"一带一路"倡议深刻影响世界，逐渐从理念转化为行动，从愿景转变为现实，建设成果丰硕，得到国际社会热烈响应。

古丝绸之路打开了各国各民族交往的窗口，书写了人类文明进步的历史篇章。共建"一带一路"的实践，为沿线国家相向而行、互学互鉴提供了平台，促进了不同国家、不同民族、不同文化、不同文明的深入交流。

城市是人类文明的结晶。"一带一路"沿线的城市中，蕴藏着人类千年的历史、多元的文化和无尽的动人故事。我们希望通过出版"丝路百城传"，展现每座城市独一无二的历史和性格，汇聚出丰富多彩、生动可感的"一带一路"大格局，增进文化交流和文明互鉴。

这是一次前所未有的出版探索，我们虽竭尽全力，也深知有诸多不足。期待这套丛书能够得到读者的喜欢，也期待更多的读者、作者、专家、学者等各界朋友们对我们的出版工作给予指正。

"丝路百城传"丛书编辑部

THE
BIOGRAPHY
Of
CHENGDU

熊猫家园诗歌殿堂

成都 传

谭平 著

成都 李晓宁摄

上左：高原圣水 谭俊峰摄
上右：高原春水欢歌奔向成都平原 谭俊峰摄
下：冬季高原 谭俊峰摄

上：傍晚的都江堰市 谭俊峰摄
中：三环路航天立交桥 李晓宁摄
下：公园城市的清晨，圆形建筑为世界大学生运动会主场馆　李晓宁摄

上：自古中国春节不夜城 谭俊峰提供
下：蜀锦故里——锦里的夜晚 谭俊峰 摄

上：女性参舞洛带水龙
下：洛带水龙 李晓宁摄

华西客家最大古镇洛带 2014 李晓宁摄

上：成都博物馆 谭俊峰提供
中：成都市中心天府广场 谭俊峰摄
下：近代中西方友好交往桥梁——加拿大人启尔德的雕塑 谭平摄

上：举世瞩目的三星堆博物馆 黄剑华摄
下：承接、媲美三星堆的金沙遗址 谭俊峰提供

左：三星堆出土之金面罩 谭俊峰提供
右上：金沙遗址出土文物 谭俊峰提供
右下：金沙遗址公园的太阳神鸟标识，是中国历史文化遗产标志 黄剑华摄

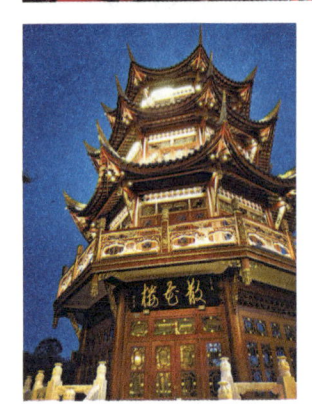

上：老子到过的道教圣地青羊宫 谭俊峰摄
中：武侯祠，又名汉昭烈庙 谭俊峰提供
下：隋朝始建，风流浪漫散花楼 谭俊峰摄

上：丁宝桢留下的汉藏人民共用的南桥 谭俊峰提供
下：马可波罗记载过的安顺廊桥 谭俊峰提供

上：琴台路司马相如卓文君故里 谭俊峰提供
下：纪念司马相如和卓文君浪漫爱情而重建之琴台路 黄剑华摄

上：精美地下宫殿明朝蜀王陵 李晓宁摄
下：汉代画像砖中的文教成都 天府文化研究院提供

上：川军抗日阵亡将士纪念碑 谭俊峰摄
下：和平使者——2013洛带古镇 李晓宁摄

上：方所书店 谭俊峰摄
中：号称20世纪"中国文学的良心"的成都作家巴金（李尧棠）的雕像 黄剑华摄
下：杜甫草堂名人诗文长廊 谭俊峰摄

可爱的大熊猫组图　沈尤摄

总　序

刘传铭

如果说丝绸之路研究让我们洞见了一部全新的世界史，一定会有人表示惊讶与质疑；

如果说城市的创造是迄今为止人类文明进程中最伟大的事情，则一定会得到人们普遍的支持与认同。

"丝路百城传"丛书的策划正是发轫于这样一个历史观的文化叙述：

丝绸之路是一条无路之路；

丝绸之路是一条既古老又年轻，"不知其始为始，不知其终为终"的漫漫长路；

丝绸之路是一条历史时空里时隐时现，变动不居，连点成线，连线成网的超级公路；

丝绸之路是点实线虚、点变线变、点之兴衰即线之存亡的交通形态，那些关山阻隔、望洋兴叹的城市，便如一颗颗璀璨的明珠镶嵌在路上；

丝绸之路是一个文化概念，叠加其上的影像曾被不同国家不同民族的人们呼作：铜铁之路、纸张之路、皮毛之路、奴隶之路、铁蹄之路、黄金之路、朝贡之路、宗教之路；

丝绸之路是中西文明交流与传播、邦国拓展、民族融合之路，也是西方探秘中国、解码东方之路，更是我们反躬自问"我是谁？我从哪里来？我向何处去？"的寻根之路、回家之路；

丝绸之路是今日中国走向世界的新起点、新思路，是"一带一路"倡议走向人类命运共同体的未来之路……

无可否认，一个世纪以来，丝路研究之话语为李希霍芬、斯文·赫定、斯坦因、伯希和、大谷光瑞、于格、橘瑞超、芮乐伟·韩森、彼得·弗兰科潘等东西方人所主导。然而半个世纪以来的大国崛起，正在使"夫唯不争"之中国快速走向文化振兴。我们要将《大唐西域记》《真腊风土记》的传统正经补史、继绝往圣、启迪民智、传播正信，同时也将丝绸之路城市传文学以实为说、以城为据、芳菲想象、拒绝平庸的创作视为新使命、新挑战。让"城市传"这样一个文学体裁开出新时代的鲜花。

凭谁问：昆仑巍峨、河源滔滔、玉山储秀、戍堡寂寞；

凭谁问：旌节刻恨、驼铃悠远、琵琶起舞、古调胡旋；

凭谁问：秦汉何在、唐宋可甄、东西接引、前路正新；

凭谁问：八剌沙衮今何在？罗马的钟声谁敲响；

凭谁问：撒马尔罕的金桃今何在？帕米尔上的通天塔何时建成、何时倾倒？

凭谁问：伊斯兰世界的科学造诣何时传到了巴黎和伦敦；

凭谁问：鉴真大师眼中奈良和京都的樱花几谢几开；

凭谁问：乌拉尔河上何时传来了伏尔加河的纤夫号子；

凭谁问：杭州湾的帆樯何时穿越马六甲风云……

诗人说：这条路是唐诗和宋词的吟唱，是太阳和月亮的战争；

军人说：这条路是旌旗卷翻的沙漠，是铁骑踏破的血原；

商人说：这条路是关涉洞开的集市，是金盏银樽的盛宴；

僧侣说：这条路是信仰鲜花盛开的祭坛，是生命涅槃的乡路……

一个个城市的前世今生，一个个城市的天际线风景，一个个城市的盛衰之变，一个个城市的躁动与激情，一个个城市的风物淳美与人文精彩，一个个城市的悲欢离合，一个个城市的内动力发掘与外开拓展望，一个个城市的往事与沉思，一个个城市的魅惑和绝世风华……

从长安到罗马和从杭州湾到地中海是卷帙浩繁的"丝路百城传"丛书的框架结构，也是所有参与写作的中外作家和编辑们共同绘制的新丝路蓝图。《尚书·舜典》有"浚咨文明"之句，孔疏曰："经纬天地曰文，照临四方曰明。"《论语·雍也》曰："质胜文则野，文胜质则史，文质彬彬，然后君子。"又《易经·贲卦·象辞》曰："刚柔交错，天文也；文明以止，人文也。观乎天文，以察时变；观乎人文，以化成天下。"故文化乃"人文化成"而以文教化"圣人之教也"。"周虽旧邦，其命维新"，丛书编纂与出版岂非正当其事，正当其时也！

读者朋友们，没有踏上丝路，你的家就是世界；踏上丝路，世界才是你的世界、你的家园……唯祈丛书阅读能助君踏上这样一个个奇妙无比的旅程。

丝绸之路从远古走向未来，我们的努力也将永无休止。

戊戌谷雨前五日于松江放思楼

自序：以"同理心"说成都 / 1
引言：融入此城——从少年到白头 / 4

第一章　中华文明与成都贡献

多元一体 / 9

纽带早熟 / 16

华夏多民族相互碰撞、融汇 / 19

中华文明与其他文明的碰撞、融汇 / 23

命运共同体意识与心理 / 30

第二章　上天所赐

立体的山水 / 37

丰富的物产 / 47

频转的灾祥 / 68

反复的移民 / 72

第三章　人文样态

天人合一 / 87

兼容并包 / 91

张弛有道 / 98

平衡协调 / 101

第四章　城市基因

创新创造 / 107

优雅时尚 / 112

乐观包容 / 130

友善公益 / 140

第五章　何谓"天府"

独一无二的水利 / 151

立体多彩的环境 / 154

平和温润的气候 / 156

丰富齐备的物产 / 157

流播均衡的三教 / 159

吐故纳新的丝路 / 170

天南海北的移民 / 173

从未更改的城名 / 176

第六章　古今魅力

忠孝成都 / 183

水化成都 / 195

诗化成都 / 196

乐化成都 / 201

书香成都 / 214

平民成都 / 22

第七章　生活美学

定义及指向 / 227

中庸哲学及其美学原则 / 228

成都生活美学的核心要义 / 231

进退自如的精神家园之美 / 256

成都生活美学之特质 / 300

自然天成的后现代气质 / 311

成都大事记 / 313

后记 / 320

参考文献 / 323

自序：以"同理心"说成都

在青藏高原的雪山顶上，人类能够看见的第一个长盛不衰的大都市叫成都；在人造地球卫星上，能够拍摄的长江上游，最像精致盆景和花园的土地叫成都；在唐朝诗人的笔下，形容其因山川秀美、物产丰饶、笙歌缭绕无与伦比而号称"优越秀冠"的还是成都。可是，我们也不时可以听到"少不入川，老不离蜀""天下未乱蜀先乱，天下已治蜀未治"之类的"谚语"。那么，成都究竟是一座怎样的城市？读过本书，相信一切问题都可以迎刃而解。因为我们站在全新的时间节点和空间方位，并把成都与"一带一路"的伟大历程相辉映，从而探寻更有人文意蕴的答案。

1978年改革开放以来，作为和平崛起中国的一部分，成都经历了与中国同悲欢，和世界共命运的跋涉奋斗历程，从城市化、现代化、全球化，到最近几年雄心勃勃地迈向"传承巴蜀文明，发展天府文化"，努力建设世界文化名城的新征程，可谓"苟日新，日日新，又日新"，天空银燕穿行，园林熊猫徜徉，高速公路如蛛网，风行地铁连城乡，天府绿道向天际，蓉欧快铁驰远方。尤其令人欣慰的是，此城"两个黄鹂鸣翠柳，一行白鹭上青天；窗含西岭千秋雪，门泊东吴万里船"（唐·杜甫）和"濯锦江边两岸花，春风吹浪正淘沙。女郎剪下鸳鸯锦，将向中流匹晚霞"（唐·刘禹锡）之绝世清丽仍在，此城"锦城丝管日纷纷，半入江风半入云。此曲只应天上有，人间能得几回闻"（唐·杜甫）和"蜀人衣食常苦艰，蜀人游乐不知还。千人耕种万人食，一年辛苦一春闲。闲时尚以蚕为市，共忘辛苦逐欣欢"（宋·苏轼）之罕有快乐依旧。当"一带一路"把世界众多国家和城市连接起来，同呼吸，共命运，去实现人类不要仇视、不要战争，而要守望相助、共同进步的美好愿景时，成都，作为拥有至少两千年以上的"丝绸之路"的主要建构者和重要参与者骄傲历史的非凡城市，它的微笑和善意，它的物质文明和精神财富，便多了一个前所未有的进行国际友好交往的最高端平台，在这个平台上，工商辐辏，人文荟萃，古都云集，名城林立，为了增进友谊，造福彼此，成都应该彬彬有礼、不卑不亢地介绍好自己，同时也真诚专注地聆听中国和世界各地友城的自我介绍。所谓来而不往，非礼也。

近代以来，不同文明之间的交流融汇并没有变得轻松，主要原因是，在这个世界上，总有些人放不下其文化偏见与傲慢，并且试图把这种偏见与傲慢变成所谓的"普世价值"，用于冠冕堂皇地干涉别国内政，实现自己的私利。这些伎俩已经逐渐被世界各国人民看穿，而失去市场。中华文明认为，四海之内皆兄弟也，人类就应该是风雨同舟的命运共同体，平等相待，互通有无，彼此帮扶，只有这样，人类才有光明的未来。成都在中国所有历史文化名城中，又尤其以文化包容著称。笔者也是基于这样的认识和情感，来向中外读者介绍成都。

在中国作为世界文明礼仪之邦的漫长历史时期，成都作为中国最繁荣富丽和最具有代表性和个性魅力的城市之一，通过在丝绸之路上的贸易、外交、宗教、旅游观光、通婚人群的往来，一直是一个具有国际影响力的重要城市，只不过限于古代、近代的交通通信条件，能够与成都发生直接人员往来的城市的数量受到很大限制。改革开放的伟大事业，加上"一带一路"使成都形成新的中外勾连，这一局面已经得到根本的改变，彻底缩小甚至消弭了成都与中国和世界各地的沿江沿海城市的差距。怀着近1700万成都人民的善良、友好和真诚，通过中国外文局这样一个项目，能够把这本书献给海内外的读者，于我而言，荣莫大焉。

中国史学之父司马迁的《史记》，发明了"列传"这样一种表述历史的编撰体例，和他写的"本纪"一起，建构了"史家之绝唱，无韵之离骚"，实现了他宏伟的"究天人之际，通古今之变，成一家之言"的心愿。《史记》体现了中国传统文化文史哲融会贯通的伟大和奇妙。后世再也无人能够望其项背，尤其是近代引入西方的学科分类体系并逐渐自设篱笆、画地为牢以后。《成都传》希望在某种程度上续其薪火。这本书并不是单纯的历史文化研究读物，也不是对知识加以简单罗列、组合的格式化传播，更不是貌似一堆珠玉但没有统摄灵魂的散文集，而是作者基于文史哲打通尝试，多学科思维并用，对成都历史文化个性、现代化追求和自然天成的后现代气质的个性化理解和阐述。也就是说它介于文史、情理之间，注重内容的可读性和面对不同文化的读者能够迅速实现会心一笑的"同理心"和"共情"。作者是成都人，深爱这座城市，尽量秉持表达的科学性和严谨性，但也保持文笔的流畅优雅和收放自如。如果还是有人觉得敝帚自珍、褒美有余，或者不够"学术"，那只能敬候指点迷津和基于本书的定位"敬谢不敏"了。

谨以此书敬献"一带一路"的伟大事业！

谭　平
2021.03.26

引言：融入此城——从少年到白头

1978年，乾坤旋转，否极泰来，中国改革开放掀开序幕。17岁的我，刚好高中毕业，在母校四川省武胜中学参加高考。分数下来，我竟然是全县文科状元！刚过国庆，我正在拉风箱帮小学教师的母亲做饭，听到同一院落的一位数学老师突然喊了一声："谭平的通知书来了！"因为邮递员先经过他家门口，并问我家位置。为此我一辈子对这位老师都有一种格外的好感。接到录取通知书，举家欢乐，几天过后，乘车前往成都，进入位于纪念传奇美女诗人薛涛（768—831）的望江公园旁的四川大学历史系历史专业学习。

这是我第一次来到省城。在新南门汽车站下车后，腹中空虚，于是就近吃了一碗一毛钱的担担面，觉得味蕾极为舒坦，所以几乎是猪八戒吞馒头的景象，反正比以前所有的面条更让人心满意足。川大食堂的伙食是，早餐稀饭馒头鸡蛋，午餐、晚餐三毛钱一个荤菜加四两米饭，均可以心满意足。如果荤菜是三毛五，肠胃就会像过节一样发出欢呼。不久，听说成都小吃夫妻肺片、麻婆豆腐好吃，赶公交车直奔，均是几毛钱一份，又成功地大快朵颐——那时一个年轻书生，刚刚进入成都，哪里知道这只是我沦陷为这座城市的忠实粉丝的开端。在成为成都市民的40余年里，它先征服我的味蕾，接着征服我的视觉——在成都街道、川大校园，尤其是永远生机勃勃、新潮时尚的春熙路，怎么有这么多说话温柔、白里透红的美女；又接着征服我的爱好——青石桥街道的花鸟鱼虫和 2 元一份的火锅粉,经常使我和夫人流连忘返,那些尤物至少让我爱上了两样,比如今天的我家里养了三缸鱼,办公室还养了一缸,在抖音上买了三个花架,摆放十几个品种的兰花;接着征服我的自我认知:以本县状元的"高分"进入川大历史系,好像有点牛,慢慢了解,才知道本年级、本班来自四川、中国各地的区市县一级的状元、榜眼、探花、传胪多如牛毛,如果把我那破分放进去排队,只能名列后茅,同学中甚至还有四川省高考文科第四名,他就是喜欢川大历史系!我的先人!从此对于高考分数一事,本人偃旗息鼓,每天乖乖奔向图书馆"练功"……后来我在川大还读了三年研究生,毕业后一直供职于成都大学,用心感受着这座城市的庙堂江湖和人间烟火。直到有一天,我才知道了这一切的密码所在。

2017 年 4 月,成都市召开了第十三次党代会,确立了"传承巴蜀文明,发展天府文化,努力建设世界文化名城"的文化发展战略,为此,市委决定成立天府文化研究院,并邀请我担任院长(实际上是兼任,因为当时我是成都大学文学与新闻传播学院的院长)。在成都大学垂柳飘拂、白鹭翱翔的嘤鸣湖畔的图书馆学术报告厅里,市领导隆重地给研究院授牌匾,并给我和学术委员们颁发聘书的时候,嘉宾云集,还有媒体的长枪短炮,我既感荣幸,也有点诚惶诚恐,毕竟过去的经验是,这座城市,你了解越多,越会被她的魅力"迷惑"而加深沦陷,虽然是心甘情愿的"沦陷"。以下是自己兼任天府文化研究院院长(写作本书时,已经是专任了,且笑迎两鬓斑白)后,努力与成都如影随形,并"再入"成都,迄今为止的一点感悟,权当板砖抛出,等待美玉光临。

世界上有千姿百态和风情万种的都市,均是各自文明的摇篮或聚宝盆,留下不同族群独处或交往的丰富足迹,成为个体的人与自然、人与人、人与自身碰撞、融汇的巨大空间,造就诸多与崇高、庄严、伟岸、勇敢、坚韧、仁慈、慷慨、睿智、风流、浪漫、幸福相关的故事与传说,成为后世子孙最重要的"不动产",并将其卓越的光芒辐射世界。站在无比神秘壮美的地球屋脊青藏高原雪山上看得见的第一座大都市成都,就是这样一座气象万千、风姿绰约的低调名城。

翻开人类栖居之地的历史，每一座聚集众多生灵并能从事非凡创造的城市，都离不开很多代人的鲜血、眼泪、汗水、成功、荣耀作为支撑，这个简单的事实首先说明，城市既是人类竞争的大舞台，是政权、江山、时代、命运更迭的最重要的逗号或句号，也是人类在相互交往、取长补短中造福彼此的温暖天地。人类竞争与合作越到近现代，越是全方位。伟大城市的主要标志是城市的力量之源，它既是物质的，也是制度的，更是精神的。换言之，城市的灵魂是一以贯之的精神力量及其传统——文化。成都一脉相承的文化个性、文化魅力至少延续了三千年（有金沙遗址和三星堆遗址为证），不论对于中国，还是对于丝绸之路沿线的所有伟大城市，都始终是一轮独到的风景，一幅温暖的画卷。

在各种读物中，"文化"这个词经常被玄化，尤其是那些喜欢显示自己学问"博大精深"者。我们和读者交流，必须删繁就简，直指鹄的。本书认为，文化是指人类社会必须的保证或推动人走向真善美、远离假恶丑的力量。包括物质基础、制度设计和精神追求三个层面，特别是指围绕价值观和生活方式的传承和优化所展开的人类精神活动，因为它更有穿越时空的稳定性和人类之间的可借鉴性。"文化"在汉语中实际是"人文教化""以文化人"的简称。"文"是基础和工具，包括语言和文字等；"教化"是这个词组的真正重心所在。它的基础功能是使人形成并维系、传承人性，阻止人的异化，中高端功能是培养这个族群和社会的精英阶层甚至英雄圣贤，并构建一个国家或族群的个性与特色。当这种个性与特色具有比较优势或借鉴价值后，便能走出国门，参与人类文明的建构与优化。

放在这样的坐标里，成都既是中华农耕文明的高地，也是以政治、文教和工商为代表的中华都市文明的重要代表，且具有不可替代性；对"丝绸之路"亦有独特贡献。本书侧重从都市文明及其与"一带一路"关系的视角叙述成都。

The
Biography
of
Chengdu

成都 传

中华文明与成都贡献

第一章

地球上曾经存在许多3000—5000年以上的古老文明，其中，只有中华文明在地球上没有中断过。她不仅在诸多方面持续领先世界的时间最长，而且其核心价值观和生活方式历经近代以来的激烈冲击，虽然曾严重动摇，但终究伴随近代化、现代化、全球化格局中中国先贤、先烈的选择、抗争和和平崛起而得以保留，并与时俱进，逐渐恢复其荣光。当今的中国，依然版图辽阔、族群众多，在坚守自身文化本位的前提下，拥抱世界，成为世界和平与发展的主要力量。不仅中国，亚洲儒家文化圈近半个世纪的发展态势同样优于全球其他地区。我们认为，中华文明生生不息的力量之源，主要来自以下五个方面，而成都，既是这五个方面的重要建构、完善者，也是这五个方面的受益者；在作出贡献，实现水乳交融的良性互动上，成都在中国所有古都中不仅名列前茅，而且无可替代。

多元一体

中华民族的祖先，很有幸生活在以长江、黄河这两条世界级的大河为代表的江河体系之中，主要依靠水稻、小米、小麦、猪肉、麻布、丝绸等为衣食之源，以农耕文明为主要的经济生活，加上十分相似、相近的族群与习性，很早就互相往来、互相融汇（包括联姻），在治理洪水、对付各种内外的天灾人祸（比如成都平原的三星堆、金沙遗址的主人，很有可能是集体毁灭于大洪水或瘟疫，所以"后无来者"。但它们都只是那个时代的众多部落联盟或酋邦国家之一，所以它们的消失并不代表早期成都平原文明的完全中断。那个时代，限于交通通信条件，各个族群和政权的完全或相对独立，保证了洪水和瘟疫不可能毁灭所有的文明）的过程中，较早萌生了血缘上亲如一家，政治上自发拥戴最强大、文明的宗主国（这是"中国"一词最早的意蕴之一。在考古铭文中，"中国"二字最早来自西周青铜器"何尊"——何尊，中国首批禁止出国展览文物、国家一级文物，是西周早期一个名叫何的宗室贵族所做的祭器。1963年出土于陕西省宝鸡市宝鸡县贾村镇，收藏于中国宝鸡青铜器博物院），听从其号令（五帝至夏、商、周）的传统，走向天下万国归于一个政权（秦汉）下的"大一统"意识。这一过程，前半段可以认为开启于炎黄时代，跨越于大禹和启，成熟于周公的制礼作乐以及"成康之治"，后半段滥觞于东周王纲解纽、列国烽火不息，"春秋无义战"，磨砺于战国时期的剧烈动荡、血雨腥风与变革，尤其是诸子百家痛心疾首的臣弑君、子弑父的司空见惯，"争地以战，杀人盈野；争城以战，杀人盈城"的屡见不鲜；完成于秦汉的大一统的实现与巩固。中华文化，由松散的多元一体走向紧密的一体多元（帝王作为核心或符号的中央政府彻底居于主导地位）。"体"，指王权、皇权代表的中央政权和国家轴心文化，"元"，则指基于特殊的自然环境，深厚、悠长的历史积淀，自成一体的人文传统,甚至包括一定的族群体质、心理特质所形成的具有稳定的文化个性及活力的区域,比如以今日河南为基本地理空间的中原文化,以陕西、山西为基本承载的秦晋文化,以江苏、浙江为领域的吴越文化,以湖北为核心区域的荆楚文化,以湖南为主的湖湘文化,以河北为主要天地的燕赵文化,以两广福建为纵横捭阖之地的岭南文化,在中国长城以北辽阔原野的游牧文化、青藏高原的藏羌文化、云贵地区的西南夷文化等,它们都各自有自己两千年以上传承的具有某些方面特色和优势的地域文化。中国人的家国情怀,有一个中间连接带,叫家乡、故乡、"老乡",其杰出之士叫"乡贤",这个"乡"小则指一个村庄,一处田园,一方山水,一种服饰、饮食,一种风俗习惯,大则指十万以上至几十万平方公里的辽阔空间。中华文明生生不息的内在活力之一,就是一体与多元之间、多元内部之间的良性互动,互相激荡、互相借鉴、互相学习、互相包容成为历史的主旋律。"体"引领"元","元"支撑"体","体"的主人和关注重点每一个朝代都不一样,但"元"的主人和关注点却相对稳定;"体"的变动往往是"元"和"体"之间、诸"元"之间互动甚至竞争的结果,这大大增添了中华文明在向往、维持大一统前提下的内在活力。这种稳定的文化生态及其蝶变架构,是其他任何文明古国不具备的。

在历史上的大部分时期,巴蜀文化主要以成都平原为中心,少数时期以重庆为中心。在这块土地上,先后出现了古蜀五祖(原始社会晚期到酋邦或方国时期的五个著名首领:蚕丛、柏灌、鱼凫、杜宇、开明,他们的王朝及其首领后来应该沿袭了这个名称,拥有不输于同时期世界其他任何地区的青铜冶铸技术和黄金、玉器制作工艺,甚至可能有了与南亚的贸易),五祖分别对栽桑养蚕、渔猎、农耕、水利、早期城池建设等作出了独到的贡献,比如其中历史、考古、民族学家比较一致的意见是三星堆文化应该对应的是鱼凫王朝,而金沙遗址大约对应的是开明王朝。公元前316年,秦国灭巴蜀两国,在经历一段时间的封秦国王子为侯治理失败后,设立国王直接管理的蜀郡和巴郡,并将巴蜀变成其统一中国的粮仓和兵源基地。从此,在大一统王朝的和平统一时期,巴蜀文化与首都代表的轴心文化,巴蜀地方政权和首都的中央政权,形成了稳定的"元""体"关系。概而论之,自炎黄时代以降,这个以成都的前身和成都本身为中心的"元"为中华文明之"体"贡献了数不清的独特财富与营养——这里只能列举其最为重要和显赫者。

大禹出自蜀文化圈（古蜀建国之蜀山氏和大禹均出自羌族），史家认为大禹治水先从岷江开始，其以疏导为主的理念后来运用于治理以黄河泛滥为主的天下洪水，并取得巨大成功。大禹治水是古代先民将成都平原由沼泽地变成最适合人居的"陆海"的开创之举，所以，他理应被视为成都这座城市最终得以出现的最早奠基人。所以当大禹以其巨大功德成为天下宗主，在会稽号令天下的时候，蜀这个方国成了不远万里前往朝贺的"粉丝"之一。大禹还是五行学说的创立者，而这一学说是中华文明的源头之一。此后的蜀地，与夏商周宗主国保持着各种形式的联系，比如甲骨文中有蜀地朝贡或与商朝发生冲突的记载。武王伐纣，以仁政取代暴政，巴蜀两国之师都是其盟军的重要组成部分。东周时期，来自蜀地的苌弘是当时最有名望的音乐家，孔子曾经向他问乐。战国后期，秦灭巴蜀，张仪、张若奉命仿秦国首都咸阳之制形，为成都筑城成功以来，成都一直是以四川盆地为核心的巴蜀地区的政治经济、工商文教和军事控制和民族融合中心。李冰治水修建都江堰，文翁治蜀兴学以后，长江上游的这块风水宝地，诞生了古典中国地域文化中最多的神话传说；在世界上最早使用天然气（煮盐）；孕育了中国最早的稻作农业；其商品（蜀布、邛杖、精美漆器）最早代表中国走向国际市场；形成中国和世界最早的丝绸文明；是南方丝绸之路的起点城市，北方和海上丝绸之路不可缺少的重要参与者；拥有中国古代最为成熟的水利技术和最伟大的水利工程；中国最早最为先进的地方官办学校及其办学传统；产生了中国最早的地方志；儒家经典最早在此地官学集中镌刻于石碑之上；唐朝时，创制中国古琴的巅峰极品雷琴；诞生古代最为发达的药学和妇产科学；是雕版印刷的发祥地之一；北宋时期，发明人类最早的纸币交子；始终是中国文学艺术的顶级殿堂；中国唯一一座从不更名、中心城区从来没有移动的大都市；中国古代统一王朝中综合实力从来没有跌出前十名的唯一城市；儒释道关系最为融洽和相得益彰，因此特别大度包容的城市；对辛亥革命作出独到贡献的城市；第一次鸦片战争、抗日战争和抗美援朝战争中出动、殉国子弟兵最多的城市；亚洲"三国文化"的高地；是中国第一个世界级的"美食之都";中国农家乐的发祥地;中国城乡统筹最为成功的城市;中国隐身战机歼-20的诞生地;连续十二年中国幸福指数最高的大都市;第一个志在重新成为被世界仰望的世界文化名城的集温暖与高尚于一身的都市……

中国士大夫对成都作为繁华绚丽的都市的赞美不胜枚举,其中南宋政治家、曾任参知政事的袁说友(1140—1204)在《成都文类序》中说:

> 益,古大都会也。有江山之雄,有文物之盛。奇观绝景,仙游神迹,一草一木,一丘一壑,名公才士,骚人墨客,窥奇吐芳,声流文物,散落人间,何可一二数也!

检索文献,袁说友这位福建人,一生并没有到过成都,但如此赞誉蓉城,只能是如下原因:成都的历史、现实给他的非凡印象;众多活跃于两宋、作为国家中流砥柱和胆魄心魂的四川、成都名人(笔者著有《宋代四川人才辈出的文化机理》一书,其核心观点是:两宋四川人才井喷,为中华文明贡献了灿若群星的大批顶尖人才;其关键原因是:宋朝的轴心文化气质与巴蜀地域文化气质实现了历史上的最佳契合)给袁说友极好的印象;南宋开国时,四川成了唯一没有遭受金军蹂躏的"完富之区",是南宋维持生存的决定性力量。在这段文字中,我们还可以看出这位多次谏诤君王愚行蠢举的忠贞大吏对成都的向往。

当然,成都这个"元"也得到国家之"体"的极大反哺,也与中国其他"元"长期风雨同舟、患难与共。兹举四例。

黄帝夫妇与蜀

史书记载,约生活于4500年前的五帝之首的黄帝,特别看重与蜀地的关系,不仅以其子孙与蜀王之女联姻,而且直接分封其子孙到辽阔巴蜀,如南宋历史地理学家王象之(1163—1230)在《蜀国考》中所总结。

按《世本》《山海经》、扬雄《蜀王本纪》《华阳国志》诸书皆言：蜀之先，肇于人皇之际。至黄帝子昌意取蜀山氏女，生帝喾。后封其支庶于蜀，历夏商周。始称王者纵目，号蚕丛，次曰柏灌，次曰鱼凫。其后有王曰杜宇，杜宇称帝，号望帝。

特别值得一提的是，黄帝派其元妃（正妻）嫘祖赴蜀地，指导蜀民栽桑养蚕和丝织。黄帝作为中国"人文初祖"，嫘祖作为华夏始祖母之一，对蜀地可谓亲近、关怀备至，当然，也促成了引领性的经济发展和文化交融。

"染秦化"及兴修都江堰

秦国统一蜀地后，为了减少动荡，加强控制，官员和上万名将士及其家属来到并常驻成都，带来了秦国对于富国强兵、应对竞争居于优势地位的价值观和生活方式以及生产技能，新成都城本身也仿咸阳形制建造；代表朝廷的郡守张若筑城、李冰治水取得巨大成功，将沼泽的成都平原一举变为最适合农耕和人居的"陆海"，蜀地人民不可能不欢欣鼓舞；李冰身上体现的秦文化的强烈的忧患意识和法家的效率观念、儒家的天下情怀，以及将治水化为王权和王德延伸的重要载体的努力，第一次提升了蜀地官民的人文意识与家国意识，增强了大一统观念，减少了不适应时代进步的粗野之风。所以我们看到秦汉交替之际，与天下鼎沸、四海刀兵相比，成都、四川相对特别宁静。

文翁治蜀

汉景帝时，朝廷派文翁（前156—前101，庐江舒县，即今安徽省庐江县人）做蜀郡太守，他是汉代著名的清官循吏，治蜀期间功德丰茂，尤其致力于兴学、治水。当时的蜀地，用轴心文化的观念来看，仍有蛮夷之风，"未能笃信道德，反以好文讥刺，贵慕权势"（《汉书·地理志》），文翁决定加以改变。他自己带头节衣缩食，节省办公经费，以此为主，创建了中国历史上第一所地方政府举办的学校。他精选聪慧勤敏之郡县官吏张宽等十八人，亲自教育开导，并送他们到首都长安的最高学府太学学习经学、律学，学成后回到成都，或任官吏，或做师资。政府建学宫，选优秀子弟入学，学成后择优补郡县官吏，次一点的也给予"孝悌力田"的荣誉和赋税优待，开启了中国最早的用儒术选拔官员、引导地方民风的模式。政府还为学生提供实习、见习岗位，随同官员传达政令，宣教伦理，所至受人尊敬。于是蜀人适龄者争做学官弟子，甚至富人愿意出钱求学。文翁兴学，极大地改变了蜀地的价值取向和文化生态，推崇儒学，向往文教，道德成为主流，儒雅之风取代了蛮夷习气。成都本来有富庶的物质生活，古蜀以来的以神人合一、神秘浪漫、热情奔放为主要格调的文化个性，与新来的轴心文化相结合，与文翁开创性的教育事业相融汇，学术教育水平迅速提升，比肩齐鲁中原。不久巴郡也创办地方官学。汉武帝下令天下郡国皆立学官。到东汉时，中国迎来四海之内学校如林、庠序盈门的盛况。成都也成为中国最好文雅、文章冠天下之地。后世赞美、凭吊文翁的诗文很多，兹引一首代表之作：

文翁石室有仪形，庠序千秋播德馨。古柏尚留今日翠，高岷犹蔼旧时青。人心未肯抛膻蚁，弟子依前学聚萤。更叹沱江无限水，争流只愿到沧溟。

这首诗，是晚唐诗人、小说家裴铏（生卒年不详）所作，他作为剑南西川节度副使，对成都应该相当熟悉。这首诗充分肯定了文翁创办中国首家地方官学的卓越功德，尤其是他将国家轴心文化通过高质量的教育变为化蜀的巨大力量，从此将蜀地变为中华正统学术文教的重要组成部分，构成此地从此人才辈出、繁荣富庶的精神保障。

张咏治蜀

张咏（946—1015），濮州鄄城（今山东鄄城县）人，北宋政治家。出身贫寒，自幼气节不俗，刻苦好学，家里没有书桌，就背靠大树诵读，文章读不完决不休息。宋太宗太平兴国五年（981）中进士，步入仕途。一贯体恤民隐，清廉明肃。淳化四年（993）二月，因为贫富悬殊和茶政剥民，成都地区的青城山爆发了贫苦农民王小波、李顺领导的起义暴动，一度拥众数十万，占领包括成都在内的今四川大部，建立了大蜀政权。次年5月朝廷兴师动众派军队夺回成都，王小波、李顺先后战死。起义军主力失败，余众在张余率领下继续在川南、川东等地战斗，至道二年（995）5月，暴动基本被平定。其间宋王朝一边检讨政治失误、安抚蜀地，宋太宗还为蜀地治理失误下过"罪己诏"；一边派张咏入蜀为成都知府，协助官军平定反抗。张咏到任，恩威并用，采取温和立场对待百姓，约束官军暴行，招抚流亡回乡。时益州流传有白头翁午后食人儿女的谣言，动摇人心，他迅速派人侦破，对造谣者予以惩治。他重教化，鼓励士子参加科举考试，局势安稳下来。真宗咸平六年（1003）朝廷再派张咏以刑部侍郎，充枢密直学士，兼任益州知州，成都百姓闻之，欢喜雀跃。他发现成都百姓在阳光灿烂的日子或有节庆时好外出聚众游玩，过去衙门担心出事予以禁止，但滋生民怨，他转而采用因势利导的做法，不仅允许，而且官方参与，地方长官及其侍从组成的队伍也自备彩船仪仗等，成为游赏宴饮活动的主角。不仅使宋代的成都成为中国利用节庆实现官民同乐（这是儒家古老的政治和社会理想）的典范城市，而且通过这种"会展经济"大大增加了城市工商事业的活力。张咏有诗记录其盛况和自己的愉悦心情。

　　春游千万家，美人颜如花。三三两两映花立，飘飘似欲乘烟霞。

可见成都美女也散布在春游的大街小巷和聚众游乐的线路上。中国古代许多地方限制女性参加社会交往和聚众活动的"大门不出，二门不迈"的闺风家训或民俗，至少在宋代以前的成都就不适用。后来成都历任长官多沿袭了这一传统。大文豪苏轼（1037—1101）对成都最深刻的印象之一就是"蜀人游乐不知还"。北宋前期的成都，工商十分繁荣，从业者普遍注重信用，远距离大宗贸易催生了最有实力和信用的富户开设铺面，发行了可以代替金属货币的纸质流通信用凭证"交子"。这是人类最早的纸币。但铺户后来的表现参差不齐，真宗景德年间（1004—1007），益州知州张咏对他们进行了整肃和选优汰劣，留下16户经营，至此，交子得到了官府认可，为后来仁宗时期交子成为国家专门机构办理的事业做了充分的准备。这是人类金融史上的里程碑。张咏治蜀，是以国家意志和轴心文化中的正能量为主，对成都及其属地得以繁荣发展，这种发展又进一步增添中华民族内在凝聚力，产生不可替代的作用。

纽带早熟

在人类历史上，任何一个持续强盛的民族或国家，必须要有从上到下共同体任、尊奉的价值共识、生活方式和风俗习惯。它们就是维系社会和国家安稳、保持族群和个体之间友善和睦的根本依据，是使所有中国人不论身在何处都能迅速会心一笑、实现沟通的心理纽带。中华民族的幸运在于，其圣贤和思想家很早就建构了以仁义礼智信为标志的价值共识，以及与之匹配的生活方式和风俗习惯。

仁，首先是指对同类的博爱之情，即仁者爱人（扶弱济困是仁的主要内涵。当邪恶势力剥夺了我们的至爱和爱的对象时，我们的终极反应应是"杀身成仁"，比如舍命为君父亲朋报仇）；其次是指自律，所谓己所不欲勿施于人、克己复礼为仁是也。义，包含付出和言行举止符合身份和情境两层含义，前者的极品是"舍身取义"，后者的解释是义者，宜也。礼大致包括两层含义：守规矩和尊重交往对象。前者的经典呈现是非礼勿视，非礼勿听，非礼勿言，非礼勿动，后者的表述如"质胜文则野，文胜质则史，文质彬彬，然后君子"（《论语·雍也》）。任何面对交往对象的蛮横、轻狂、骄傲都是非礼的行径，而且在我国圣贤的论述中，这些要求主要是针对强势的人群提出的。智，指对智慧、知识及其载体的尊崇和在治国理政、为人处世中的运用。信，主要是指珍视信用，它涵盖了人与天地、人与祖宗神灵、人与人、人与自身之间的关系，比如古语说撒谎者要遭天谴雷劈。

当先秦儒家把"五常"作为一个体系建构起来，汉武帝（前156—前87）采纳董仲舒（前179—前104）的建议"罢黜百家，独尊儒术"以后，中华民族基于价值共识的心理纽带就早熟并在制度中建构起来了，以后两千多年，后人对它的内涵和践行要求从来没有发生根本的改变，只有因应时代的需求，基于学术、教育、施政中的教化和社会治理中通过移风易俗实现的丰富完善而已。而成都，无疑以自己的努力，交出了独有的合格答卷。兹举四例。

孔子的老师苌弘

苌弘（？—前492），春秋时期蜀人，字叔，又称苌叔。《淮南子》说他"天地之气，日月之行，风雨之变，历律之数，无所不通"。《史记》《孔子家语》都有记载。在东周政权司职天文术数，他博学多才，精通音乐，孔子于周敬王二年（前518）造访苌弘，求教韶乐与武乐之异同和不解之处，他给予了指教。苌弘为人刚直忠正，死于政争。成语"碧血丹心"就是赞美他的。礼与乐，是中国作为文明礼仪之邦的根本保障，儒家把音乐活动视为国家兴衰、社会文野、族群悲喜、教化兴废的重要保障，蜀文化是其音乐观念重要源泉之一。

"汉代孔子"扬雄

扬雄（前53—18），成都郫县人，字子云。生活在西汉后期，百科全书式的伟大学者，是两汉时期儒学的泰山北斗，但又学跨儒道。他仿效司马相如作《甘泉赋》《羽猎赋》等，传扬大汉之雄伟；著《太玄》《法言》，代表当时中国经学最高水准；著《方言》《官箴》《州箴》，开创方言学和地名学、职官学；作《难盖天八事》，成为天文学历史上重要文献；以《反离骚》凭吊屈原，第一个敢于对屈原命运提出新的见解。他被称为"汉代孔子"。生活在王莽代汉建立"新"朝前后。扬雄一生，安贫乐道，但遭遇坎坷，历来得到先贤同情和理解。宋代理学崛起后，道德评判严苛，对他曾撰文赞誉王莽（当时士大夫几乎都如此做）之事无限放大，攻其一点不及其余。今天四川的学者已经取得基本共识，为其恢复其崇高历史地位。

孟蜀石经

成都从来都是中国经学、史学、文学的殿堂，其中经学以《易》学和

《春秋》学水平最高，均绵延两千多年，硕果累累。同时，成都孕育了像毋昭裔这样流芳千古的先贤。

毋昭裔：生卒年不详，五代时期河中龙门（今山西河津）人。后蜀政治家、藏书家、刻书家。后唐时跟随剑南西川节度使孟知祥，辟为掌书记；后蜀建立后，历任御史中丞、中书侍郎同平章事、宰相、左仆射以及太子太师等官职。毋昭裔事后蜀两主，以远见卓识，勤谨审慎著名当时。他自幼家贫，在艰难的条件下求学苦读，曾因为借阅别人图书遭遇白眼，深受刺激，立志将来有可能时要发展教育事业，造福贫寒学子。当时，蜀中经唐末大乱之后，学校皆已荒废，毋昭裔自己带头出资营造学宫，建校舍，命人按雍都旧本《九经》将儒家的主要经典全部刻于成都学宫里的石碑上，这是一项前无古人影响深远的文化工程。他又奏请后主下诏刊印此书，使一度困顿的教育再度兴盛。他还主持书写了《文选》《初学书》《白氏六帖》等书，刻板印行，印行了《史记》《汉书》《后汉书》诸史，并著有《尔雅音略》。他酷好古文，精于经术，极嗜图籍，致力于藏书。对中国古代以经学为内核的文化教育事业的薪火相传作出了重大贡献。

中国近代慈善丰碑

在儒家仁义的熏陶下，中华文明的慈善传统瓜瓞绵延，薪火相传，构成共同精神家园中最温暖的天地。尹昌龄（1869—1942），成都华阳（今双流）人。清代翰林，官陕西西安知府。工诗善书，清亡后以五老七贤居成都。1923年，起自清朝的官办慈善机构慈惠堂行将倒闭，众人推举他出来主持。直至1942年去世，他把所有心血都投在了这项事业上，一个行将倒闭的慈惠堂，变成了一个占地八千多亩，能够经营和盈利的下属机构20多个，每年救助数以千计的穷人的温暖存在。而他去世时，家人连一副像样的棺材也无力置办，靠亲朋帮助才得以入葬——因为二十年他没有从中拿一分钱。其生平事迹一直无人知晓，是被当时四川大学的美女教授黄稚荃（1908—1993）投稿报社予以披露后，才感动无数人的。当时的国民政府下令褒扬他，生平事迹存入国史馆。他被誉为中国近代慈善事业的丰碑。

尹昌龄先生之所以令时人敬佩、子孙引以自豪，黄稚荃教授撰写的《尹昌龄事略》（后载入《国史馆馆刊》）告诉了我们原因："昌龄少服膺宋明先儒之书，毕生处事接物，推原经术。晚与同郡徐炯等办大成中学，以尊孔子之道。殁之日，家无余财，年七十有四。"儒家的人生价值观是立德、立功、立言，事实上，成都这座伟大城市在历史上的所有艰难的立德、立功、立言事业，几乎都是由儒家文化的传人或以他们为主建立的。

华夏多民族相互碰撞、融汇

"中国"一词，古今根据时代和语境，内涵并不一致。先秦时期，最早是指京城、国都。差不多同时也指中原地区或在中原地区由华夏族建立的政权。此外的政权或族群被称为蛮夷戎狄。秦汉以后，"中国"逐渐指华夏族（汉朝起叫汉族）为主、其他民族为辅的一个中央政权治理下的各民族共同生活的地理空间，当然，也包括占据北部半壁江山的少数民族掌控的政权为了与南方汉族政权争正统时的自谓，更包括元朝和清朝显示自己承继的是正统的自谓。在历史上，华夏（汉）族与非华夏族不管是否归属于同一个政权，彼此都会存在这样或那样的矛盾冲突，这种冲突在归属于不同政权时尤其激烈、残酷、多元，在一个政权下也会因为各种原因尤其是治理的失策、中央政权衰落等演绎出严重的失控与对抗（如"五胡乱华"和"安史之乱"以及清代的多次民族分裂主义叛乱）。但历史演变的大的趋势是各民族对于作为炎黄子孙和同属于一个命运共同体（见后面专论）的日益认同和儒家核心价值观的广泛传播与践行。近代以来，西方列强（含日本）依仗坚船利炮打开中国国门，对辽阔的中国版图充满贪婪和野心，不仅鲸吞蚕食，而且总是企图以各种手段肢解中国。新中国成立后，他们一直在煽动和幕后操纵中国各地的民族分裂主义，庇护流亡的分裂势力，制造事端，扰乱中国的安宁，阻碍中国的和平崛起。中国和中华文明，就是在这样的时而艳阳高照，时而阴晴变幻，时而狂风骤雨中前行的。令人欣慰的是，今天的我们，依然是地球上最伟岸最团结的国家之一。事实证明，以忧患和自强意识减少民族冲突和纷争的手段是多种多样的，应该从根本上去除民族隔阂，和平融通，协调协商，总之要维护国家和各民族的整体利益与长远利益，牢固构建各个民族亲如一家的精神家园。在此方面，成都的贡献同样无可替代。兹举五例。

司马相如出使西南夷

司马相如（约前179—前118），字长卿，汉族，四川成都人。曾居蓬州（今四川蓬安）。出身富豪之家，少好读书和击剑，因顽皮而被称为"犬子"。因仰慕战国时期赵国贤相蔺相如，所以起名司马相如。汉景帝时，其父为其捐资给朝廷而做了皇帝侍从武骑常侍，因病免。后在爱好文学的梁孝王身边做过文学侍从。孝王死，相如回到成都，其时家境已经败落，但在友人临邛县令王吉的协助下，以贵宾身份进入当时临邛的钢铁大王卓王孙府邸参加聚会，以古琴曲《凤求凰》打动卓府新寡的千金卓文君，两人坠入爱河，私奔成都，当垆卖酒营生，而婚姻终得卓王孙认可。后因其赋为汉武帝所赏识，被招到长安任皇帝身边的郎官。工辞赋，其代表作品为《子虚赋》《上林赋》等，词藻富丽，结构宏大，气象万千，是汉赋的代表人物，后人称为赋圣和"辞宗"。当时的蜀南和云贵地区，生活着数十支非华夏族群，统称为"西南夷"（比如华人妇孺皆知的古滇国、夜郎国），处于部落联盟或酋邦时期。汉武帝开疆拓土，意欲收伏他们，司马相如接受武帝的派遣，以中郎将身份带着军队出使西南夷，成功说服他们归顺朝廷。其间为了打通道路，增添了蜀地百姓负担，一度怨声四起，司马相如为此还专门撰写赋《难蜀父老篇》，陈述打通西南夷的好处，请求家乡父老克服困难，支持国家。这位大文豪显示了卓越的军政、外交才能。他与卓文君的爱情故事也广为流传（关于他及其夫人卓文君，后面还有详论）。

朱元璋看成都

明太祖朱元璋（1328—1398）有16个儿子，除了皇太子朱标（1355—1392）以外，基本上都是赳赳武夫。最好读书、最有风度的是第十一子蜀献王朱椿（1371—1423，母亲不是马皇后，而是滁阳王郭子兴之女郭惠妃），史载其"博综典籍，容止都雅"，在朝中有"蜀秀才"之称。朱元璋对四川、成都的治理十分重视，于是把他钟爱的这个儿子分封蜀地为王，因为当时他只有7岁，加上成都残破，所以不能就藩。皇帝下诏先修蜀王府，圣意为：蜀地为西南邦国之首，羌戎等族众望所归，必须修建雄伟壮丽的王府，才能彰显王权威严。在这种指导思想下，蜀王府仿北京帝宫形制，虽缩小了规模尺寸，但成为明朝各地王府之最。加上朱椿好文雅、多善举（他的蜀王府，即后来人们津津乐道的成都"古皇城"，成都的皇城文化源于此。明初沿锦江修建了筹边楼、望江楼、散花楼，成为成都的标志性建筑，均是朱椿之功）留下的遗风，明代蜀王历经十余代，总体来讲都较为恪守国家典章和地方法令，并与地方官民保持了良性互动。今人去参观位于成都大学旁的昭王、僖王陵（考古上号称中国西部古代最美地下宫殿），还能在其小博物馆里看到衣着、服饰、容貌多样的少数民族使团朝觐蜀王时的小雕塑群，令人感觉到民族和睦、文化交融的温暖。

杨慎开化云南

杨慎（1488—1559），字用修，号升庵，明朝成都新都人，大学士杨廷和之子。生而聪慧，记忆力惊人，加上家教优良，12岁拟作《古战场文》，众人惊叹，19岁中举，24岁成状元，官翰林院修撰。嘉靖三年（1524），因"大礼议"被谪戍终老于云南永昌卫。《明史》载：终明一世记诵之博，著述之富，推为第一。他是百科全书式的伟大学者，雄踞文宗之位，秀冠华夏。《三国演义》开篇词"滚滚长江东逝水"就是他的杰作。他后半生30多年都是在云南流放地度过的，最为苦恼的是图书典籍少，爱妻不能陪在身边。但云南官民包括当地土司都知其冤枉和盖世才华，所以私下大都对他很尊重照顾，杨慎也调整了自己的心态，将整个身心投入云南的学术、教育和用文学艺术作品描绘、表达云南的秀丽山川、风土人情和人民休戚上。突出的学术成就有《丹铅录》《滇载记》《滇程记》《滇候记》《云贵乡考录》《云南山川志》《古今风谣》《古今谚》等。除了涉及云南众多领域的开创性著述外，围绕他和众多门生还形成了一个学派，号"杨门七子""杨门六学士"。其门人和后学科举考试也取得超越前人的成就，总之大大提升了云南的文化、教育、科举水平，缩小了云南与四川及内地的文化差距。他还勉励当地土司要恪尽职守，效忠朝廷，善待民众。今日大理市之土司府正厅门楣的匾上之"为国干城"四字，就是他的手迹。此外，晚年的杨慎，还曾率领看守他的兵丁、家僮参加流放地附近官府的平叛行动，可见他身体力行了"临利不敢先人，见义不敢后身"的人生座右铭，是汉族和少数民族共同的偶像。

击败张格尔的"福将"杨遇春

清代的中国，即使是在鸦片战争以前，也属于民族关系和社会矛盾的多事之秋，鸦片战争后，更是内忧外患频仍。那些为了国家和中华民族整体利益平叛的英雄，成为最重要的民族脊梁。

杨遇春(1761—1827)，成都崇庆人，清代后期名将。6岁入家塾，17岁习武，中武举人。他武功高强，极富韬略，参与平定国内暴动和动乱。道光年间，杨遇春以署理陕甘总督之职，率军平定了由英国支使、外国野心家参与的南疆张格尔（？—1828）叛乱，收复了南疆喀什等四城，维护了多民族祖国的统一和国土的完整。后来，杨遇春督陕二十年，殚精竭虑，兴利除弊，使"朝廷无西顾之忧"。一生经历过大小数百战，将军龙吟虎啸，冲锋陷阵，却苍天眷顾，毫发无伤，世称"福将"。今日尚存的崇州市宫保府（里面有崇州博物馆），是杨遇春将军的故居，还记录着将军和家人许多动人的故事。

尹昌衡平息藏区叛乱

尹昌衡（1884—1953），近现代彭州人，身高1.84米，仪表堂堂。早年留学日本陆军士官学校学习军事，回国后致力于广西、四川的军事革新，在四川总督府任职，享有很高威望。辛亥革命中，任四川军政府军事部长。1911年12月平息兵变，被推为军政府都督，此后为了牢牢稳定局面，他将已经交出政权的原清王朝四川总督赵尔丰（1845—1911）斩首。此间国家形势动荡，在英国的操纵下，西藏地方土司驱逐驻藏汉军，发动叛乱，北洋政府方寸大乱，尹昌衡主动请缨，北洋政府任命他为西征军总司令，1912年7月，率数千将士西征。因为战略战术得宜，三个月便击溃叛军，占领昌都，形成战场上的巨大优势，迫使随后的谈判中西藏地方当局放弃独立幻想。尹昌衡是一位旷世奇才，对儒释道和西学都有深厚积淀。他的佛学修养很高，入藏后首先从藏传佛教义理上寻求沟通，争取寺庙活佛、喇嘛对平叛的理解和支持，所以能以很小的代价完成出征，维护祖国的统一，是当之无愧的民族英雄。

关于尹将军，后面还会提到。

中华文明与其他文明的碰撞、融汇

世界上有几大文化圈，每一个文化圈包含数量不等的若干国家，在历史上，儒家文化圈是相对最为稳定，也最不偏执的，对其他文化圈的征服欲望从来没有。不仅如此，以丝绸、陶瓷为主的大量古代强势的"中国制造"开创了几大文化圈的往来大动脉——丝绸之路。这条道路留下了人类大量美好的记忆。但是，不同的文明交往，碰撞甚至争斗是不可避免的；面对版图辽阔和物质富庶，政治军事有强盛也有衰落时期的中国，其他文明的族群中总有一些人会产生觊觎；中国也会有骄傲蛮横无知者睥睨外来者，于是碰撞、冲突不可避免。这种格局和历史，从另一个层面增添中华文明的忧患意识和开阔视野、心胸的内在驱动力，丰富我们对外部世界的认识，包容或学习借鉴其他文明的长处，并优化与其他文明交往的价值观、认识论和方法论，所谓多难兴邦是也。无论如何，成都在这个方面依然表现卓越。仍然看四个例子。

蜀布、邛杖的故事

西汉中期，为了对付匈奴侵扰，汉武帝于建元二年（前139）派遣张骞（生卒年不详）出使西域，是中国妇孺皆知的故事。张骞是今陕西汉中人，而此地在历史上大部分时间属于巴蜀文化的版图，元代以前，先后属于古蜀国、蜀郡、山南西道、四川利州路等管辖。因为这次伟大而艰难曲折的出使，丝绸之路才有了出现的可能。史书记载，张骞走到大夏（古国名，大致相当于今天的阿富汗）时，惊讶地发现当地的市场上出售从身毒（古代印度）转卖过去的蜀布、邛杖，他艰难归国后，向汉武帝专门奏报了此事。这是文献记载的中国的商品最早出现在异质文明的国家里，是真正意义上最早的"国际贸易"。可见当时成都生产的这些商品品质优良，深受南亚、西亚国家人民的欢迎，才会跨越千山万水，以物质形态代表中华文明率先连接其他文明。

玄奘的成都生活

玄奘（602—664）本姓陈，名祎，洛阳缑氏（今河南偃师缑氏镇）人。他历时17年的西行求法活动，掀起了东亚儒家文化圈与南亚次大陆佛教文化圈在宗教、哲学层面进行碰撞、交流的高潮。史载往返17年，旅程5万里，所历"百有三十八国"，带回大小乘佛教经律论共520夹，657部。归国后受唐太宗召见，住长安弘福寺，后又住大慈恩寺。《西游记》里的主角唐僧，就是以他为原型。玄奘不仅在中国堪称佛学翘楚，在印度同样受到国王和僧俗两界广泛赞誉的佛学修养的根基来自哪里？来自成都的大慈寺。文献记载他13岁出家，18岁慕名入蜀，拜大慈寺高僧为师，潜心佛学，并于21岁在大慈寺受具足戒。可见当时的大慈寺不仅是唐朝最盛大的佛教艺术殿堂，其佛教和佛学造诣，也在中国属于巅峰所在，支撑了玄奘堪称伟大的西行求法。

"五星出东方利中国"护臂

丝绸，原产中国，长期作为最受追捧的服饰材料行走在古代国际贸易大宗商品的顶层，生产、销售、消费者均能感受其福祉，许多熟悉世界史的人都知道，恺撒大帝（前102—前44，Gaius Julius Caesar/Jules César）当年穿着中国丝绸服装出席聚会时惊艳全场的故事 。正是因为如此，人类第一条连接几大主要文化圈的友善大动脉叫丝绸之路。成都是南方丝绸之路的主要力量之源，也是北方丝绸之路和海上丝绸之路的重要参与者，原因有三：成都地区是古代中国丝绸文明的发祥地和生产制作中心之一，陈列在今日成都博物馆的老官山汉墓出土的技术领先世界的织机提供了极为珍贵的实物证据； 蜀人自古并不甘心受制于艰难的对外交通，而是千方百计要走出去与世界交往，看看前面介绍的蜀布、邛杖和嘉陵江两岸悬崖绝壁上的古代栈道，通向少数民族崇山峻岭的茶马古道以及"窗含西岭千秋雪，门泊东吴万里船"的诗句，就知道成都人的骨子里渴望与外部世界交流；以蜀绣蜀锦为代表的丝绸作品从来都是古代丝绸制品的一流存在。

"五星出东方利中国"汉代蜀地织锦，为国家一级文物，中国首批禁止出国（境）展览文物，被誉为20世纪中国考古学最伟大的发现之一。1995年10月，中日尼雅遗址学术考察队成员在新疆和田地区民丰县尼雅遗址一处古墓中发现该织锦。现收藏于新疆博物馆。

护臂长18.5厘米，宽12.5厘米，以当时的物质技术手段，不仅精美绝伦，而且在谶纬盛行的汉代，设计师和工匠们不仅记录了当时中国的天文工作者观察到的罕见天象"五星聚会"（即金、木、水、火、土出现在同一星区，大概在一条直线上，又称五星连珠），而且用一句祝福表达了他们的家国情怀。

同一墓葬出土的蜀锦还有"讨南羌"织锦、"千秋万岁宜子孙"锦枕，说明当时蜀锦有众多品种穿行于丝绸之路上。

启尔德和启希贤

这是两位来自加拿大的传教士兼医生，他们是夫妻，在成都度过了很长的岁月，并开创了近现代四川和中国西部顶尖的西医医学事业，是近代以来中西方文明碰撞交流中的一道和谐、温暖风景。

启尔德（1867—1920）出生在安大略省的弗兰克维尔（Frankville），自幼加入卫理公会。卫理公会以传扬福音为其教理核心。14岁时，父母双亡，他开始学着独立生活。做过电报员。靠着做内科医生的兄长的资助和自己的收入，启尔德前往女王大学学习艺术和医学，21岁获得了文学学士、文学硕士和医学博士学位。他本来可以留校任教，但受教会和内心志向的召唤，1892年5月21日，历时半年多的海上和溯长江而上的航程，到达成都。

启尔德看到，晚清成都人的生活状况不佳。以他一个西医的眼光审视，疾病猖獗，部分民众鸦片成瘾，环境肮脏，妇女和女童处境艰难，一些民众对洋人很仇视。当然启尔德也看到很多人渴望学习新事物，得到帮助。抵达成都两个月后,启尔德的新婚妻子珍妮·福勒(Jennie Fowler)就因霍乱不治身亡,启尔德为此痛心不已。次年,启尔德赴上海迎接第二批来成都的传教士,与医学博士瑞塔·吉尔福德(Retta Gifford)在船舶于长江中触礁遇险的患难中相识、相爱,随后订婚,并在当年5月举办了婚礼。瑞塔·吉尔福德的中文名字叫启希贤。启希贤主攻妇科、儿科,并创办了仁济妇孺医院。启希贤跟启尔德一样,能讲一口流利的四川话,常在成都街头行走,这在当时,实属罕见。在川期间,启希贤还组建了"四川天足会",反对妇女裹小脚。她在四川的工作一直持续到1933年退休,这时离启尔德逝世已有13年了。

1895年,因社会动荡,文化隔阂,谣言煽动,成都爆发教案,杀洋人,摧毁洋教设施,他们的医院也未能幸免。夫妇俩家中闯入暴民,靠躲在窗帘后躲过一劫。教案平息后,他们从逃难的上海回到成都,在原址上重建了医院,造福患者。1900年,启尔德又被安排做牧师,这使他更加忙碌。此间英美加联合教会决定创办华西协和大学,启尔德成为最重要的创始人之一,他还担任了大学评议会的第一任主席。1911年成都发生保路运动和辛亥革命,启尔德在四川组建了中国红十字会,提供了数月的战地救援。当时的一位美国传教士写道:"负伤的士兵经常没有得到及时救援,只能经受伤痛折磨。启尔德对此深感震惊。随军数月,他常常穿着草鞋在战地奔走,分发食物,以至于在军中无人不知。启尔德还是一位伟大的医生。他开放医院,为普通士兵诊治。以至于当时的中国人认为他肯定是一个圣人,因为他们此前从未见过如此仁爱之人。"成都成了当时中国教育和医疗的中心。1914年,成都又兴建了两所大型医院。一所是男院,一所是妇幼院。启尔德在此过程中发挥了关键作用。他确保所有计划的实行都是按照医生和病人的需求,并执行最高的质量标准。新任的医务人员必须完全合格,身体健康,保证足够的睡眠。此外,他们还要学习两年的中文,因为要找到一个中英翻译,在当时的四川非常困难,就好像要在长江里寻找一座冰山那样。夫妇俩作为华西协和大学医学院的首批教师,培养了九名中国医生,其中四人顺利毕业。他一共在华西协和大学服务19年,致力于医疗、教育、传福音,并与其他一些传教士保持紧密联系。1920年,启尔德回国休假，意外染肺炎而亡。

启尔德的儿孙只要在成都生活过，几乎都对中国和成都有深厚的感情，致力于继续在中国和加拿大双方的教育、学术方面的牵线搭桥。他们爱成都这座城市的风土人情，说成都话，尤其钟情这里的美食。启尔德去世后，儿子启真道（Leslie Kilborn）接替了他的职务，并在中国一直工作到1952年。启真道的女儿玛丽则一直留在了成都，她是一名护士；儿子罗伯特博士于2015年8月创建并赞助了华西启尔德外科论坛，论坛主要致力于西安大略大学和四川大学之间的医疗协作。

近代西方来华传教士是一个复杂的人群。启尔德夫妇则属于怀抱真诚善意、有功德于所在地、值得永久尊敬和纪念的国际友人。他们对中国及其人民和文化甚至方言，有感情、有尊重，并努力达到当时最为稀缺的西医专业服务的最高水准，并无个人的谋利企图。而成都成为几代启尔德的钟情之地，也是因为这座城市的三大特质：成都是青藏高原雪山上能够看见的第一个大都市；成都总体上文化气质温和包容；成都有太多的美食。而启尔德生前的一段话，也许能够揭示什么样的西方人适合做中国人民的朋友——启尔德曾在一个履职报告中写道："这里有高山、深谷，有平原、溪流。河水或急流而下，或蜿蜒缓行，无不壮美。但最吸引我视线的，是生活在这片土地上的男女老少。他们人数众多，无处不在。神秘又平凡，灵巧又无知，勤劳又贫穷。"启尔德在《医治病人》这本书的末尾写道："能在中国崛起之际，奉召服侍，实乃我一生之幸事。"（引文出自《启尔德小传》，作者：桑德拉·安德森（Sandra Anderson），翻译：张旭）

以上我们介绍了在历史长河中的成都，作为一个代表中国与外部世界进行交流的重镇，事实上，成都最早的先民蜀山氏不仅在先秦时期就通过与黄帝族的联姻，以及与巴地、云贵、荆楚等地的多层面互动，建构了以古蜀五祖为代表的神人合一、从渔猎走向农耕、兴衰系于治水、风韵神秘浪漫为特质的早期文明，不仅至迟从秦汉时期起就已经作为大一统中国的一元的中心与中国的轴心文化和其他主要文化区域发生着紧密的联系，而且在中华民族整体文明水准长期居于世界巅峰状态的漫长历史时期，成都就已经是中国和世界的文化名城，它的影响早就走出了国门。《续高僧传》载：南北朝梁陈之际，康居（中亚古国）商人释道仙，初以游贾为业，"往来吴蜀江海上下，集积珠宝，故其所获资货乃满两船，时或计者曰：值钱十万贯"。可见这位异国高僧曾经通过经营吴、蜀货品的贸易（通过江海，肯定是国际贸易）赚得腰缠十万贯。张学君、张莉红二位教授所著《成都城市史》指出：唐宋时期，成都茶叶、蜀锦、布帛、药材、蜀纸、蜀版书等长期行销北方各省。同时通过川江水路与长江中下游地区进行的贸易交流更是源远流长，史不绝书。"蜀麻吴盐自古通，万斛之舟行若风"（杜甫《客居诗》），"水程通海货，地利杂吴风"（唐卢纶《送何召下第后归蜀》），都是蜀中与长江中下游甚至海上丝绸之路进行水上长途贸易的生动写照。在内陆贸易兴盛的同时，成都的各种商品、文化瑰宝还远播日本、朝鲜、越南、印度以及中亚地区。唐代四川、成都的佛教影响很大，并及于海外。如大慈寺水平极高，是玄奘大师学习佛学和受具足戒的所在。安史之乱发生后，玄宗避难来到成都，因见大慈寺僧从事慈善并为国家祈福，他很感动，下旨大规模扩建大慈寺，并请了来自新罗（唐朝时朝鲜半岛的国家之一）的无相禅师主持此事。史载这位姓金的和尚于开元十六年（728）来到四川资州德纯寺，向处寂禅师学了14年的禅法，声名鹊起，此间他既奉圣旨，自然倾力投入，较好完成了任务，一共建了96院，其中之一便是专门饮茶的禅茶房。无相嗜茶如命，将茶叶看作灵芝一样的妙物，并写有《茶偈》一首：

幽谷生灵草，堪为人道媒。樵人采其叶，美味入流杯。静虑成虚识，明心照会台。不劳人气力，直耸法门开。

他将喝茶变成了在一个雅致幽静的空间、有优雅的程序和礼仪，能够满足不同旨趣的修行、待客、交友的"茶道"。《锦官城掌故》记载道：

大慈寺的禅茶堂设有茶鼓，配有接待客人的"茶头"，对寺院内部则按不同的礼仪举办各种不同的茶会。平时方丈议事请僧众吃茶，称为

"普茶"；供奉佛祖、菩萨、祖师时要献"奠茶"；结夏时要按照僧人戒腊先后饮"戒腊茶"；在一年一度的"大请职"期间，大和尚要请寺内的一些和尚举行"鸣鼓讲茶礼"，这是一场严格而高雅庄重的茶道礼仪，共有十二道程序，首选要敲击茶鼓，然后"静禅心""入禅堂""焚香祈愿""圣水涤凡""佛祖拈花""菩萨入狱""漫天法雨""圣僧点化""普度众生""禅茶一味""即心即佛""畅叙禅机"。

在成都诞生的茶道，后来（南宋）不仅走出了四川，而且去到了韩国、日本。生活在两宋之交的文字禅大师圆悟克勤（1063—1135，今郫县唐昌人，曾住持成都昭觉寺）对于日本禅宗、茶道也有至关重要的影响，他的讲述禅宗发展过程和特点的64字印可状（书法）被日本禅宗视为圣物，其收藏者之一就有按禅谱排列属于其第12代传人、王子出生、多才多艺、不拘常格的一休禅师（动画片《聪明的一休》的历史原型），圆悟克勤的《碧岩录》在中国佛教里有"禅门第一书"之称，在日本佛教界被奉为圣典。至今韩、日两个国家都承认上述历史，并以此为媒介与中国展开佛教界的友好交流。当然，茶道在国外尤其是在日本，得到了进一步的丰富和发展。日本的茶道从15世纪后期形成，融入了日本人的生活规范，其茶道的内容包括"礼仪""修行""艺术""社交"四个方面。茶道伴随禅宗后来又传到包括北美在内的一些国家和地区的族群里。

在元明清时期，成都因为经历了宋末元初、明末清初两次原著民几乎全部消失的大灾难，处于相对的艰难恢复、重建的格局中，即便如此，它依然迎来了意大利旅行家马可·波罗（1254—1324）并得到他的高度评价；明清时期的西方传教士对它也有相当高的评价（参见本书其他相关章节的论述）。近现代以来，成都伴随辛亥革命、抗日战争、三线建设，尤其是1978年改革开放以来的伟大腾飞，在中华文明和人类文明的版图上，正在恢复甚至超越其在秦汉、唐宋时期的文化名城地位。

关于这个话题，本书还有多处论述和介绍，此处不赘言。

命运共同体意识与心理

多元一体的中华文明,在人类历史上,最早形成首先用于解决内部纷争、增强内部认同感、凝聚力,接着用于解决外部交往隔阂,消弭冲突的人类命运共同体意识与心理。这个意识与心理,在历史上的关键、转折时期,尤其能发挥统摄、涵育、支撑几乎所有的伦理道德观念的作用。来自对人性的乐观判断和深入分析(而不是宗教至上、神权至大国家的上帝、神灵的意志、意旨),祖先最早建构的命运共同体意识与心理既是人类面对同类的人文情怀,更是深邃的历史理性与智慧。

揆诸上古,至少从炎黄两大部落联盟融合,形成具有一统天下思维雏形的政治实体,其后裔自称炎黄子孙开始,中国人(不论处于什么阶级或阶层)之间在大多数时候的关系实质是共同利益大于矛盾、冲突的命运共同体,而所谓命运共同体意识,是指一个族群或人群,必须同舟共济、相亲相爱、互相包容的意识。依靠它,我们的祖先才能集合力量对付包括地震、水灾、旱灾、蝗灾、瘟疫、外敌入侵、内部反叛、腐败等所有的天灾人祸,维持而不是打破这样一个保持命运共同体所必须的外壳国家政权,成为所有中国人利益的最大公约数。

命运共同体意识作为一种主流的意识形态,正式形成的标志我认为有两个:一是司马迁著《史记》,在《五帝本纪》中将黄帝(后来也包括炎帝)树立为华夏民族共同敬奉的"人文初祖"(后来活跃于中国历史上的建立了重要政权的少数民族也大都尊奉炎黄二帝为血缘上的始祖);二是汉武帝"罢黜百家、独尊儒术"以后,孔子成为包括君王在内的所有中国人的精神领袖。在血缘上我们都是炎黄子孙,在精神上我们有至高的共同偶像,我们为何不相亲相爱、风雨同舟、患难与共?

命运共同体意识及其伴生的情感,历代仁人志士都有与时俱进的优美表述,除了最为经典的孔子在《礼记·礼运》篇中描绘的天下为公、人人幸福的大同世界,《论语》中记载的"四海之内皆兄弟"的孔门情怀,《尚书》所言"天视自我民视,天听自我民听"和"民为邦本,本固邦宁"的尊重民众利益和愿望观念以外，孟子的"民贵君轻"说尤其有代表性。先秦以降，还有激励后人的诸多先贤之言论，如张载（1020—1077）的表达："为天地立心，为生民立命，为往圣继绝学，为万世开太平"，如顾炎武（1613—1682)说："天下兴亡，匹夫有责"，如林则徐（1785—1850）之诗："苟利国家生死以，岂因祸福避趋之"，如邓小平(1904—1997)所言："我是中国人民的儿子，我深情地爱着我的祖国和人民！"

以成都为中心的蜀地，对于中华民族命运共同体意识的建构，同样功不可没。兹举四例。

川主崇拜

成都历来是一个对有功德的先贤不问出身、不分地域都要加以尊崇的城市，这种尊崇，突出表现在对那些以忘我的献身精神造福百姓、安宁天下的英雄的最高景仰上，因为他们就是炎黄子孙必须跨越阶级、阶层实现相亲相爱、患难与共的典范。作为一种起自成都，后蔓延到西南和陕西、湖北等地的地方崇拜，川主崇拜是一道内涵丰富的人文景观。

中华民族命运共同体古代最大的生存忧患之一是江河泛滥时暴发的水灾，而成都无疑是将水患变成水利最为杰出的城市。早期的成都平原，是岷江千万年冲击所形成的，主要是沼泽地，并不适合人类居住。所以成都的最早先民生活在岷江上游的山区里，叫蜀山氏。"蜀"字象形，指桑蚕，大约是一个栽桑养蚕很早，并以桑蚕为图腾的族群。这个与华夏有联姻和其他交往的族群属于古羌族，后来逐步顺着岷江中游、下游，向成都平原靠近并进入。成都平原由很容易因暴雨或岷江洪水冲击成为汪洋泽国，到后来成为东亚最适合人居的一块风水宝地，主要经历了三次大规模的治水活动。第一次，是大禹对岷江流域的治理，他改堵为疏导，取得了一定程度上的成功，并将其经验用于治理黄河，平定九州。蜀王杜宇在位期间，再次暴发大洪水，只擅长农耕的杜宇自己无力平息，他接受了自荆楚溯江而上（古书记载的传说是他死了，尸体在江中自动向上逆行，到达蜀地后活过来登岸）的男子鳖灵的自荐，授予他集中国力治水的权力。鳖灵治水，主要是在成都平原西南地势相对较低之处开凿了金堂峡（凿玉山），使成都平原较大面积的地区能够泄洪，从而大大改善了生存环境。杜宇将王位禅让给了鳖灵，他自己到西山隐居。后来化为杜鹃，蜀人闻杜鹃之音，便会勤劳农耕，并缅怀这位先王曾经的恩德。鳖灵开创的王朝叫开明王朝，历十三世，后来被秦国所灭。不过鳖灵只是在更大程度上缓解了成都平原的水患。直到公元前3世纪中叶，李冰受秦王之命担任蜀郡守，带领人民，创造了集彻底解决水患、能大面积自流灌溉成都平原、能够进行航运于一体，还能永续利用和具有扩张功能的都江堰水利工程，成都才成了天府之都，四川才有了"天府之国"的美誉。为了表达对李冰父子的景仰和感激，成都人民先是修庄严肃穆的二王庙，后来成都和四川各地又敬奉李冰为"川主"，祭祀他的庙宇便改成"川主庙"，这些庙宇后来又出现在陕西、云南、贵州、湖北的一些靠近四川的地域，成为一种显赫的地域辽阔的先贤和神灵崇拜。在四川的地方神祇崇拜中，川主庙的数量仅次于土地庙。川主庙也有将大禹的神位或牌位放进去的现象，成为中华民族在抗击水患中形成的风雨同舟、尊崇英雄的命运共同体意识的鲜活地标。

爱民如子的梅挚

梅挚（994—1059），字公仪，北宋成都府新繁县人，宋仁宗天圣五年（1027）进士，历官大理评事、殿中侍御史、天章阁待制、龙图阁学士等，并先后出任蓝田上元知县，苏州通判，开封府判官，陕西都转运使，昭州、滑州、杭州知州，江宁府、河中府知府等地方官，死于河中府任上。梅挚为官勤政爱民，经常直言上书，要求皇帝、朝廷体恤民隐；在官吏任免上，也敢于仗义执言，宋仁宗对朝臣们说"梅挚言事有体"。梅挚出任地方官，总是体察百姓疾苦，与民众同甘共苦，兴利除弊。为此，宋仁宗特下诏嘉奖他的功劳。景祐年间，梅挚到昭州做官，他热爱昭州的人情风土、美酒佳果等，写下了《十爱诗》五律十首；他憎恨官吏贪渎堕落，又写了著名文章《五瘴说》。后来，昭州人民特建了一座梅公亭，并把《十爱诗》和《五瘴说》刻在石壁上。嘉祐二年（1057），梅挚到杭州做官，宋仁宗特别赐诗为他送行，诗中勉励梅挚到杭州后，要替皇帝分忧，得到百姓颂扬。梅挚为报答皇恩，便根据此诗第一句

"地有湖山美"的意思，在杭州吴山修了一座有美堂。《有美堂记》由著名文学家欧阳修撰文，著名书法家蔡襄书写，并刻石于堂上。梅挚为官32年，清正廉洁，政绩卓著。《宋史·梅挚传》评论其"性淳静，不为矫厉之行，政绩如其为人。平居未尝问生业，喜为诗，多警句。有奏议四十余篇"。南宋建炎年间（1127—1130），新繁知县沈居中在东湖之南建三贤堂，绘三贤像，纪念乡人梅挚和有功绩于新繁的唐、宋县官李德裕和王益。清代乾隆、嘉庆和同治年间，三贤堂又进行了重修。今三贤堂虽不存，但刻有梅挚《五瘴说》的石碑仍屹立于新繁东湖之滨。

造福一方之藩王

朱椿（1371—1423），明太祖朱元璋第十一子，洪武十一年（1378）受封为蜀王。他好学能文，《明史》称其"博综典籍，容止都雅"，在朝中有"蜀秀才"之称，深得朱元璋喜爱。就任藩王后，聘方孝孺（1357—1402）担任世子师，"独以礼教守西陲"，行宽厚之政，有诗文面世，推动了四川民众安居乐业和文化教育的复兴。受其影响，历代蜀王多数都遵守礼制，崇文重道，并热心公益，受到国家、地方和民众信赖。都江堰的岁修和扶持、安抚蜀地周边少数民族，确保茶马古道畅通，一直是朱椿出钱出力扶持的事业。位于成都大学旁的青龙湖公园，是成都市迄今最大的湿地公园，占地万亩，只要非恶劣天气的日子，人们总是摩肩接踵，纷至沓来，有两座蜀王陵位于其中，是全国重点文物保护单位，其中的小博物馆里就有十分生动而精致的成群结队的少数民族前来向蜀王进贡的陶俑。实际上，当年进贡者得到的赏赐，是更加值钱的荣耀和财富。而成都的名胜武侯祠、杜甫草堂、青羊宫、万福寺、大慈寺、洪济桥（俗称九眼桥）、回澜塔受到历代蜀王保护和出资修缮。纵观中国历史，历代皇室成员教养和表现千差万别，尤其是明代，受宠而凶恶虐待地方官民或骄奢淫逸的藩王众多，像朱椿及其后代的表现，实属难能可贵。

无价典籍捐献国家的藏书家

严谷声（1899—1976），成都人，其父严雁峰（1855—1918）为清末著名学者、藏书家。严谷声继承父业，一生以藏书、刻书为业，经其苦心经营、收购，将祖传藏书由 11 万卷增至 30 万卷，并以奇书、地方志驰名海内外，成为全国著名的藏书家。严氏父子所建"贲园"（位于今成都市和平街 16 号），是民国时期著名的藏书楼之一，与浙江宁波天一阁、傅增湘双鉴楼齐名。20—40 年代鼎盛时期，贲园学者云集，名流荟萃，是一个高雅的学术传播、交流中心。张大千非常尊重严氏父子，多次为其作画。严氏父子以渭南严氏孝义家塾名义辑刻书籍，所辑各种丛书是研究经传小学、音韵训诂、中医学等的重要文献。其刻书以内容精、版本好、刻工精、纸质绵、装帧美著称，在近代中国私家刻书史中占有重要地位，备受中外学者称誉。英国大英博物馆、牛津大学图书馆均有其印本陈列，美国国会图书馆辟有"渭南严氏精刻善本书籍室"。抗战时期，日本文禄堂和美国哈佛大学都派人洽谈收购贲园藏书，均被严谷声先生拒绝。中华人民共和国成立后，严谷声将全部藏书和书库捐献给四川省图书馆。严谷声先后被聘为川西行署特邀人民代表、四川省文史研究馆馆员。

The Biography of Chengdu

成都传

第二章 上天所赐

以成都平原为核心的四川盆地，从东汉后期开始取得"天府之国"的美名，并一直延续至今，带给子孙后代无尽的自豪。清代后期，德国人李希霍芬（1833—1905）带着前来考察中国的资源、财富的使命，在游历了中国18个行省中的13个以后，那句总的赞叹也是：

四川人有权为本省感到骄傲！

我们来看古今成都人、四川人可以为家乡骄傲的"本钱"。

立体的山水

以成都为中心的古代巴蜀，今日叫四川、重庆的这块土地，占地面积数十万平方公里，比欧洲的绝大多数国家都大；因为海拔落差五千米以上，从卫星上看，四川地区，像一个气象万千、粗犷与精致并存的盆景，不仅在中国西部最适合人类繁衍生息，而且地球之陆地上除了沙漠和海洋以外的所有具有美感的地质地理景观这里都有，且不少美景都堪称天下无双或世间罕有其匹。就一个单一的地域文化区域所拥有的美景类型之丰富来讲，四川无疑是天下的唯一。如青藏高原东部的四川地区（以甘孜、阿坝两州为代表），其连绵不绝的白雪皑皑的神山，星罗棋布如处女般纯净圣洁的海子和冰川，辽阔逶迤变化多端的湿地草原，无比澄澈的蓝天和星空，以及数不胜数的高山温泉，都可以使人心旷神怡，恍若仙境。汉族地区，除了北部像长城一样护卫四川气候永不受西伯利亚寒潮剧烈扫荡的中国地理分界线绿色秦岭以外，光是形状、气韵各不相同的名山险隘，就有"剑门天下险，夔门天下雄，青城天下幽，峨眉天下秀"的描绘。四川江河纵横，长江（含其上游金沙江）自东向西纵贯，像一只雄壮无比的臂膀，挽起嘉陵江、沱江、岷江、渠江、涪江、大渡河，此外在川西还有雅砻江，这些江河还有无数支流，它们奔流向前，跨越各种地貌，穿行城市乡村，塑造各种风景，当李白、杜甫、杨慎这些文豪和无数文人墨客面对如此山水时，他们留下的自然是中国和世界文学史上的顶级华章：

朝辞白帝彩云间，千里江陵一日还。两岸猿声啼不住，轻舟已过万重山。（李白）

濯锦清江万里流，云帆龙舸下扬州。北地虽夸上林苑，南京还有散花楼。（李白）

翳翳桑榆日，照我征衣裳。我行山川异，忽在天一方。但逢新人民，未卜见故乡。大江东流去，游子日月长。（杜甫）

汲黯匡君切，廉颇出将频。直词才不世，雄略动如神。政简移风速，诗清立意新。层城临暇景，绝域望余春。（杜甫）

两个黄鹂鸣翠柳，一行白鹭上青天。窗含西岭千秋雪，门泊东吴万里船。（杜甫）

滚滚长江东逝水，浪花淘尽英雄。是非成败转头空。青山依旧在，几度夕阳红。白发渔樵江渚上，惯看秋月春风。一壶浊酒喜相逢。古今多少事，都付笑谈中。（杨慎）

事实上，在河南人杜甫描绘四川、成都山水的用词中，与李白、苏轼、杨慎就有所不同，那就是他使用了"天隅""天边""绝域""殊方""异方""异俗"等表达这里与中原和其他地区迥然不同的自然、人文地理，让他经常感到惊异并刮目相看。仁者乐山，智者乐水。显然，山水可以参与塑造人的品格、情怀。此外，与美轮美奂、立体多元的山水相伴的人民，会自然拥有较高的审美情趣和更为强大的想象和创作能力，当然也能有更高的人生幸福指数。如唐朝诗人元稹（779—831）曾经这样赞美与他有较多情感交集的成都女诗人薛涛及汉代才女、司马相如之妻卓文君：

锦江滑腻峨眉秀，幻出文君与薛涛。言语巧偷鹦鹉舌，文章分得凤凰毛。（《寄赠薛涛》）

可见在元稹的心中，他深爱过的才女薛涛及他仰慕的前辈卓文君，都与四川山水的滋养密不可分。

清代大文豪李调元（1734—1803），四川罗江县——今四川省德阳市罗江县调元镇人，也对此有深刻的体悟和自豪。他在给位于北京的四川会馆（地址在北京骡马市大街北面）题写的对联中，自豪地写道：

此地可停骖，剪烛西窗，偶话城乡风景：剑阁雄，峨嵋秀，巴江曲，锦水清涟，不尽名山大川俱来眼底。

入京思献策，扬鞭北道，难忘先哲典型，相如赋，太白诗，东坡文，升庵科第，行见佳人才子又到长安。

如画江山，鱼贯走出一流才子，双方互相辉映，互相成就，络绎天地人文，联袂扬名区夏，李调元的对联里，洋溢着巴蜀的特殊自豪。

自古以来，因家乡的山水特别富丽，四川、成都人的自豪与唤醒的文学艺术自觉和家国情怀，与世界上其他地方相比，毫不逊色。除了李白的《静夜思》华人妇孺皆知："床前明月光，疑是地上霜。举头望明月，低头思故乡"，苏轼的《临江仙·送王缄》同样感人肺腑：

忘却成都来十载，因君未免思量。凭将清泪洒江阳。故山知好在，孤客自悲凉。

坐上别愁君未见，归来欲断无肠。殷勤且更尽离觞。此身如传舍，何处是吾乡。

元朝大文豪虞集（1272—1348），是南宋贤相虞允文（1110—1174）的五世孙，祖籍成都仁寿（今眉山仁寿），生于湖南，后来随家到江西崇仁生活。幼承家学，所以对家乡一直有深厚感情，他写有《题王庶成都山水画》一诗：

蜀人偏爱蜀江山，图画苍茫咫尺间。驷马桥边车盖合，百花潭上钓舟闲。亦知杜甫贫能赋，应叹扬雄老未还。花重锦官谁得见？杜鹃啼处雨斑斑。

这首诗，从第三句开始，每一句都含有令蜀人自豪的景观、人物或故事，都充满诗情画意和人文个性。这样的都市美貌，只有扬州、苏州、杭州等少数城市能够与之颉颃。

明末清初，四川遭遇罕见人祸，强梁跳荡，盗贼兵匪横行，老虎、野狼因食人肉而成群结队出没。成都原住民几乎完全消失，绝大部分被杀，还有一部分死于疾病瘟疫，极少数逃难到外地苟延残喘。成都新繁人费经虞（明末清初著名学者、诗人和思想家费密之父）流离江南，终老泰州。他写了一首七律《思蜀》表达战乱漂泊、只能老死他乡的凄情：

垂老无家只自怜，不堪往事益凄然。当门慈竹八千里，昨日疏梅二十年。既使丁男安稼穑，遂无姓氏到烽烟。春时更觉伤人意，寒食青青麦满田。

像费经虞这样的浪迹天涯者并非个别，对家乡风物（慈竹、疏梅）的缅怀和对有关家乡的音信渺茫的失落，到了寒食节前后，更是引发游子的绵绵眷念。

这些文学名篇，不仅是巴蜀山水和人文交相辉映的缩影，所传递的人文精神，亦成为中国人精神家园的永恒滋养。

1940年8月，作为成都女婿的朱自清先生（1898—1948，他的夫人叫陈竹隐，成都人）受四川省教育厅之邀第一次来到成都，任教科书的编辑委员，其间为四川的教育殚精竭虑，完成了写给教师的《国文教学》和写给学生的《略读指导举隅》《精读指导举隅》三本书，而且还写下了《经典常谈》《古诗十九首释》。次年十月返回昆明西南联合大学，他走水路先去乐山，再辗转赴昆明，他写给家人的记录岷江沿岸风光的书信中写道：

岷江多曲折，船随时转向，随时有新景可看。江口以上，两岸平原，鲜绿宜人。沿河多桤木林子，稀疏瘦秀，很像山水画……

在充满愉悦和留恋的朱自清先生眼里，蜀地处处皆秀美。

关于成都及其四川盆地的山水及人文之美，我们还可以看历史上三名非凡"老外"的真实记录和感受，便可以看出它的美绝对是"世界级"的。

1872年秋，大胡子、高鼻梁的德国地理学家李希霍芬（1833—1905）男爵，兴致勃勃出现在成都的土地上，并基于多种原因逗留了较长时间，他对成都的考察十分真实，并保留在《中国：我的旅行与研究》中。

李希霍芬是近代西方人对中国进行地理学、地质学研究的先驱之一，"丝绸之路"这个概念就是他首先提出，而被世界广泛接受和使用的。1868—1872年，他接受西方商人的雇佣，并得到美国矿业公司赞助，开始游历东亚。在中国旅行期间，他开展了细致深入的考察，并就如何利用其丰富的资源给其雇主提出了一系列建议。他以上海为基地，对大清帝国18个行省中的13个进行了地理、地质考察，包括广东、江西、湖南、浙江、直隶、山西、山东、陕西、甘肃南部、四川、内蒙古诸省区。

作为地质学者，李希霍芬首先关注视觉感受。对岷江河谷险陡的地形感到非常震惊："道路依旧追随着那条山溪向下，但这条河在它转弯的地方陡然切入地层，使得道路只得翻越上下坡都很陡的横向的山岩，因为河边已没有空间。"虽然道路曲折艰险，但他却认为这里"风景十分诱人""长满灌木的丘陵向北靠着陡峭的大山，再往北耸起几个又高又险的圆顶山峰"。同时，他还注意到山岭河川之间虽然地势险峻，但翻山越岭的"蜀道"却大多还是保持完好，"天长地久也只有个别地方毁损"。李希霍芬认为这样的特点使成都能在与外部有充分交流的情况下又相对隔绝，使这里的人民更加安居乐业，居民更为质朴有礼。

李希霍芬盛赞"都江堰灌溉方法之完善，世界各地无与伦比"。李希霍芬给本国友人写信时提道："成都是中国最大的城市之一，也是最秀丽雅致的城市之一……街道宽畅，大多笔直，相互交叉成直角。"街道两旁房屋墙壁处处可见的壁画、雕塑，令他欣喜不已：

> 这种艺术情趣在周围郊区随处可见，所有的旅游者无不为其精湛的艺术而感到惊异……其中一些不愧是中国的艺术杰作。这种优美，在人民文雅的态度和高尚的举止表现得尤为明显。成都府的居民在这方面远远超过了中国其他各地。

美国地理学会教授罗林·夏柏林在《登临中国西部的阿尔卑斯山》一文（刊载于1911年《美国国家地理》）中写道：

> 我想，我从未看到过如此动人的风景绵绵不绝地呈现在眼前，它不断地激起你对自然的激情，在四月的天气中，四川的乡村向你展开一幅美丽的风景画卷，激起你心中的无限遐想。

这位美国地理学家看过很多美景，但成都的风景依然让他心潮澎湃、遐想联翩，这样的土地难道不是人间罕有？他在赞美都江堰水利工程"设计精妙，令人称奇"之后，还充满热情地赞美这里勤劳善良的人民创造的美好家园：

> 由于成都平原土地肥沃，作物产量极高，因此它很自然便成为世界上人口最密集的地区之一。除了用于墓地的土地之外，这儿没有一点闲置的土地，边边角角都是被利用上了的，各个农村都聚集着很多人。他们全部都在农田里辛苦劳作，精心播种、收获，因此与其说这儿的土地是乡村农场，不如说是精心种植的花园。

罗林·夏柏林对成都市的城市格局也有很好的印象，他没有站在纯西方的观念上随意指手画脚，妄加褒贬，而是体悟、理解中国城市与西方城市的一些不同，比如街道不够宽阔，房屋之间比较密集，因为这是祖先的习惯，是因为中国人的建筑更在乎内部庭院，因为"中国的文明最看重家庭"。所以他总体的评价是：

> 成都是成都平原上最大的城市，也是四川省省会，或许，它也是除了中国首都北京以外，中国的好城市之一。

夏柏林专门写了让他心旷神怡的春天成都平原的油菜花海洋：

当我们3、4月份到达成都时，长得最茂盛的则是油菜和黄色的芥末，大面积的油菜郁郁葱葱，这种作物可以用来生产油料；4月初，正是油菜开花的季节，金黄色的油菜花满坡满地，触目皆是，在眼力所能及的范围内，全是那金黄灿烂的油菜花，这也许是整个大地最美的时刻，美的巅峰与极致。

这位富有人文感情，因此文化偏见和傲慢很少的美国人，对于成都的城市建设及管理也不吝赞词：

尽管成都的街道，在西方人看起来是过于狭窄，但我们不得不承认，比起广东以及原来的旧上海街道来，它则要宽得多，而且也美丽诱人。成都市内各交通要道都用石板铺得很平整，它与中国其他城市最大的不同之处还在于，在街道巡警的管理下，这座城市出奇的干净。当我们已习惯了中国其他城市灰尘满天的街道，再来到成都，真有种耳目一新的感觉。

马可·波罗看到的成都便是个规则合理的城市。道路铺得很好，就如现在的城市一样。……通过种种努力，在中国建立起了一个干净而美丽的城市。

他来到成都的时候，今日四川大学的前身四川省城高等学堂已经在培养人才，华西协和大学也正在兴建之中，所以他也表示称赞，并写道：

成都的美丽并不仅仅表现在它的外观上，这个城市所表现出来的求知欲也是非常吸引人的。

当然夏柏林如果对于成都作为中国的文化教育和文学艺术殿堂的悠久历史了解多一点，或许他会少一点惊讶。尽管如此，我们还是要感谢这位美国学者留下的珍贵、可信的历史记忆。

1909年12月4日,一位从24岁起在美国旧金山唐人街迷恋上了中国文化(如砚台、墨汁、宣纸、京戏)的31岁的法国作家、考古学家、海军军医谢阁兰(1878—1919,Victor Segalen)经过七个多月的旅途劳顿,终于从马赛到上海,到北京,经五台山、太原、西安、兰州,再三天乘船,抵达成都平原。他写道:

路变成了一米宽的堤路,突出在水田中,水田被改造成了稻田,灌溉得很好。土地的颜色和富饶更让人惊叹:棕色、黑色、赭棕色。是要孕育第三次收获了。广袤的平原上丘陵起伏,其间满布富饶的村庄。这个野外生活舒适、这个季节温和、这个彬彬有礼迎接我们的四川,基本上是一个幸福的省份。

谢阁兰的文字很有韵律和节奏,因为他本来也是诗人,四川、成都平原让他不仅耳目一新,而且太有勃勃生机和人间烟火了。他对成都市区也有诗一样的体验和描述:

一个熙熙攘攘的城市,有人气,但不俗气。不太整饬,也不太复杂。街道上铺着熨帖的大块砂岩石,灰紫色,穿袜子和木屐踩上去都很柔软。街上既充满了往来的脚步声,又有轻松而风度翩翩的嗒嗒小跑。富有的大商店不停地向外流散出丝绸。很难想象那里的色彩、气味……

他在写给妻子的信中说:

在这儿的逗留最愉快舒适。

12月18日,谢阁兰乘船,取道岷江去乐山,他用"风光无与伦比"形容他在沿途看到的一切。他不辞万里跋涉的旅行出发前想象中的"世界尽头的大城市"成都之行,终于幸福结束。他于1914年6月再次抵达成都,待了几天,考察、拍摄了武侯祠、青羊宫、昭觉寺和九眼桥。留下了许多珍贵照片，成为鲜活的历史记忆。在他的身后，还留下了一座中法两国友好交流的桥梁——谢阁兰基金会。

说四川、成都的山水惊人的立体的美，不要问本地人，因为他们早就习以为常、视觉疲劳。改革开放以来的成都，外地人大量选择来成都定居，尤其是那些走南闯北见多识广的外地人，最后很大程度上因为爱这里的山水成为成都市民，他们的感受最具有客观性。

黄璟，成都农商银行的一位女高管，号称"我在祖国的南方长大，四面环山，东面临海。我的家一年四季都被绿树环绕，从小我就醉心于完全投入大自然的那种自在感和更新感"。后来在上海复旦大学念书，北京大牌金融机构工作，因工作关系来到了成都，先被绕城高速沿线的郁郁葱葱的绿色打动，后来直接定居、工作在成都。她在《一个金融女高管心中的成都生活》一文中有这样一段话写此城与山水的关系：

> 后来我搬到了成都，在定居于此的日子里，我时不时就要跑出去，跑向自然的怀抱。曾尝试在夏季雨夜里徒步25公里，途经息心所、华严顶、洗象池，走上峨眉山雷洞坪；也曾驱车翻山入四姑娘山，和牦牛一起在原始森林和潺潺河流间漫步；更是在雪夜里露宿达瓦更扎3800米的山头，看日升星落。我可以在北京上海深圳的瑜伽馆里练习冥想，用意念将自己置身于蓝天白云下，雪山峡谷间，而在成都，你不用靠想象——心灵的后花园开车两三个小时就能抵达。

> 后来的后来，我的脚步仿佛是被心灵所指引，越走越远，也越发热爱这片神秘而又神奇的土地：若尔盖的花海、新都桥的彩林、夕阳下壮美的佛学院、湍流上险峻的古蜀道……就连旅途的高原反应都成为一种朝圣般的身体反应：远古时期喜马拉雅造山运动所成就的地理形态的伟岸雄奇，加之雪域佛光渲染之下的信仰气息，让我好几次在这样的组合面前有一种无法言说的敬畏和深情。我仿佛感受到了世俗情欲之上的启示，一次又一次的，在空气稀薄的强烈阳光里渐渐忘记了自己。

黄璟女士的感受与我在甘孜州稻城、乡城、得荣、康定、丹巴和九寨沟等地考察、行走的感受完全一样。但我的感受可能比她要丰富得多。十多年前，因为州里面的一些参加川大培训班学习的领导相邀，我和几位成都大学的同事一起，进州里稻城、乡城、得荣、康定与当地干部群众交流经济与社会发展，顺便参观了他们著名的旅游景点。比如在稻城这个地球上真正的香格里拉，三神山突然映入我们眼帘时，我们几乎全体都自发地跪了下去，向着神山礼拜磕头——稻城三神山北峰仙乃日6032米，南峰央迈勇5958米，东峰夏诺多吉5958米。三座雪峰洁白，峭拔，似利剑直插云霄。仙乃日像大佛，傲然端坐莲花座；央迈勇像少女，娴静端庄，冰清玉洁；夏诺多吉像少年，雄健刚毅，神采奕奕。雪峰周围角峰林立，大大小小共三十多座，千姿百态，蔚为壮观。在哪里去找比这更美的人间仙境？仿佛突然理解了藏传佛教赋予它们神山圣峰的千年内涵。青藏高原的大小海子，如大小珍珠，镶嵌在莽莽原野和山野峡谷之间。还有许多处女地尚未被人发现。高原的天空，阴晴云雨变化无常，同样的景观，一天可以呈现多种美的影像，当然欣赏这旷世之美也得付出代价——除了程度不等的高原反应，高原的气温燥湿有时也变化无常，所以不用说任何话，便理解了藏族同胞的服装。连续一周多，奔波在青藏高原上，沿途县城，除了藏族同胞热情洋溢献上的哈达、青稞酒，以及关于经济文旅的交流，我的耳边时常会想起"我看见一座座山一座座山川，一座座山川相连""青藏高原比那天空还辽阔"的歌声，同时还会想起清代成都人、岳飞的第23代孙岳钟琪将军（本书已有生平介绍）率领皇家军队的勇士们，战胜千难万险，平息分裂叛乱的战马嘶鸣和铁蹄声，深知历代祖先为了保住今天的九百六十万平方公里的江山溅了多少血，流了多少泪，洒了多少汗！多少将士的忠骨埋在了距离家乡千万里外的祖国的青山上！而近代以来，那些自以为是地对待历史和祖先的轻狂、妄议是多么可笑和不可饶恕！对于中国必须有自己特色的政治制度（比如强大的中央政府）便会有刻骨铭心的认同。回到成都，我常想，也经常在课堂上告诉学员、学生们，过去中国人人均收入太低，旅行少，一旦有人夸赞祖国的江山美，有时就会有出过国同时以为"西方的月亮比中国的圆"的"假老练"（这是成都人李伯清的发明"专利"）出来泼一瓢冷水：你这个算什么呀？你去过亚马逊吗？你去过黄石公园吗？你去过新西兰和澳大利亚吗？你去过阿拉斯加吗？你去过瑞士芬兰瑞典吗？人家那个才美！当我们都没有出过国时，我们往往就被"假老练"唬住了——看来还是那边的月亮更圆呐。可是，当这些"假老练"说的神仙境界我们都去看过以后，发现它们虽然有自己的独到之美，但比起我们四川的美的类型之丰富多彩来，简直没什么好羡慕的。比海拔？比雄奇？比神秘？比相关的有文献记载的神话传说？比空气质量？比天空的透明？比动物、植物的种类及可爱程度？作为整体，我必须告诉这些"假老练"们，排在后面等待吧。

丰富的物产

处于北纬30度两侧、海拔落差五千米的四川，各种地质地理条件齐备，这就决定了地球上数量庞大的动植物资源，在这里都能找到自己生存繁衍的空间，需要不同地质地理条件和海拔高度来孕育、伴生的各种矿藏也十分繁多。加上区域内人民的勤劳智慧，和主要由江河为主、陆路为辅的交通支撑的商业贸易的推动，这里不仅有中国各地名列前茅的动物和植物、矿藏资源，更有数量最多的珍稀动物。根据国家"野生动物保护条例"的规定，四川共有一、二、三类保护动物55种，约占全国保护动物品种总数的一半。四川仅脊椎动物就有1100余种，占全国的40%，其中列入国家保护的珍稀动物有55种。属于一类保护动物的有大熊猫、金丝猴、牛羚、白唇鹿、梅花鹿、毛冠鹿、林麝、蓝马鸡、藏雪鸡、斑角雉等。鸟类以画眉亚科和雉科占优势，其中四川山鹧鸪、雉鹑为特产鸟类。爬行类与两栖类品种丰富，有不少国内特著品种，如宜宾龙蜥、峨眉髭蟾、北鲵等。川西北高原珍稀动物主要有野驴、野牦牛、白唇鹿、藏羚羊、马鹿、林麝、黑颈鹤、藏雪鸡等。毛皮资源动物中有喜马拉雅旱獭等。

大熊猫

大熊猫是中国国宝，是在地球上生活了800万年以上的"活化石"动物，以其特殊的外形、颜色和憨厚温顺的性格,以及特殊的食物结构(主食竹类12属,60多种,最爱大箭竹、华西箭竹等7种。在野生条件下,竹类占其总食量的99%),成为地球上身价最高的动物。生活在海拔2600—3500米的茂密竹林,是一种喜湿动物,而且有不惧寒湿,从不冬眠的习性。因为竹子(主要是竹竿和竹笋)单位重量营养不多,所以每天差不多一半时间,它们都在专心享用竹子大餐。此绝世尤物,栖息地和数量(约1600只)的80%,都在四川,当然,保护繁育研究水平最高者也是四川(有中国保护大熊猫研究中心——下辖卧龙、都江堰、雅安碧峰峡三个基地,和成都市大熊猫繁育研究基地,目前仅后者就有215只!)。作为和平友好天使出国的大熊猫,绝大多数的"家乡"都在四川。

说到大熊猫,有人会津津乐道它是法国传教士阿尔芒·戴维(1826—1900)在四川宝兴"发现"的,其实这并不准确。中国人历来热爱所有美好的事物,熊猫怎么可能没有被人注意?在中国最早的文献里,对熊猫有各种称谓。专家考证指出,《尚书》称其如虎如貔如熊如罴,《尔雅》称貘似熊,《诗经》称貔,《后汉书》和《山海经》称貊,《峨眉山志》称貔貅,等等。出自四川的中国唯一女皇帝武则天(624—705),曾将一对活体白熊(就是熊猫)和若干张白熊皮作为国礼,送给日本天武天皇(631—686)。1869年3月,阿尔芒·戴维神父在宝兴县之邓池沟(穆坪)教堂附近考察时,看到了当地人称为白熊、花熊的熊猫踪迹。后经巴黎自然历史博物馆的阿尔封斯·米勒·爱德华兹鉴定,"黑白熊"是一个新物种,定名为"猫熊",鉴定报告发表在1869年《巴黎自然历史博物馆之新文档》第五卷。也就是说,把它纳入近现代生物学、博物学,并推动它以统一的名称进入近现代城市公园供国内外喜欢动物的人观赏,这就是这位法国神父"发现"熊猫的真实。

四川也是植物的天堂。位于水热充沛的亚热带季风气候区,并且地形复杂,因而植物种类很多。据不完全统计,有高等植物270余科,1700多属,1万余种。其中有乔木1000多种,占全国种类总数的一半。多种多样的树种资源,构成了繁多的森林类型。

近代中国西部著名的教会大学华西协和大学首任校长毕启(Joseph Beech,

1867—1954)专门考察过川西地区,他说:

> 由于冰川运动在美洲大陆和欧洲毁灭了很多植物和动物,我们只能从发现的化石中知道它们。而在华西则是完全不同的历史,西北高山和横断山脉使这个地区具有亚热带的气候,既有很潮湿的地方,也有相当干燥之处,谷深山高使各种动植物能生存下来,这在地球上是个非凡的地方,是研究动植物和人种学等的宝库。

数不尽的植物,许多成为了四川人民生产生活、开发利用的资源。最具有地域特色并形成城市文化个性和特色风貌,参与成都生活美学建构,并在历代诗词歌赋和境内外(含国内外)相关人士的各类文字著述以及艺术表达中最受关注的有四类。

竹子

众所周知,中国人自古爱竹,它与梅花、兰花、菊花一起,号称植物的"四君子",是中国文化中最具代表性的意象之一。四川拥有全世界同等地理面积中数量和品种最多的竹。作为一种生命力极其旺盛的植物,四川除了川西高原海拔极高地区外的大部分地区,都适合其生存,所以遍布巴山蜀水。初唐诗人刘希夷(651—679)之《蜀城怀古》这样写道:

> 蜀土绕水竹,吴天积风霜。穷览通表里,气色何苍苍。

在他的眼前,成都城里城外,因为有大片竹林,在江浙之地已经风霜满地凸显萧瑟的时候,成都的清幽景色依然接连天际。

杜甫居住成都草堂期间,作《江畔独步寻花》七绝句,其中云:

> 江深竹静两三家,多事红花映白花。报答春光知有处,应须美酒送生涯。

诗圣满腹经纶，志气恢弘，但恰逢朝政昏暗和安史之乱，只能拖家带口流寓异乡，心中的郁闷可以想象。但在竹林、花海陪伴的成都，加之礼敬贤能的官民和邻居，诗圣逐渐恢复内心的平静，独步寻花，诗意盎然，春光明媚，酒兴亦燃。

大概自幼受家乡多竹的熏陶，古今蜀中文人士大夫和普通民众，均对竹有别样的情感。最典型的莫过苏东坡的超级爱竹，他在《于潜僧绿筠轩》一诗中写道："宁可食无肉，不可居无竹。无肉令人瘦，无竹令人俗。"生活于这样的地域，何患其不能成为文学艺术的顶级殿堂。

竹生长和扩张快，独具挺直向上的优雅和从容之姿态，尤其适合房前屋后和各种园林栽培点缀，而且周身上下都可以为人所用：竹笋，人和熊猫均可食用（熊猫在四川的广泛分布和数量众多正是依赖于此。熊猫主食是竹，而且它喜欢或可以食用的竹子种类很多，仅凭这一点，只有四川满足它们大面积分布的需要），竹茎（或竹竿）可以制作成各种生产生活用具，包括各种工艺美术作品，竹叶、竹根可以用作燃料。在四川宜宾，有世界上最大的连片"蜀南竹海"，是一个特色和魅力十足的旅游目的地和影视作品创作地；成都的望江公园，荟萃了任何一个公园不能望其项背的竹子种类，一年四季都能绿影婆娑，摇曳生姿。至少清代以来，成都平原上很多农民的家园都有丰饶竹林环绕，号称林盘，与在其外的一望无际的稻田、麦田、油菜花地和来自都江堰的如毛细血管一样密布的沟渠一起，形成十分优良的人居环境。因为四川、成都自古太多画家画竹，以至于"胸有成竹"这个著名成语也出自宋朝梓州永泰（今四川盐亭）人、著名政治家和画家文同（1018—1079）。竹一直被视为高洁质朴的象征，它在四川深受喜爱，无疑是自然和人文的优秀遗产。

花卉

四川地区适合各类花卉生存，所以花卉品种十分丰富。人民栽培、种植花卉，要么用于贩卖谋取衣食之源，要么用于公私园囿的打造，要么用于家庭内外的装饰点缀。各地民众因地制宜，关注和经营、使用的花卉品种不尽一致。成都自古就是一座罕见的繁花和四季常绿的植物簇拥之城，晚唐名将、诗人高骈（821—887）曾任剑南西川节度使，鉴于当时国家和地区已经战乱连连，他在成都开挖护城河，修筑罗城，加强乱世中成都的军事防御功能。他对成都有《锦城写望》之篇章：

> 蜀江波影碧悠悠，四望烟花匝郡楼。不会人家多少锦，春来尽挂树梢头。

不会，即不知也，这首诗首先写了成都二江之美丽清澈温和，接着写了春天到来的时候成都人烟稠密，花团锦簇；最后两句，可以理解为：不知道勤劳的人们生产了多少锦缎啊，春天到来时都挂在树枝上，其艳丽并不属于树上的繁花；也可以理解为，春来成都的千树万树，树枝都繁花似锦！

就成都来讲，古今官员和民众最喜欢、培植最多、诗词歌赋以及其他文学艺术作品表达最多的大概是以下几种。

牡丹

此花是中国国花，以其盛开时富贵吉祥著称。中国牡丹栽培、运用最具影响力的城市有河南洛阳、山东菏泽和四川彭州，后者是南方唯一。历史上，因为女皇帝武则天（624—705）在长安残忍诛杀王皇后、萧淑妃，此二人死前诅咒变鬼也要报复以后，武则天便常年居住洛阳并发号施令。武皇爱好牡丹，于是自唐代起，洛阳城的牡丹培植、展陈、观赏成了中国第一。而彭州，只是成都府下一县，所产牡丹数量和品种亦繁多，销售各地，成都官民也大量使用，声誉卓著。彭州又名天彭，位于成都西北，距成都市34公里，素有"花州"之称，天彭牡丹因其发源地丹景山麓湔江口天彭门而名，人工栽植观赏始于唐，至宋已与洛阳牡丹齐名，大诗人陆游专门撰有《天彭牡丹谱》，其中说："牡丹在中州，洛阳为第一；在蜀，天彭为第一。"当时就享有"牡丹之乡"的美名。南宋时期黄河流域战火连绵，彭州独领风骚，成为当时"中国牡丹的栽培中心"。

包括杜甫、陆游在内的众多文豪，都留下了赞美的诗篇。比如：

唐肃宗上元元年(760)三月，杜甫浣花溪畔草堂落成，应彭州刺史高适之邀，到彭州丹景山观赏牡丹。面对漫山遍野的牡丹花丛，杜甫赞叹不已，挥毫写下这首《花底》：

紫萼扶千蕊，黄须照万花。忽疑行暮雨，何事入朝霞。恐是潘安县，堪留卫玠车。深知颜色好，莫叫委泥沙。

可见中唐时期，天彭牡丹已经足以让杜甫满目崇丽、心旷神怡了，直叹潘安、卫玠这些俊雅先贤再生，也会流连忘返的。

历史上最爱天彭牡丹者，非陆游莫属。除了他亲笔撰写的《天彭牡丹谱》以外，陆游在离蜀十九年后的诗中说：

常记彭州送牡丹，祥云径尺照金盘。

可见当时天彭牡丹极品的吉祥富贵和花朵之大。他提到彭州牡丹的诗还有《梦蜀》：

梦饮成都好事家，新妆执乐雁行斜。赪肩郫县千筒酒，照眼彭州百驮花。醉帽倾攲歌未阕，罚觥潋滟笑方哗。霜钟唤觉晨窗白，自怪无端一念差。

陆游在成都的快意生活除了美酒、笙歌，经常睡到自然醒，还有就是繁盛的牡丹带给他的顶级视觉享受和其中的浓浓友情和第二故乡情，他写下这首《南窗睡起》：

梦中忘却在天涯，一似当年锦里时。狂倚宝筝歌白纻，醉移银烛写乌丝。酒来郫县香初压，花送彭州露尚滋。起坐南窗成绝叹，玉楼乾鹊误归期。

晚年的陆游，经常梦回四川、情归成都。这首诗有锦里的烟火，蜀锦的曼丽，笙歌的优雅，挥毫的痛快，美酒的血脉喷涌，以及流连忘返的痛快皱眉，但也少不了牡丹花王送来的露水尚存的勃勃生机！

著名国画大师张大千（1899—1983），四川内江人。抗战时期曾在成都居住（今天的金牛宾馆还有他的故居，青砖灰瓦，不饰雕琢），到过彭州观赏牡丹。1961年旅居巴西时，以天彭牡丹为题写下怀乡诗。1962年在日本再睹牡丹时，写下《故乡牡丹》和《大垣三宜亭赏矢桥红亭诗人园中牡丹》：

不是长安不洛阳，天彭山是我家乡。花开万萼春如海，无奈流人两鬓霜。

绚如铺锦烂如霞，粉底徐黄浪自夸。好共诗人订花谱，天彭花是故乡花。

可见天彭牡丹留给张大千的印象至深至好，以至于他在异国他乡，看见牡丹总会生发"睹乔木而思故家，考文献而爱旧邦"的温暖情感。

今日成都彭州市，正在积极谋划，恢复牡丹昔日的身价和盛况，助力成都的公园城市示范区建设。

海棠

在历史上，尤其是唐宋时期，成都这座城市曾经是海棠花的盛大家园，江边湖畔，道路两旁，城市里的公共活动空间，有成片如海的海棠，其他官民园林和私人府邸及普通人的房前屋后，海棠花也星罗棋布。怒放季节，形成壮观的花的海洋。围绕它的存在，中国文学多了许多雅文名篇。如五代时期，后蜀花间词的代表人物欧阳炯（896—971，成都华阳人，曾官至中书舍人）有《定风波·暖日闲窗映碧纱》一词：

暖日闲窗映碧纱，小池春水浸晴霞。数树海棠红欲尽，争忍，玉闺深掩过年华。独凭绣床方寸乱，肠断，泪珠穿破脸边花。邻舍女郎相借问，音信，教人休道未还家。

这是一首表达闺阁女性哀怨的爱情诗歌，情景交融、曲折婉约，陪伴并与女主人同悲欢的主要景观之一，便是那花开惹花妒、花谢令人怜的海棠。

唐朝成都命运非同凡响、多才多艺的女诗人薛涛（768—832），对唐代名臣、时任剑南西川节度使的李德裕（787—850）的德才都十分钦佩，李德裕在成都履职两年，薛涛曾写了两首诗表达这种感情，除了《筹边楼》赞美他的军事、外交建树与忧患意识外，还写了一首《棠梨花和李太尉》：

吴均蕙圃移嘉木，正及东溪春雨时。日晚莺啼何所为，浅深红腻压繁枝。

吴均是南北朝时梁朝的诗人，此处代指文武兼备的李德裕。"嘉木"一词，据学者王仲庸等人研究，李德裕奉命镇蜀来剑南时，带来了他在洛阳山庄培植的海棠，并作为礼品送给薛涛。薛涛十分珍惜，加以繁育推广，蜀地从此成为海棠名城。此诗写得情景交融，描绘了春雨时节，从李太尉花园里馈赠来的海棠花，不管深红还是浅红均繁华似锦，压得枝条都在风中摇摆，所以雀莺们昼夜叽叽喳喳不时啼鸣。也可见薛涛的欣喜和难以入眠。

唐朝有一位著名诗人贾岛（779—843），因为写诗犯了忌讳，圣上龙颜大怒，便将他贬到四川。经过成都时，他被此城花的海洋所吸引，一段借景寓情的诗歌《海棠》便从他的笔管流出：

昔闻游客话芳菲，濯锦江头几万枝。纵使许昌持健笔，可怜终古愧幽魂。

未到川蜀之前，贾岛过去就听喜欢芳菲尤物的游人说过成都的海棠成千上万，尤其排列在锦江两岸。今日终于亲眼看到了，如此盛景，再优美的笔墨也难以传递其芳韵啊，只能惭愧惭愧了。

唐末诗人郑谷（851—910）为躲避战乱曾在巴蜀荆楚游历多年，他专门写有《蜀中赏海棠》一诗：

> 浓淡芳春满蜀乡，半随风雨断莺肠。浣花溪上堪惆怅，子美无心为发扬。

海棠被誉为"花中神仙"，郑谷此诗写到了成都地区举目可见的、或浓或淡但都芳香四溢的海棠盛景，可惜在风雨之中有些花随风飘坠，引发了他这位流浪诗人的幽怨。但他站在处处是文豪骚客足迹的浣花溪上，杜甫草堂遗址附近，还是感叹此花应是在杜甫身后才来到成都，所以未能成为杜甫的歌咏对象，文学又少了多少顶尖名篇啊！

宋代的成都，仍然是天下少有的花园城市。南宋著名诗人陆游（1125—1210）写道：

> 倚锦瑟，击玉壶，吴中狂士游成都。成都海棠十万株，繁华盛丽天下无。青丝金络白雪驹，日斜驰遣迎名姝。……

陆游当时在成都地区为官，此诗中，他自称"吴中狂士"，描绘了成都海棠盛开时节，天下罕见的耀眼夺目的美丽景象，让来自江浙繁华之地也游过京师的陆游赞叹不已。在这样的花海里面，偎倚锦瑟、弹击玉壶代表的有音乐陪伴的城市娱乐活动让陆游流连忘返，更有名驹驷马载着美女前来相聚。这是何等美好快意的都市生活。陆游十分热爱成都，所以把成都叫"吾蜀"，因为深爱海棠，自号"海棠癫"。

另一大诗人范成大，也超级爱海棠，他写过一首堪与"人面桃花相映红"比美的《垂丝海棠》：

> 春工叶叶与丝丝，怕日嫌风不自持。晓镜为谁妆未办，沁痕犹有泪

胭脂。

这是将海棠比作刚睡醒的少女，娇嫩，水灵，多情。诗人怜花惜草，心扉蜂房。有人统计过范成大在成都写出的48首诗，5首关涉海棠。正如他自己介绍自己钟爱成都的理由：

> 碧鸡坊里花如屋，燕王宫下花成谷。不须悔唱关山曲。只为海棠，也合来西蜀。

海棠别名"蜀客"，可见它是如何代表着四川、成都的花卉形象。

荷花

因为长江及其众多大小支流构织的江河网络，四川盆地大部分地区，水资源都有较为可靠的保障；尤其因为有都江堰的自流灌溉作为稳定保障，古今成都成为取水、用水最为方便的地区和城市。在城市、乡村的生产、生活和人居环境、公共空间打造上，以湖、堰、池、塘为代表的起水资源利用、调节作用的水面星罗棋布，除了生产、生活功能，它们中的大部分还有审美功能、娱乐功能、休闲功能，而在水生植物中最被赋予君子意向和情趣的荷花（及其同类莲花）便成为巴蜀大地和成都城乡最常见的花卉尤物。它也同样成为关于这座城市的文学艺术创作的笔下之花。如：

五代之前后蜀时期，天资国色、才艺出众的花蕊夫人创作了《宫词一百首》，其二十五写道：

> 新秋女伴各相逢，罨画船飞别浦中。旋折荷花伴歌舞，夕阳斜照满衣红。

前后蜀时期（903—960）的四川，是中国于分裂战乱中相对比较安宁、暴政较轻的一方土地。盛产美女的成都都江堰、青城山附近地区出了两位花蕊夫人，皆姓徐，都有倾国倾城之貌，非同寻常之文艺禀赋，其中伺候前蜀开国皇帝王建（847—918）的花蕊夫人叫小徐妃（因为其姐姐也同时为王建妃子）；伺候后蜀后主孟昶（919—965）的花蕊夫人姓徐氏，她在政治上的素养优于王建的徐妃，不仅没有像她们一样纵情享受、卖官鬻爵，而且劝谏孟昶励精图治，在宫廷像一缕春风，在宋太祖面前也表现得更有尊严。两位花蕊夫人均在亡国后死于对手的刀箭，一抔黄土掩风流，让后世读者百感交集。此诗到底属于哪一位花蕊夫人，史家尚无定论，但无论如何，荷花是皇家池囿的主要水生植物，则是毫无疑问的。

清代的成都满城（今宽窄巷子一带）有城墙，实行严厉的内外隔绝式管理，既确保八旗官兵及其家属操练、生活不受任何扰乱，也严防八旗官兵外出与汉族、回族等发生冲突，滋生事端。因此满城对城外百姓而言，成为一块神秘之地。但还是有竹枝词记录了它的风貌：

> 满州城静不繁华，种树栽花各有涯。好景一年看不尽，炎天武庙赏荷花。

显然，满城官兵有相对优厚的朝廷俸饷，保证自己和家人衣食无忧，又不允许随意外出和从事盈利活动，所以平时比较安静，没有其他城区官民为了管理、生产、贸易和自由交往、各种节庆庙会而熙熙攘攘的场面，但种树栽花却是常见的活动，因此里面花红柳绿美不胜收。夏天武庙（关帝庙）旁的太极池、莲池（通金水河）里的荷花成了绝美的景观！

近代四川文化名人赵熙（1867—1948，四川荣县人。蜀中"五老七贤"之一，世称"晚清第一词人"。他工诗，善书，间亦作画）创作有《下里词送杨使君入蜀》一诗，其中云：

> 张仪城楼文翁室，逸少驰心广异闻。不到成都争识得，当作人有卓文君。少城花木称公园，冬日红梅夏日莲。莫向武担寻石镜，摩诃池水亦桑田。

下里词，是由民间歌谣形成的一种以通俗为特征的竹枝词。在这首风格清新脱俗、凝练隽永的诗里，赵熙写到了成都众多名人、名景，也抒发了对成都历史沧海桑田的万般思绪。其中也有描绘历来为成都中心城址所在地的少城公园之主要景观植物，那就是冬天盛开的红梅和夏日蓬勃的莲花。事实上，成都这座城市与莲荷的紧密关系从它的大量地名有荷花、莲花在其中就可见一斑，至今依然。成都著名的地标、盛满了浪漫传说的百花潭，其"花"就是心地善良、貌美如花的节度使、唐朝名将崔宁的夫人任氏，给一位邋遢僧人濯洗肮脏僧衣时，水面泛出朵朵莲花而得名的。这位夫人在丈夫赴长安履行公职、位于川南泸州的军阀杨子琳趁机攻打成都时，毁家纾难，不仅组织激励将士守城，而且亲自冲锋陷阵、击退叛军的古代花木兰，今日的杜甫草堂里，还有专门祭祀她的空间。又如位于火车北站西南侧、曾经的西南地区最大的商品批发市场，叫荷花池；望江公园旁的老川大最大的水面，叫荷花池；华西坝上著名的华西协和大学、后来的华西医科大学、今日的四川大学华西校区的著名水面，依然叫荷花池……

梅花

梅花是中国最具人文高洁意向的植物"四君子"之一。在历代四川，它也受到官民的广泛喜爱和追捧，总是陪伴在房前屋后，甚至其花期的枝条被剪下，作为礼品或商品进入居室与闺房，客厅及书斋。文学艺术表达数不胜数，有众多的传世经典。仅就诗歌而言，列举三例。

杜甫《西郊》写道：

> 时出碧鸡坊，西郊向草堂。市桥官柳细，江路野梅香。

此诗体现了杜甫在成都的安适生活。"市桥"是视觉之美，"梅香"是嗅觉之美。"官柳"并非官家所栽之柳，而是公众观赏之柳。"野梅"也不一定是野生，可能是小户人家房前门后的自由存在。成都在河南人杜甫眼里，就是这样一座自然与人文、建筑与花木相映成趣的温暖存在。

唐朝著名诗人，曾经是杜甫挚友的高适（700—765）在《人日寄杜二拾遗》中写道：

> 人日题诗寄草堂，遥怜故人思故乡。柳条弄色不忍见，梅花满枝空断肠。身在远蕃无所预，心怀百忧复千虑。今年人日空相忆，明年人日知何处？……

此诗乃高适借景抒怀的名篇之一。诗中写到了故乡情和友情，以及宦海生涯的身不由己。但引发他众多情感在内心翻涌的外在因素就是陪伴在他身边的柳条和梅花。可见唐代的成都，梅花是不可忽略的存在。

而在宋代城市的重要景观道路两旁，梅花更是城市冬季的芬芳之源，文人墨客的笔下最爱。这里我们又要说到陆游。他在四川各地一共履职8年，多为闲散官。在成都地区（今崇州做通判）任职时间不长，不过却娶了第二任妻子王氏，经常在成都会见友人，享受这座城市的繁华富丽。离开蜀地以后，陆游一直视自己为蜀人，对成都、四川魂牵梦萦。65岁罢官回家后写了多首怀旧并关涉梅花的诗歌，最有名的是这一首：

> 当年走马锦城西，曾为梅花醉似泥。二十里中香不断，青羊宫到浣花溪。

当年寒冬的某一天，与挚友佳朋赏梅后，群聚畅快饮酒，大快朵颐，但陆诗人爱梅赏梅之情继续迸发，于是骑上宝驹，在宋代成都的核心游玩景区奔驰，虽然已经属于"酒驾"，好在当时没有交警。从道教圣地青羊宫到纪念蜀中花木兰任氏起名的小河浣花溪，二十里沿途都是梅花，诗人眼睛可能已经昏花，但寒梅的醇香，却战胜了酒意，化为了终生的美好眷念。可以想象，陆游的马蹄也一定尽着梅香！爱梅的陆游还记载过两条罕见的应有数百岁的"梅龙"——他在《故蜀别苑》诗自注中言："故蜀别苑在成都（府）西南十五六里，梅花至多，有两大树，夭矫若龙，相传谓之梅龙。"此地后来成为明代蜀王外囿，名曰中园。历经岁月沧桑，中园花木以梨花成了主角，明末张献忠占据成都，其军队为了将它变成军营，将梨树大肆砍伐，算是人间兵戈，伤及花魂也。

芙蓉

芙蓉是一种生命力强、原产于我国的植物，英语称 Cottonrose Hibiscus（木芙蓉），锦葵科植物，花美丽，白色或粉红色，到夜间变深红色。从风韵来讲，芙蓉美得自然而朴实，绝无富贵妖艳之态。它之所以于1983年成都市民投票后，市人大确定为成都市市花，是因为自古它与成都的天下无双的紧密联系，与成都的文化个性、人文精神特征十分吻合。后蜀皇帝孟昶（919—965）十分宠爱花蕊夫人，因为花蕊夫人喜欢芙蓉，为了讨得她欢心，孟昶下令在成都城墙上遍植芙蓉。皇室提倡，官民自然跟进，于是成都成了芙蓉种植和盛开季节因之而美不胜收的"蓉城"。后代成都官民，也多少继承了对芙蓉的格外喜爱，一直延续到1983年的这次市民投票、市人大讨论和做出决定。历史上赞美芙蓉的名篇，如唐朝美女作家薛涛（768—832）的《酬杜舍人》写道：

> 双鱼底事到侬家，扑手新诗片片霞。唱到白𬞟洲畔曲，芙蓉空老蜀江花。

这是薛涛与另一位唐朝著名诗人杜牧（803—852）的一次书信中的唱和。之前杜牧写了一首《白𬞟洲》给薛涛，此诗应该是一种回应。他们二人，薛涛要年长35岁，所以才有"芙蓉空老蜀江花"的表述，但至少可见芙蓉在薛涛在世期间已经是成都江边的重要景观了。这为后来孟蜀皇帝提倡种植它奠定了基础。

宋人浣花女（生卒年、籍贯均不详。我认为应该是成都人，女性，因为浣花溪这个名字在中国只属于成都，陆游曾经在成都写过名篇《浣花女》，所指是成都普通女孩子）有诗云：

>芙蓉花发满江红，尽道芙蓉胜妾容。昨日妾从堤上过，如何人不看芙蓉。

这个自信的妇女，不相信别人对自己容貌不如芙蓉花美的评价。她的证据是当我从河堤上经过时，人们都在看我而不是看芙蓉花。这种自信，并且通过诗作表达，很适合成都女子的个性。

北宋文同（1018—1079）以善画竹著称，当然他也超喜欢芙蓉，为此留下了《二色芙蓉》一首：

>蜀国芙蓉名二色，重阳前后始盈枝。画调粉笔分妆处，绣引红针间刺时。落晚自怜窥露沼，忍寒谁念倚霜篱。主人日有西园客，得尔方于劝酒宜。

作者字与可，号笑笑居士，梓州（今四川三台）人。善画竹及山水，成语"胸有成竹"就来自他的创作理念。为诗亦多画意，风格朴素自然。这首诗充分体现了作者诗中有画、画中有诗的艺术特色，将深秋的成都芙蓉写得栩栩如生。所谓"二色芙蓉"，是指10—11月开花，清晨开花时呈乳白色或粉红色，傍晚变为深红色之品种。重阳前后，芙蓉盈枝，红白摇曳，赏心悦目。黄昏初露中，从露沼间观赏，花枝俏丽，但低调朴实，惹人怜爱，但有谁知道和关注它们的忍寒倚霜、顽强怒放的品格呢？在芙蓉花下，亲朋欢聚，美酒相伴，何等惬意。

清代的四川，人口从开国初顺治十八年（1661）的16000人（户口所载）到了嘉庆二十四年（1819）的两千万人，经济和城市建设也呈现了天翻地覆的改变。乾隆后期，福康安（1754—1796）、李世杰（1716—1794）两任四川总督奉旨重建成都城，对城市街坊进行了全面规划基础上的重建，耗银60万两，历时两年。街坊完工后，李总督下令官府"于内外城隅遍种芙蓉，且间以桃柳"。这位著名的清官还亲自留下《成都城种芙蓉碑记》，表达要美化、护佑成都的初心：

>……此时弱质柔条，敷荣竞秀，异日葱葱郁郁，蔚为茂林，匪惟春秋佳日，望若画图，而风雨之飘摇，冰霜之剥蚀，举斯城之所不能自庇者，得此千章围绕，如屏如藩，则斯城全川之保障，而芙蓉桃柳又斯城之保障也。

可见李总督爱民护城的拳拳之心。重新崛起的成都，芙蓉又成为最显著的景观，六对山人《锦城竹枝词》写道：

>一扬二益古名都，禁得车尘半点无。四十里城花作郭，芙蓉围绕几千株。

可见词主人对故乡历史和现实地位的自豪，以及这座以芙蓉花为特色的花园城市的视觉享受。彭懋琪先生《锦江竹枝词》有一首描绘清代后期的成都风貌：

>抱城十里绿荫长，半种芙蓉半种桑。驷马桥边送客地，碧鸡坊外斗鸡场。

可见当时的成都，处处绿树掩映。芙蓉和桑树是百姓的最爱，又美又经济，驷马桥这个司马相如豪情万丈向长安出发的纪念地，依然是为亲朋好友壮行告别之所在（多为酒宴以后），碧鸡坊这样的名胜旁边，市民们依然在斗鸡为乐，这是怎样的一座活在当下的快乐之都。

由于四川和成都优越的地理环境，除了上述花卉外，杜鹃花、玫瑰、月季、桃花、梨花、李花、桂花、兰花、菊花、茉莉花、桐花等，也是古今栽培广、数量大、与城市乡村的风貌关系甚为密切的尤物。近年，生命力尤其旺盛的三角梅、樱花、郁金香等也引入成都，大小公园、绿道，甚至社区民宅，不时可见。

一年四季，成都不仅绿意盎然，而且多数时候都堪称鲜花的海洋。鲜花买卖自古是城市显著景观，如清代竹枝词所言：

> 春风吹到锦江滨，绚烂春光上巳辰。怪道沿街声不断，买花人唤卖花人。

这首诗很像流动的内涵丰富的电视镜头，先是春风拂面，锦江波光粼粼，风和日丽。接着是众多花农聚集的街道上，各色春天的使者争奇斗艳，弄娇使媚，招蜂引蝶，挥汗的花农，希望为她们找到护花使者和爱花赏花的君子，卖个好价钱，当然不乏人询问令花身价几何，可否让我捧得春意而归？经济学家会说，显然是卖方市场喔。这是多么爱花并用花魂武装的一座城市！

中药

因为立体多元的生存环境，四川历来是中草药资源最为丰富的地区，野生和种植的中草药之多，世上罕有其匹。也正是因为如此，四川古代的中医诊疗和中草药的采掘、培植、利用都名列中国各地前茅。比如中医药学的始祖就是宋朝成都崇州的唐慎微。

唐慎微，字审元，生活于北宋时期。他对发展药物学和收集民间单验方作出了卓越的贡献，开创了药物学方剂对照之先河。在多年不辞辛劳广泛采集的基础上，约于1082年撰写《经史证类备急本草》(简称《证类本草》)32卷，收药物1746种，其中有600多种是第一次记载。这部书成为传世经典，明朝伟大药物学家李时珍（1518—1593）的《本草纲目》就是对《证类本草》的继续丰富和发展。李时珍赞美说："使诸家本草及各药单方，垂之千古不致沦没者，皆其功也。"药物学著作而附有方剂的，起自《证类本草》。

宋哲宗（1077—1100）元祐年间(1086—1094)，应体恤民隐的成都路转运使李端伯之招，唐慎微至成都行医，遂为成都华阳人。他语言朴讷，但医术精湛，医德高尚。患者不分贵贱，有召必往，风雨无阻。为读书人治病从不收钱，只求以名方秘录为酬，因此学者喜与交游。每于经史诸书中得一方一药，必录而相咨，从而积累了丰富的药学资料。

中医特别重视通过健康的饮食预防、控制疾病，食疗在古代四川也有非凡的创造，其原因是这里的食疗原材料极为丰富，作为道教发祥地和深受道教濡染之区（道教看重天人合一、道法自然养生），所以食疗有坚实的创新发展基础。

唐朝成都，出了一位深受朝野敬重的奇人昝殷（797—859），他是中医妇产科学的鼻祖，同时也擅长药物学和食疗。将数十年临床经验，仿孙思邈《千金方》体裁，撰著成书，名《经效产宝》。此书是我国现存最早、流传最广的妇产科专著，对后世医家有着广泛而深入的影响。他围绕摄生、食疗著有《道养方》《食医心鉴》各三卷，今亦存。《食医心鉴》原书宋代尚存，后失传，现在流传的本子是日本人从《医方类聚》中辑出，共1卷。书中载方211个，治疗16类病症，其中在论中风疾状、心腹冷痛、五种噎病、七种淋病、小便数、五痢赤白肠滑、五种痔病下血、妇人妊娠诸病及产后、小儿诸病食治诸方中载粥疗方46首，每方叙述主治病症，药粥组成、制服法。此书较为系统地总结了唐以前药粥方临床应用经验，其中高良姜粥、黄雌鸡粥、黄芪粥、糯米阿胶粥、竹沥粥、地黄粥、猪蹄粥、马齿粥、淡竹叶粥、梨粥、生芦根粥、人参粥、鸡子粥、郁李仁粥、紫苏子粥等方，一直沿用至今，经久不衰。

四川中药野生和栽培数量最多、影响最大的品种有川芎、川贝母、虫草、天麻、川乌与附子、杜仲、当归、牛膝、黄连、通江银耳等。2017年9月23日，四川省农业厅副厅长涂建华在第五届中药材基地共建共享交流大会上介绍说：四川在中药材资源上占据了三个全国第一：蕴藏量全国第一——四川省中药的资源有5000多种，占全国的39%，其中植物药有4600多种，占我国中药资源的50%。常用的中药品种全国第一——目前，全国常用的中药品种有363种，四川有312种，占全国的85%。道地药材种类全国第一——四川道地药材共有49种，居全国第一位，其中川贝母和附子占100%，川芎、麦冬占70%—80%，川芎、川贝母等29种，其中有7个品种的人工种植面积和产量居全国第一位。

古今四川，自然馈赠的无与伦比丰富的中草药植物，是它的特色景观之一；国医国药的仁爱芬芳，从来都异常浓烈醉人，这也是它成为幸福指数极高的天府之国的重要支撑。

茶树

四川有大量野生茶树，笔者曾随友人踏勘李白故里江油的山区，口感清香、尚未开发的野生茶树（不少位于陡峭之处）目不暇接。此外，漫山遍野的栽培茶树及其规模、大小各异的茶园，历来是四川标志性的景观之一。四川是中国茶文化的起源地，它是世界上茶叶的采摘、生产，茶树的栽培、种植最早的地区之一；据现有的可靠文献，汉赋四大家之一四川人王褒（前90—前51，资中——今资阳市雁江区人）的《僮约》记载："脍鱼炮鳖，烹茶尽具"；"牵犬贩鹅，武阳买茶"。这是我国，也是全世界最早的关于饮茶、买茶和种茶的记载。武阳，今成都平原南端彭山县也。因此，成都平原地区是世界上最早有商品茶出售的城市和地区。而饮茶之风、茶道历史上在官民、僧俗中的盛行程度，以及茶馆作为社会公共空间数量之多，承载的功能之巨，成都地区无疑都是无与伦比的存在。此外，作为维系内地与少数民族友好情感和经济贸易往来的战略资源的茶叶，四川通过茶马古道对辽阔藏羌地区所发挥的巨大影响力，也是独一无二的。历史上四川的名茶很多，如曾作为皇家贡品的蒙顶山茶（品名甘露、黄芽）、青城山的雪芽、苏东坡喜爱的峨眉山竹叶青、邛崃的文君绿茶、峨眉山的碧潭飘雪茉莉花茶……这些经济、社会和人文的发展与茶树生存的良性互动，使四川和成都的茶树（含野生和栽培两大类），成为其植物资源中最重要的面相之一。古今文献和诗词以及其他文学艺术作品对川茶的描绘数不胜数，兹举两例。

先看唐朝"茶圣"陆羽（约733—约804，唐朝复州竟陵——今湖北天门市人）之《茶经》的记载：

一之出

茶者，南方之嘉木也，一尺、二尺乃至数十尺。其巴山峡川，有两人合抱者，伐而掇之。其树如瓜芦，叶如栀子，花如白蔷薇，实如栟榈，蒂如丁香，根如胡桃。

这是开篇介绍出产地和野生茶树的形状、气象。首先提到的就是川东长江峡谷和巴山地区的茶树的硕大无朋和美好样态。

六之饮
茶之为饮，发乎神农氏，闻于鲁周公，齐有晏婴，汉有扬雄、司马相如，吴有韦曜，晋有刘琨、张载远、祖纳、谢安、左思之徒，皆饮焉。滂时浸俗，盛于国朝，两都并荆俞间，以为比屋之饮。

这是讲历史上对于上流社会形成饮茶之风有重要影响的名人。而在唐朝，饮茶之风盛行，以长安、洛阳与荆楚、川东地区为最。

七之事
《方言》："蜀西南人谓荼曰蔎。"

这里讲到川西南地区方言中曾使用对茶的另一种称呼：蔎。这个字的本义是初生之芦苇也。显然，人们觉得茶树是美好而有风韵的。

八之出
山南以峡州上，襄州、荆州次，衡州下，金州、梁州又下。
淮南以光州上，义阳郡、舒州次，寿州下，蕲州、黄州又下。
浙西以湖州上，常州次，宣州、杭州、睦州、歙州下，润州、苏州又下。
剑南以彭州上，绵州、蜀州次，邛州次，雅州、泸州下，眉州、汉州又下。……

这是唐朝重要出产地的茶叶的品质情况，显然，川西地区的彭州（今成都市彭州）所产品质最好，崇州第三，邛州（今成都邛崃）第四。从罗列的有影响力的产茶之地名之数量来推测，当时的川西和浙西地区产量应该最大。

再看诗词中的川茶意象：唐末诗人郑谷（851—910），江西人，为躲避战乱曾流寓川西。他写有《蜀中三首》，其二云：

> 夜无多雨晓生尘，草色岚光日日新。蒙顶茶畦千点露，浣花笺纸一溪春，扬雄宅在唯乔木，杜甫台荒绝旧邻。却共海棠花有约，数年滞留不归人。

这位流浪诗人对庇护了他的四川、成都是很有感情的，这首诗里，写到了一个晴朗的日子，他心情还算不错，于是描写了他在蜀地流连忘返的钟情之景物，首先提到的便是那蒙顶茶畦（茶园），可见这里的茶叶栽培一定呈现非凡的规模，使他印象至深。

总之，上天眷顾的成都，在和平年代，总是相对比其他地区、城市更加富足。在古典文明阶段，至少在德国人李希霍芬 1871 年离开成都时，情况依然如此：

> 现在的四川居民似乎是纯种汉人，并未与以前的居民混杂，由此更令人感到惊讶的是，他们构成了一个比邻省的居民品质更好、更高尚的人群。他们更纯净，更有礼貌观念，习俗更精致，举止更优雅，生活方式更好。

李氏虽然博学，但对四川人的民族学属性的观察比较肤浅，清代后期的四川、成都人，应该是由清初劫后余生的原住民（其残存数量至今仍有争议，从情理来讲肯定多于清初见于户口的数量。他们最早的祖先蜀山氏属于羌族）、十八个省的移民（绝大多数肯定是汉族）、十万回民（其中两万生活于成都），以及自古习惯于秋冬从高原来到成都平原居住、生活的藏羌人民逐渐融汇、共同联姻的后代。当然，我们没有资格苛求他。而走遍了中国大部分地区，眼光、判读有比较的李氏的其他观察结论，尤其值得今人尊重。

频转的灾祥

纵览史册，天府之国少天灾，的确物华天宝、人杰地灵，容易走向繁荣富庶，但在中国久分必合、久合必分的王朝盛衰中，以及一些特殊时期内忧外患形成的矛盾冲突中，四川，尤其是成都，很大程度上因为其富庶和战略地位，引来数不清的贪婪目光，因此承受了众多以人祸为主的各种级别的灾难。承平时期的幸福之都和磨难之中的苦难之都，承平时期的天府之国和苦难时期的千里无人烟、虎狼横行，总之经历过的幸福和苦难都登峰造极，就是本节所言的频转的灾祥。它对于四川、成都的人文性格、文化传承造成剧烈的冲击和影响，理性分析它们是认识成都这座城市的重要维度。

秦汉鼎革之际，天下大乱，巴蜀地区保持了相对的安宁，所以刘邦战胜项羽登基以后，面对北有强敌匈奴、天下户口减半、天子不能具醇驷而将相或乘牛车的极度穷困，下令关中贫民可以卖子女而筹措路费，携家带口求食于巴蜀。但是自西汉灭亡，蜀中崛起公孙述集团与光武帝抗衡，朝廷被迫用大规模战争征服蜀地以后，在历次天崩地坼、改朝换代之际，四川盆地同样要经历农民（或流民甚至土匪）暴动和割据政权的纷争、统治及覆灭，新出现的强势政治军事集团在一统天下前后用武力征服四川的中国其他地域文化区域相似的命运。但四川地区在宋末元初、明末清初经历了两次原住民几乎完全消失（大部分死于战乱及其伴生的瘟疫，小部分逃亡川外求生）的灭顶之灾，却是全国其他地区没有的。这种随着改朝换代或保家卫国产生的罕见灾难，与每一个和平统一时期这座城市达成的罕见幸福，导致这座城市多次基于人口因素的经济文化断裂和重建，按照"多难兴邦"或"挑战与应战"塑造文明韧性的历史逻辑，极致的幸福和极致的苦难都是其历史重要组成部分的四川和成都，确实有了下列独特人文生态。

文学艺术在其张力之间拥有大量创作的动力和资源，尤其是表达强烈的家国情怀和对英雄主义、理想主义渴望的作品，拥有取之不尽用之不竭的活水之源。因此我们可以看到一个以文学艺术为最璀璨的皇冠的四川和成都的精神家园。

内战外行，外战内行。四川，尤其是成都，因为其富庶、安逸和文教昌明，和平年代很难产生在乱世到来时，能迅速聚成可怕的武装力量的人群，所以每当中央政权坍塌以后，在这里称王称帝或昙花一现称雄的政权几乎都是外地人建立的；本地原住民对他们的态度一般是，除非是像刘备、诸葛亮集团那样，既有"正统"身份，又有匡复汉室恢复仁政的旗帜与追求，愿意死心塌地地加以支持，其他割据政权，如能保境安民，也可以支持，但如果前来征伐的政权更加正统，更有威望，这里的人民就会以一种平和的心态，接受割据政权本身做出的决定，或接受割据政权抗争失败的结果。笔者近读白郎先生编的《锦官城掌故》，其中有一段关于打麻将的有趣的记载：

> 民国时期四川的"司令""将军"特别多，那些太太和姨太太便邀邀约约，轮番在彼此的公馆里打麻将赌钱，有时各自的老公翻脸成仇，正在战场上不顾死活的厮杀，她们却仍然姐呀妹呀地在牌桌上照打不误，毫不担心老公的生死存亡。因为她们知道那些军阀们打仗就像小孩子打架似的，往往眼泪都还没有擦干，又破涕为笑，握手言欢了。

的确，辛亥革命后至抗战前的以成都为角力中心的四川军阀争斗，各个军阀之间几乎都没有把对手往死里打，通过斩草除根来把自己变成唯一老大的谋划，他们像没有明确方向的潮水一样在四川盆地你进我退你退我进，互相激荡起一些吞噬生命的旋涡和巨浪，玩一些纵横捭阖的把戏，直到1930年代蒋介石势力入川，欲掌控四川时，四川仍然没有足以在全川各地号令有效的权力中心，所以本书认为四川人内战外行，此言不虚也。

可是，要是以此认为四川、成都的人文个性是懦弱的话，那就大错特错了。每当他们拥戴的"中国"遭遇欺凌和外敌入侵的时候，四川、成都军民就会异常勇敢，并迅速凝聚，这在抗击金军犯蜀、抗击蒙元侵宋的战争中都有充分的表现。尤其是在20世纪伟大的抗日战争、抗美援朝（1950—1953）战争，乃至中国1962年面对气势汹汹的印度军队的自卫还击战中，四川子弟兵都是赴汤蹈火最勇敢、坚韧的值得敬佩的炎黄子孙。

当然，四川、成都人民对于祖国安危、天下兴亡表现的大仁大爱、大忠大勇，更多的案例表现在和平年代，从这块最适合人居和享受生活乐趣的土地走出或接纳的子孙，以居安思危的忧患意识，低调而薪火相传、成就斐然地奉献着自己的青春和力量，留下了今日国家战略决定把成渝双城经济圈打造成中国第四极的坚实基础。除了来自祖国沿江沿海富庶之地的三线建设大军，放弃自己原先较为优越的生活条件，来到四川、成都的城市、乡村、偏僻的人迹罕至的大山之中，艰辛创业，在世界强权面前挺直中华民族的脊梁，留下许多筚路蓝缕、以启山林的动人故事以外，以今日成都核物理、航空（包括歼-20研制）、电子、高铁研究开发的民族精英，绵阳科技城两弹一星功勋科学家群体，和西昌卫星发射中心的科研团队为代表的大批科学家和工程技术人员，他们对祖国利益高于一切、"天下兴亡，匹夫有责""苟利国家生死以，岂因祸福避趋之"的时代诠释，案例太多，在此仅举一个在抖音上把无数网民感动得潸然泪下的美女科学家徐颖为例，以飨读者，看看我们四川的美女，除了文学艺术大师、明星以外，还从来就不乏对祖国怀抱赤子深情的巾帼英豪。

徐颖，1983年出生在成都平原的眉山县（现眉山市），16岁考入北京信息工程学院，2003年考入北京理工大学硕博连读，并于2006年在导师引下开始接触"北斗二代"，毕业后进入中科院继续研究北斗系统，2015年成为中科院建院以来最年轻的博导，2019年再度被中国科学技术协会任命为"科普中国"的形象大使。她不仅美貌，气质淳朴高雅，关键是她对祖国的北斗卫星事业的热爱和坚定奉献、突出成就，给了我们太多感动，除了打破了诸如本科不读名校就没有前途；不出国就成不了高端人才，因为那些"排行榜"上的"世界名校"才有"大师"和"科研条件"；女生（尤其是漂亮女生）不适合做工科等"至理名言"以外，她在公开场合所展现的淳朴、低调、优雅、坚定向我们诠释了什么样的高校毕业生才能体现中华民族的高贵气质，接续中华文明的千年薪火，代言21世纪的中国青年。在笔者近日刷抖音看见的一个"新华社快看"的名叫《中科院女博导：已经有了GPS，为什么还要用北斗》视频中，徐颖分享自己的奋斗心得。

给大家讲两个小故事。在2018年的时候，美国打击叙利亚，发现GPS的民码信号出现了异常，这是美国在进行军事打击，所以它临时提升了军用信号的性能，从而导致整个民用服务性能的下降。同样的事情呢，在2019年的时候又发生了一次。2019年的时候，欧盟的伽利略系统，发生了全线服务的中断。我们需要的是一个既可靠又可信的系统，这个系统就是北斗，它是真正守护我们国家的一把金钥匙。我从事科研工作十几年，但我现在仍然记得，当年我第一次在西昌卫星发射中心看到北斗卫星升空时，那种激动的心情至今都难以忘怀。这样的工作所带来的满足感、自豪感和归属感，是难以描述，而且无与伦比的。

网民的感动是："多么好的女孩，祖国不会忘记你们的付出，你们是国家的骄傲""致敬爱国科学家，你们是最美的""你真是守护祖国的女神""好漂亮的中国科学家，为你骄傲""这才是青少年的偶像"……而我，自然也是潸然泪下，因为我们的"名牌"大学，走出了太多高智商低素养的青年，已经被"科学没有国界"之类似是而非的妖言所蛊惑，奔向了他们自以为是的"幸福"人生。

中华民族生生不息的生命力，突出表现在她早就深谙"多难兴邦"的历史逻辑，并积累和运用这一逻辑所产生的人文资源。四川式的频转的灾祥，同样从来都没有根本改变其人文传统与性格，至少说明两点：第一，从文翁化蜀以后，四川已经是华夏文明的重要组成部分，先人们尽管消失了，新来的同样信奉仁义礼智信和忠孝廉耻的人群，在这样优越的山水和历史文化积淀的土壤上，光复的自然是先民的传统与余绪。第二，四川和成都经历的幸福和苦难，都成为了其文化更加包容、达观，更加注重平衡、协调、兼顾、统筹的政治哲学和社会治理观念的历史依据。关于这一点，本书后面还有专门讨论。

反复的移民

纵观人类历史，一个地区或城市，原住民和外地迁移来此生存发展的人民的比例关系、交往历史、融汇状况、连接纽带以及国家与地方政府如何管理引导，以及它们与此地区、此城市盛衰荣辱的关系，是一个复杂而有趣的人类学、民族学、社会学、伦理学、宗教学、管理学课题，且古、近、现代的内涵和意义并不一致。就工业化时代以来的人类城市史看，多数因文化（物质、制度、精神三个层面）吸引力和文化包容性强而移民众多、移民近现代文明素质优秀的城市，普遍都长期保持了旺盛的活力与竞争力，不管是在本国还是面对全球（如果其定位是世界城市的话）都尽显强者姿态。

从中国历史本身来看，由于自古多元一体的格局，以及王朝周期性盛衰规律，再加上难以预测的天灾人祸，移民是中国内部实现振兴或崛起，保持旺盛活力、实现"体"与"元"、"元"与"元"之间联系和交流的常见现象。历朝历代张弛有道地进行着管理和引导，积累了丰富的经验教训。总体而言，承平时期，尤其是在汉族区域，对于不会引发严重治安和民生问题的移民活动中央和地方政府是并不禁止的。特殊时期或为了解决国家和社会的严重问题，政府还会主动号召、组织移民，并给予制度和政策设计上的优待、优惠，达成国家、地方、移民、原住民之间的多赢新局。四川和成都作为天府之国，和平年代主要靠其物质富庶和包容的文化个性吸引移民，增添自身活力，并联通外部世界，但严重障碍是难于上青天的"蜀道"交通和一些朝代统治集团和轴心文化基于偏见对四川的歧视（比如至少从秦国灭蜀一直到唐代，四川一直被视为"偏远"之地），经常是朝廷流放政治犯和被贬黜的士大夫、特殊能量人群的地方（不过这些人包括了吕不韦、卓王孙、程郑、李贤、裴寂这样的历史名人及其附属人群）。这个出自部分政治精英的歧视在历史上并没有阻碍住普通人和文学艺术家向往、移居天府之国的脚步。当然，四川历史上影响最为深远的移民活动是几次政府号召甚至组织的——据多数历史学家的意见，四川历史上至少经历了九次以上对后世有重大影响的移民，其中与政府意志有关的占了多数，这就是：

"染秦化"移民

张仪、司马错率领大军入蜀,并带来数以万计的秦人家属,造成的结果是"染秦化",毫无疑问是成都进入华夏文明的重要一步。张仪、张若所筑之新成都,严格按照秦国城市的营造法式,进行规范化施工,成都首次版筑(过去是夯筑)城墙,使用了铁工具、砖瓦技术,自然更加有序,更加坚固,更加有统治中心的威严气象。此外,张若在蜀郡、巴郡统治区所筑之郫、临邛、江州、阆中等次区域中心城市,同样是新的技术、新的气象。在此基础上,秦汉时期,"蜀以成都、广都、新都为三都,号名城",可见已经是一个"城市群"的态势。

秦汉迁徙人口入蜀

秦王嬴政(前259—前210)流放政敌吕不韦(?—前235)及其附属亲朋人群入蜀,完成《吕氏春秋》写作(司马迁《报任少安书》:"不韦入蜀,世传《吕览》"),即使按照有的专家的论证此书在入蜀前已经完成写作,这带来的也是携带顶尖思想文化的人群。秦统一后,秦始皇对山东六国遗民中的强势人群(如贵族、巨商大贾)是否效忠秦完全没有信心,决定将他们从原居住地强行迁徙到异地生存,于是"巴蜀道险,秦之迁人皆居蜀"(《史记·项羽本纪》)。如卓王孙、程郑,原为山东(原齐国)富豪。这个人群带来的是先进的技术和管理,以及民间资本。汉高祖初年,令民就食蜀汉,也至少为四川、成都增添了劳动力。

染秦化和秦始皇强行迁徙政治、经济、文化拥有能量的人群入居蜀地,商品经济的极大发展,列备强汉五都之一的成都,不仅称雄西南,商品、大赋代言华夏,而且出现了"居给人足,以富相尚"的风气,乘坐高车驷马,穿戴王侯美衣,豪奢夸张地婚丧嫁娶,美酒歌舞游猎伴随家庭和朋友聚会,成为人生成功的标志。这一点,司马相如也未能免俗,他出驷马桥奔向长安时的豪言壮语,成为成都这座城市在汉代表达主流社会信心满满、要通过才华获取帝国功名并享受幸福生活(包括精神生活)的标签之一。

巴氏流民入蜀

西晋末年，朝廷内讧，益州刺史赵廞（？—301）失势，即将被调离成都，回首都后前景不妙，他决定借助已经进入四川的巴氏流民（时关中干旱，连年饥荒，六郡汉、氐、羌、賨等各族民众10余万人经汉川流入巴蜀地区就食。当地官府并不欢迎其来蜀）形成自己的势力，抗衡朝廷，于是以政府的名义招引流民领袖李特，使其派三弟李庠带领一支流民军潜入成都，设下埋伏，合作诱杀了代表朝廷的耿腾。随后赵廞接管了西晋成都官军，杀李庠等以震慑李特，不料激起李特率领流民军从其根据地绵竹反攻成都，击杀赵廞，征服成都。此前流民们已在蜀中过了两年苦日子，积怨已久，遂捕杀官吏，也对成都进行了烧杀和洗劫。随后，朝廷派来征西将军罗尚镇压李特，李特因骄傲轻敌被杀。但罗尚凶恶虐民，成都百姓有歌谣曰："李特尚可，罗尚杀我！"所以李特其弟李流和其子李雄继续战斗。一年后，罗尚败逃关中，李雄称成都王；两年后即公元304年，他建立大成国。李雄的大成国有过保境安民30多年的岁月，因后代淫暴，347年被东晋消灭。这次移民为找到活路进入四川，开始是政局动荡，流民人多势众，地方官有心无力阻止的结果，但进入成都，则是地方官别有用心招引的结果。至于后来的局势演变及其对四川、成都的影响，则很难一言以蔽之，但留下了如何处理少数民族移民入川入蓉的经验教训。

唐二帝避难入蜀

唐代两位君王，唐玄宗（685—762）、唐僖宗（862—888），先后因为安史之乱（755—763）和黄巢（820—884）进攻长安逃难到成都，两拨君臣及其附属人口入蜀时都是数以千计。在成都"驻跸"的时间，玄宗1年（756—757），僖宗4年（881—885）。大批天潢贵胄、翰林文士甚至高僧大德入蜀，虽然是帝国衰落中的痛苦音符，但客观上带来了雅文化的浸渍和融合。至今成都、四川人回忆两位君王来蜀避难，尤其是谈到相关遗迹大慈寺、宝光寺、天回镇、青羊宫等，还是眉飞色舞，洋溢着类似李白在《上皇西巡南京歌》中的感情。李白写道：

> 胡尘轻拂建章台，圣主西巡蜀道来。
> 剑壁门高五千尺，石为楼阁九天开。
> 九天开出一成都，万户千门入画图。
> 草树云山如锦绣，秦川得及此间无。
> 华阳春树号新丰，行入新都若旧宫。
> 柳色未饶秦地绿，花光不减上阳红。……

在这首诗里，今人能够读到李白对皇上的衷心拥戴、对成都繁荣富庶和绝美山川的自豪，对皇帝安心在成都过日子的期许与祝愿。

而伴随二帝尤其是唐僖宗入蜀之移民多为华夏衣冠，所以对成都、四川影响深巨。史载前蜀皇帝王建（847—918）在位期间（903—918），"是时唐衣冠之族，多避难在蜀，帝礼耳用焉，使修举政事，故典章文物有唐之遗风"。今人游览王建长眠的永陵博物馆，看到那曼妙多姿的24个美女组成的使用了21种乐器的小皇朝的皇家乐队，便能感受到大唐雅文化在帝王生活中的流风遗韵。

在两汉和唐宋时期，成都与全国其他经济文教发达、同时又是区域政治中心的都市一样，是有在社会生活中举足轻重的世家大族的（不像元明清时期世家大族稀少）。如陆游在《晚登子城》中描绘南宋成都："城中繁雄十万户，朱门甲第何峥嵘。"即使在那样的阶段，四川、成都依然是对外来人口胸怀最宽厚博大的城市。比如，刘备诸葛亮集团入蜀，遭遇的四川、成都地区的豪族的抵制、反抗不能说完全没有，但应该说是相当少而弱的。隋唐五代时期，中原多次剧烈战乱，大的自然灾害也远超成都，北方世家大族和普通民众甚至僧众逃亡来四川者甚众，比如政治家、诗人高适（约704—765）在唐肃宗时上奏折报告政情说："比日关中米贵，而衣冠士庶，颇亦出城，山南、剑南，道路相望，村坊市肆，与蜀人杂居，其升合储，皆求于蜀人。"这些人和杜甫一样，并不是伴随逃难君王人群中的一部分，但历史上并没有任何记载，说他们遭遇了蜀人的排挤、欺压。王建和孟知祥先后乘乱建立政权并称帝，其间所见的土著大族豪门的反抗也很少见。前后蜀大概也是被这种包容的文化迅速同化，他们对待来自中原衣冠入蜀，基本上能做到量才录用，很快融为一体。《新五代史·前蜀世家》记载：

> 蜀恃险而富，当唐之末，士人多欲依建以避乱。建虽起盗贼，而为人多智诈，善待士，故其僭号，所用多唐名臣世族。

后蜀也沿袭了这一做法，敢于依靠外来人力物力支撑自己的政权。所以唐代安史之乱以来入蜀的衣冠华族和文人雅士，在动荡结束（或他们以为结束）后一部分会像杜甫一样——

> 剑外忽传收蓟北，初闻涕泪满衣裳。
> 却看妻子愁何在，漫卷诗书喜欲狂。
> 白日放歌须纵酒，青春作伴好还乡。
> 即从巴峡穿巫峡，便下襄阳向洛阳。

毕竟他们的家乡和祖先的坟墓都不在四川，不在成都。但是，仍然会有一部分人及其子孙愿意定居蜀中，典型的如杜甫的儿子宗文、宗武，就留居蜀中，"其后族属繁衍，遂为大姓"。三苏（苏洵、苏轼、苏辙）的祖先苏味道（648—705，政治家兼诗人）之入蜀，苏洵所著《苏氏族谱》记载："唐神龙初，长史苏味道刺眉州，卒于官，一子留于眉，眉之有苏氏自是始。"宋代成都大姓宇文氏，原籍河南，"其以史学传自唐谏议大夫籍，籍子从礼为渠州司马，因家于蜀，后徙成都"。南宋庆元元年（1195）编撰的《氏族谱》共记载隋唐至两宋迁居入蜀者45家，其中随唐僖宗入蜀后选择留居或留下子孙的比例可能最高。他们很快融入蜀地和成都，成为地方政权和民间的重要力量。

蜀地表现在户口关系上的主户（土著）和客户（新近外来移民）的关系，也相当和睦。北宋政治家、诗人吕陶（1028—1104，成都人）分析道："伏缘成都府四境之土，相距皆百二三十里之远，昔为十县，县之主户各二三万家，而客户数倍焉。"吕陶所记载的是五代的情况，宋初应该差别不大，总之与全国其他地方比较，成都的世家大族和普通百姓关系堪称融洽，他的《净德集》继续记载：

> 西川四路乡村，民多大姓，每一姓所有客户，动是三五百家。赖衣食贷借，仰以为生。

事实上，并不因为外地人处于弱势而额外盘剥欺压，是成都平原大户人家的悠久传统。元明清时期成都的人口构成、财富分布、社会心理更加平民化，这一包容传统更加明显。我们来看清末明初成都平原尚存的一些农事习俗。

长年会

每年春分时节，人们为了避免庄稼遭受雀害而忌下田。这一天，人们习惯去乡场赶会凑热闹，并参加农家蒸馍馍祭祀雀王的活动。此日，地主也要给长工放假，他们可以到处游乐，或者忙自己的事情。

打幺台

幺台是指三餐之外的加餐，打幺台用于招待帮助自己栽秧的栽秧师和邻居，上午幺台在十时左右，下午幺台在四时左右。以喝酒为主，下酒菜有腊肉、香肠、豆腐干、盐蛋、油酥花生米等好东西。稻田离家近就在主人家中进行，远就由主人送到田间地头。

打谷子

农历七月底八月初，把成熟的水稻收割打晒，是重活累活，全家人出动不行，当然就得靠长工短工了。通常要连续多日早出晚归，甚至挑灯夜战才能顺利完成。主人家每天要置办上佳的饮食款待雇员和帮忙者，烟、酒、茶也必须丰盛。

打谷饭

就是打谷子的饭的规格，必须优于平常的饭菜，有酒有肉。

栽秧酒

请栽秧师和邻居亲朋帮忙栽秧，主人如欲显得大方，必须慷慨解囊，包括有酒肉和青椒、茄子等时令鲜菜，还要有两次幺台。比普通吃请更正式、讲究。

这些习俗都可以看出成都平原地主或有农事需求的主人对于所雇用的民工的体恤和友善，并非仅仅出于"剥削"的需要。它们都与移民文化有关，当然，也与成都平原资源充足相涉。

再看两次政府组织或支持的"湖广填四川"。

大夏政权的"湖广填四川"

元朝是四川、成都历史上的低谷，因为宋元之际，四川军民极其悲壮的抵抗战争长达半个世纪，人口消耗殆尽。元朝虽仅有90年，但因统治残暴，四川人属于四等人制度下地位最低的"南人"，人口增长极为缓慢。据四川大学李世平教授（1924—1999，当年也是教我们《中国现代史》的老师，先生儒雅温润，风度翩翩，讲课总是娓娓道来）研究，元末四川总人口不到80万，其中巴渝地区的重庆路、夔路，只有约20万人口。而大夏政权的首都设在重庆，所以明玉珍（1329—1366）在位期间，为了增添国力，除了率领湖北人居多的将士及其家属入川以外，还至少两次在湖北、江西等地招民入川。据统计一共为四川地区增添了约40万人口，其中三分之二安置在了人口尤为稀少的巴渝地区。移民中，以湖北籍为最多，又主要以黄州、麻城为主，在统计的214姓中就有112姓，占移民总数214姓的约52.3%，超过半数。奏响了"湖广填四川"的序曲。明朝统一四川后，虽有一部分军事移民后来被调到外地或四川卫所，但仍有许多留下。这些移民为明清，特别是清代大移民准备了地缘基础。

明末清初"湖广填四川"

明末清初,中国士大夫和战乱地区民众经历了"天崩地坼"的江山易主和心理剧变。由于以张献忠为主,其他势力(含清军、李自成、明军、土匪"摇黄贼"、支持吴三桂叛乱的势力等)为辅,基于政治和军事斗争需求,以及发泄各种私愤和变态心理的各种屠杀行为,加上瘟疫和自然灾害,四川人口再一次濒临灭绝,其中成都城池彻底毁灭,人口荡然无存。所以在康熙皇帝(1654—1722)平定吴三桂叛乱后,朝廷组织了大规模的从四川周边省区向四川移民的活动,其中成都平原地区又成为移民填充、率先恢复的核心地区。这次移民,政府对劝导移民入川并加以妥善安置的官员加官进爵,努力对百姓入川在沿途提供管理、关照,对已经定居落户的百姓任其所能占有田土,并给予生产生活方面的临时性救济和起步阶段若干年的赋税蠲免,遇上大的天灾人祸也减免赋税(笔者对嘉庆《四川通志》皇帝诏谕这一部分做过统计,这种蠲免在嘉庆以前就有20多次)。待经济逐步恢复后,四川地区成为了中国各地谋生最容易的地区,比如,笔者研究过清代中国几个主要产量区域的大米价格(江浙、湖广、四川),至少100年中间,成都地区的粮食价格都是最低的。

这一次湖广填四川包含了康雍乾三朝,绵延至少120年,来自中国各地18个以上的省的百姓,披星戴月、扶老携幼来到新天地,筚路蓝缕,以启山林,建设新家园,他们既在整体上接续了巴蜀的文化传统和精神命脉,又把各地域的优秀文化在四川盆地来进行碰撞、交流、融汇,形成了以川菜、川酒、川剧、川话、竹枝词、四川清音等为代表的充满平民情怀和眼光向下的文化价值、审美追求,因为移民都是清一色的平民,他们最早彼此相处的文化基因里没有文化和身份歧视,后来逐渐富贵的人家也很难产生那种基于血缘的文化和身份傲慢,即使有人出现了这种傲慢的苗头,也很难得到广泛的承认和尊重。平民化与儒释道三教在成都、四川和平相处,相得益彰(关于这个话题见后面专述),进一步强化了巴蜀文化的开放性和包容性。至于成都、四川为什么美女、帅哥成群,也可以在18个省的同胞的联姻之中找到生物学、遗传学上的依据。

抗战时期，精英荟萃地

1937年七七事变爆发，中华民族抗击日本侵略者的战争全面掀开序幕。国民政府迁都重庆，中国最重要的工矿企业、学术和文教机构，以大学师生、科学家和工程技术人员、各种文学艺术大师为代表的民族精英来到四川，会聚成都、重庆，他们中的大部分都在成都、重庆等地度过了数年艰难时光，得到四川军民同生死、共患难的拥戴和善待。这一时期，是巴蜀文化与国家轴心文化的一次最温暖、最无缝的对接、融汇。抗战胜利后，国共两党都先后高调宣示，感谢四川和四川人民作出的巨大贡献。许多近现代名人后来都对在四川的这段时光充满刻骨铭心的温暖回忆，而四川人民也因为这段历史而深感骄傲和自豪。今天，屹立在重庆的抗战遗址博物馆、成都大邑的建川博物馆和地处长江边上的宜宾李庄，所记录的四川人心目中的抗战生活以及他们心中崇敬的先烈和英雄，已经成为此地此城的精神地标。而且抗战中与同盟国各国军人、政要、新闻人士、学术与文化教育交流人士所建立的国际友谊，也成为人类城市文明的共同财富与遗产，帮助四川特别是重庆、成都大大提高了国际化的水准。

抗战时期，大量移民到来，成都的工商业也有飞跃。据1940年代中期统计，成都市区商店达28480家，与抗战前相比较，净增加15167家，而且形成了以春熙路为中心，北接总府街、商业场，延续到提督街，南接东大街，一个繁盛的商业闹市区。金融和房地产也呈现空前的活跃，以春熙路为例，抗战中期，地价飚升，暴涨到寸土寸金，一个单间铺面，租金高达数十两到一百两黄金。

三线建设迎来工业化人潮

三线建设，是指1964—1980年在中国中西部地区的13个省、自治区进行的一场以战备为指导思想的大规模国防、科技、工业和交通基本设施建设。这些区域处于与美苏开战的战略大后方，所以称"三线"。发生背景是中苏交恶，苏联在中苏边境屯兵百万，以及美国不时的战争叫嚣与威胁（包括美、苏对中国的多次核讹诈）。

中央政府投入了占同期全国基本建设总投资40%的2052.68亿元巨资，400万工人、干部、知识分子、解放军官兵和成千万人次的民工，在毛泽东主席"备战备荒为人民""好人好马上三线"的号召下，跋山涉水，进入大西南、大西北的深山峡谷、大漠荒野，风餐露宿，肩扛人挑，用艰辛、血汗和生命，建起了1100多个中大型工矿企业、科研单位和大专院校。在1964—1980年，国家共审批1100多个中大型建设项目。贵州、四川东部山区、四川中部平原地区、汉中、秦岭北麓等地区新建的项目数量多，规模大，迁入工业人口多。其中，四川成都主要接收轻工业与电子工业，绵阳、广元接收核工业与电子工业，重庆为常规兵器制造基地。经过三线建设，成都、重庆、西安、兰州、贵阳、安顺、遵义等一大批古老的城镇，进行了首次的工业化，拉近了与东部城市的差距。数百万建设者在异省他乡献出了青春和汗水，甚至是宝贵的生命，使改革开放在1978年拉开序幕时，中国虽然人均收入较低，但却是世界上罕见的具有完整的国民经济体系和国防自主生产体系的国家之一。

在这一历史时期，因接纳数以十万计的来自东部发达城市的科技工作者、工程技术人员和优秀产业工人，接受了他们身上的服从国家建设大局的气节、严谨的科学精神、忘我的奋斗意识，以及现代大型企业的管理文化和崇尚极致的大国工匠风范，成都、四川人的人文个性无疑增添了极为重要的与时代发展接轨的崭新内涵。

改革开放幸福之都吸引大批新移民

1978年，由四川广安人邓小平（1904—1997）作为总设计师的中国改革开放揭开了帷幕，迄今为止，实现着中国的伟大腾飞与和平崛起。成都和四川也实现了历史性的跨越。1993年，重庆市成为中央直辖市，原川东属于巴文化圈的一半空间和大部分经济文化资源划归重庆，新四川的历史叙事也从此开始。

不管怎样，成都作为老四川、新四川的首位城市的地位没有改变，只是它与重庆市这对巴蜀文化的双子星座的行政地位和各自的使命呈现了新的格局。总的来看，外地外省乃至国际友人作为移民在这一时期入川的主要目标是成都，省内的区域之间的移民目的地也绝大多数都是成都（尤其是重庆直辖以后）。成都吸引移民的主要魅力有：它有得天独厚的自然、人文环境，自己独具魅力的"生活美学"和自然天成的后现代气质（见本书最后一章专论）；它是连续12年中国幸福指数最高的城市；它的城乡统筹、城市规划、基础设施建设、极其方便的交通通信、硬实力与软实力的同步增长、以"三城三都"建设为抓手、世界文化名城为目标的愿景，它的敞开胸怀吸引四方英贤、天下才俊的诸种政策和措施都是不容忽视的核心竞争力。而"传承巴蜀文明，发展天府文化"的扎实行动，正在为它源源不断地注入植根历史、观照现实、引领未来的新动能，成都，四川，必将在竞争全国、全球优秀移民的道路上，成为领跑城市之一。

四川、成都为何美女多

这是一个与移民历史有关的话题，所以放在此处。

自古以来，哪里美女多（比例和整体状况），是一个有趣的话题，因为参与讨论者的心态、动机、人生履历、见识、审美标准都千差万别，很难搞出货真价实的"排行榜"。但总还是有一些经过历史检验的共识，比如，成都自古多美女和才女，应该是一种关注这类话题者相当一部分人的共识。笔者生活在四川、成都，行走过中国大部分省市自治区，也走过世界上一些国家和地区，毫不怀疑这一结论。

有人必然要问：那凭什么？

前述天府之国的优越生产、生活条件，女性的生养条件较好，营养比较有保障，这比情况相反或相差大的地区的女性，看上去肯定更美。

从先秦起，四川盆地和成都平原就有众多族群生存、混居、通婚，包括华夏族、羌族、氐族、蛮族、彝族、藏族、回族等，也就是说其原住民就有较多的非华夏基因，而这，恰恰具有生物学上的更美的概率。

历史上至少九次大规模的移民，尤其是明末清初来自全国十八个省的移民（以南方为主）的联姻，包含的民族、族群更多，其基因的组合、融汇所能产生的使人更美的概率无疑更高。

四川，尤其是成都，文化教育和文学艺术一直是很先进的地区和城市，且有张弛有道的生活方式，女性形成才艺条件较好，因此，是那些相反或差别大的地方难以比拟的。

成都自古是一个相对尊重妇女的城市（原因本书有专论），充满自信的女性较多，这样的女性肯定更美。

成都是一个节庆众多、充满乐感的城市，在宋代及以前，女性参加节庆的娱乐性质的聚会、活动并不受很多限制，明清时期，受理学影响，限制增多，但比较全国其他地区、城市，依然算宽松的，能抛头露面，更加注重、擅长服饰、打扮、美容，因此看上去充满魅力和被写入文学、传记作品，必然更多。

本书已经有篇幅呈现上述研判和结论，此处再引一些1906—1908年生活在成都的一个日本人中野孤山眼中的成都来说明问题。

中野孤山，本为日本广岛的中学教师，于1906年秋天，应四川总督锡良（1853—1917）的邀请，来到成都工作。他把自己在成都近两年的生活见闻写成了《横跨中国大陆——游蜀杂记》，其中有专门一篇，名字就叫"蜀都出美人"：

> 蜀都妇女要缠足，她们虽然步履蹒跚，但个个花容月貌、姿色迷人。她们身着齐臀简袖上衣，下穿长裤，不用衣带。不过，便服后面有两根细带，打着死结，罩着发网，此乃当时的流行发型。十二三岁的女子，右边头发扎起来，戴着漂亮的丝缨，还别着宝石类饰物。她们踢羽毛毽子的样子，胜过我国用木拍打羽毛球，天真可爱。……蜀都的妇女，脸部轮廓分明，面色红润，鼻梁高而不尖，眼睛明亮，嘴大小适中，头发漆一般乌黑，丝一般细柔，天生丽质。她们上身前倾，走起路来时脚步蹒跚，双手摆动，这大概是缠足使然，觉得她们的姿态非常优美。
>
> 蜀都自古以来是出美人的地方。蜀都出美人，与蜀人重视妇女，不让她们参与劳动，而让她们在家养颜、饱以美食等有很大关系。也许是因为遗传，也许是因为自然淘汰，也许是因为气候的原因，她们与满洲

的妇女在人种上的的确确有所不同。

感谢这位日本的中学教师,十分仔细观察过成都的大小女性,至少比较了日本的女性和满族的女性,以及他去过的中国其他城市乡村的女性,留下这种100年前的成都女性的人文和生活画面。最后这一段中所言,应该是成都中产以上家庭的状况,下层更多的妇女是从小就要参加生产劳动的,不过比较起来,也要比非成都的绝大部分地区和城市状况要好,因为这里叫"天府之国"。比如中野孤山在记录"城墙与人口"时写道:

>……中国市街的特点是不卫生,许多街道粪水横流。不过,蜀都却没有这个特点,城内相当干净,不用捏着鼻子闭着眼睛走路。由于没有统计数字,我的确不知道蜀都的人口是多少。有的说有100万,有的说是50万,还有说70万的。不过,可以肯定的是,每天经过征收厘金的海关大门搬运进来的稻谷超过50万石。

干净而富足,在多灾多难的晚清末年,成都依然保留了天府之国的最后一点尊严。身在此城的中国妇女,怎么可能不多一分美丽。至于新中国成立后,尤其是改革开放极大地改善了成都人民的生存、发展条件以后,尤其是这座城市目标指向世界文化名城并围绕它开展"公园城市示范区"建设以后,成都作为美丽、优雅女性云集之都的城市形象,更加不可替代了。

成都 传

人文样态

第三章

The Biography of Chengdu

天人合一

在中国传统文化中，儒家和道家都是十分强调人与自然的和谐相处的。汉化的佛教佛学同样十分亲近自然，所以壮庙名刹除了城市有一部分外，其余更大数量的存在几乎都在山水甲秀之处。不管是阴阳五行还是周易八卦，先贤们都认为自然运行和人间沧桑有着紧密的消长相应、盛衰相伴、荣辱与共的内在关联。道家讲"人法地，地法天，天法道，道法自然"。儒家讲日月星为三光，天地人为三才（在天为阳与阴，在地为刚与柔，在人为男和女）。儒家还讲仁者乐山，智者乐水。这些都是高度抽象的哲学思考与表达，具体为人间行动依据和准则时，就是君王和各级政权长官负责的庄重的天地和山川之神灵崇拜，如今日北京的天坛、地坛和中国各地名山大川尚存的山神、水神崇拜（古代更多）等，这也是倡行教化的重要一环。面对人间，从皇室到普罗大众，凡炎黄子孙及归顺它的所有族群，大家共同敬奉的"天地君亲师"的牌位，就是"天人合一"观念在家庭、社会、国家生活中不可替代的地位和作用的直接体现。历史上的隐士现象，也是天人合一观念在部分才华卓绝之士身上的另类体现，他们为了身心健康、自由的最高目的，而拒绝格式化、风险化的人生路径，不管是阶段性的隐士，还是终身啸傲林泉溪流寒舍的隐士，都是一股清新纯净的力量。而且隐士们拒绝的只是权力和名利的诱惑及风险，他们中的许多人在文学艺术、科技发明上是作出了重要贡献的。而作为人杰的北宋理学家张载（1020—1077）的千古名言"为天地立心，为生民立命，为往圣继绝学，为万世开太平"，也是儒家天人合一观念在士大夫伦理最高端的一种宣示。

天人合一观念主张顺应天地的意志和情感，所有符合五常（儒家）和懂得阴阳互补、刚柔相济、祸福相随、得失相间（道家），因此在取舍、进退之间能做好权衡和抉择的人间行为，就是符合自然规律和天地大道之行为，就是人间群体（儒家）或个体（道家）生存、发展的正能量或智慧的象征。天人合一观念还重视与作为有机物的动植物的苦乐休戚（"君子远庖厨"的儒家和素食、食疗倡导者的道家，以及不食荤腥的佛家均趋近，只是程度的差异而已。《中庸》之"致中和，天地位焉，万物育焉"也是讲的理想世界）和作为无机物但有自身运行规律的无机物之间的友善和谐关系，实际上是世界上产生最早、最一以贯之的环境保护思想。这些在成都历史上均有非凡的表现。兹举数例。

李冰治水

李冰治水，其可以传承的观念的精华之一，就是将天人合一贯彻在这一伟大的水利工程建设和维护之中，留给子孙后代的是永续利用的不尽福祉。以李冰精准踏勘作为基础的这一工程，无坝拦截江河，仅仅是根据内江、外江的水位落差，夯实一个用于分水的江心鱼嘴工程，便实现了丰水期外江发挥泄洪作用，枯水期将岷江水引入内江，优先保证人烟稠密的成都平原的用水需要；在内江水流入宝瓶口时，巧妙利用流水方向、速度设置了飞沙堰，利用自然的力量预防泥沙淤积抬高河床；临时阻截水流的原材料是杩槎（亦作"榪叉"。用来挡水的三脚木架。应用时以多个排列成行，每个中设平台，台上置鹅卵石，在迎水面上加系横木及竖木，外置竹席，并加培黏土，即可起挡水作用），材料全部来自天然。至于宝瓶口以内的河道、沟渠都利用的是地形的自然落差形成。然后在河底埋下石牛和石人像，作为每岁淘挖河道的深度的依据；每年冬日农闲季节组织官民岁修工程、淘滩筑堰，疏通河道，加固堤防，春耕以前，任务全部完成。清明节举行庄重热烈欢快的官民同乐的放水节。在这些物质、技术、节庆的基础上，还发展出绵延两千年的集敬神、商贸、游乐于一体的庙会和其他节庆活动。都江堰不仅实现了水利工程代价、成本最低，对自然的干扰、毁损最小的永续发展目标，而且滋养了一座近在咫尺的崇尚自然的道教名山青城山。所以当代著名散文家余秋雨用"拜水都江堰，问道青城山"来总结他对都江堰市优越的人文禀赋的时候，获得了广泛的好评与认同。联合国教科文组织将都江堰列入世界文化遗产名录，实至名归。

严君平卖卜

严君平（前86—10），西汉后期成都人，本姓庄，名遵，字君平。他出生在今成都彭州市与郫县唐昌镇平乐山交界处的北君平乡的洗心庄（又称寄魂庄），也有史料称其出生在今邛崃市的南君平乡。严君平一生充满了传奇色彩，学富五车，广受敬重，完全可以谋求仕途，却卖卜于今郫县、成都、彭州、邛崃、广汉、绵竹等地，50岁后归隐、著述、授徒于郫县平乐山，"因势导民以善"。91岁离世后，也埋葬于郫县平乐山，在平乐山生活了40多年。他在此山上写出了"王莽服诛，光武中兴"的预言，提前20多年预测了"王莽篡权"和"光武中兴"两个重要的历史事件，还在山上培养出了得意弟子扬雄，写出了一生最重要的两部著作——《老子指归》和《易经骨髓》。是汉代一流的学者和思想家。唐代大学者、李白在世时的超级粉丝魏颢（此君曾经为见到李白跋山涉水三千里）在《李翰林集序》中说："自盘古开天地，天地之气艮于西南。剑门上断，横江下绝。岷峨之曲，则为锦川。蜀之人无闻则已，闻则杰出。是生君平、相如、王褒、扬雄，纵有陈子昂、李白，皆五百年矣。"也就是说，在他的心目中，严君平是与巴蜀文化的极品人物司马相如、王褒、扬雄、陈子昂、李白并驾齐驱的伟大先辈。其实不管是古人还是今天的成都人，说到严君平，就像炎夏里沐浴在一股山泉中一样清爽。

西晋学者、名医皇甫谧（215—282）在《高士传》里记载说，严君平隐居不仕，常卖卜于成都市，日得百钱以自给；生活之资已备，则闭肆下帘，以著书为事。富人罗冲问君平何以不仕？他认为严君平生活清苦，才华虚掷了，君平叹曰："益我货者损我神，生我名者杀我身，故不仕也。"这位皇甫谧，也是才高八斗，魏相司马昭（211—265）和晋武帝（236—290）多次专门下诏敦请他入朝为官，都被他以各种方式拒绝了，一生致力于经史、文学和医学，尤其是以《针灸甲乙经》而成为中医针灸学的泰山北斗。他是跨越200年的严君平的心腹之交也。

除了这个故事，还有他与支矶石的故事非同寻常：明代学者、曾任四川右参政的曹学佺（1574—1646）在《蜀中广记·严遵传》中记载：西汉时，张骞出使大夏时，历尽艰辛，走到河的尽头。回成都时船上载回一块大石头，送给严君平看。严君平观察很久后说：去年八月，客星侵犯牛郎星、织女星，难道会是这块石头吗？它是天上织女的支矶石啊！张骞惊奇地说：我顺着河源走到尽头，见到一个女子在织锦，一个男的在役牛。我问他们的地名叫啥，女的说这里不是人间，你怎么会来呢？你把这块石头带回去，问西蜀严君平，他会告诉你到了什么地方。所以我带了石头回来请教你。严君平说：去年我看到客星侵入牛郎、织女星座，心里很奇怪。原来那正是你到天上星座的日子，你已经到达了日月之旁了。支矶石街由此得名。这块石头，如今依然放置在成都市中心的人民公园里，供后人瞻睹，可发思古之幽情。

花鸟画大师黄筌

在绚丽多姿的国画中，花鸟画是三大画科之一，最富于民族文化特性，体现历代中国人的自然生态美学观照。艺术家以"写生"倡导生命与生命、人与自然的和谐共生，彰显中国人"天人合一"的文化主张和精神世界。

五代的四川，涌现出了花鸟画的国手，他们就是黄筌父子。黄筌（约903—965），字要叔，五代西蜀画家，成都人。17岁时即以画供奉内廷，曾任翰林待诏，主持翰林图画院，又任如京副使。任前后蜀宫廷画师40余年。官至检校户部尚书兼御史大夫。擅山水、人物、龙水、松石，尤精花鸟草虫，师法李䑓、孙位，对刁光胤的花鸟画师法尤深，并加增损，创出一种新的风格。其所画翎毛昆虫，形象逼真，手法细致工整，色彩富丽典雅。因他长期供奉内廷，所画多为珍禽瑞鸟，奇花异石，画风工整富丽，反映了宫廷的欣赏趣味，被宋人称为"黄家富贵"。今有《写生珍禽图》传世。子黄居寀、黄居宝等亦擅花鸟，承其父法，黄居寀有《山鹧棘雀图》传世。黄氏父子的画风深得北宋宫廷喜爱，对宋代院体画有极大影响，长时间内成为画院花鸟画创作的标准。与徐熙并称"黄徐"。风格上"黄筌富贵，徐熙野逸"。

古琴曲极品《七十二滚拂流水》

众所周知，位于成都大邑的鹤鸣山是中国道教的发祥地，而地理位置更加优越，号称天下幽的青城山，历来云蒸霞蔚、碧绿连天、林泉清幽，是后来居上的中国道教名山，历代隐士、仙翁、高道史不绝书，他们是天人合一观念体现在人生旅程中的佼佼者。因为把身体健康和心灵自由视为人生核心要义，所以他们与自然的关系最为亲密。在这样的背景下，道教音乐成为音乐史上的一朵奇葩。由近代青城山高道、川派古琴大师张孔山改编创作弹奏的《七十二滚拂流水》便在二十世纪书写了浓墨重彩的华章。

张孔山（生卒年不详），原籍浙江，一生好云游，行踪比较漂浮。咸丰年间，在青城山中皇观当道士，以擅古琴知名。与灌县道士杨紫东、《钱氏十操》的作者钱绥詹外来。光绪初年（1875），继曹稚云之后，在唐彝铭家为清客，协助他把多年搜求的数百首琴谱详加审订，精选145首，编为《天闻阁琴谱》，这是明清以来收谱最多的谱集。曾在成都、武昌教授门徒，栽培传人，在音乐史上，是川派琴家的主要代表。所传《七十二滚拂流水》，气势磅礴，为近百年来琴家所推崇。所谓"滚拂"，是一种弹奏技巧，扫拨诸弦以添气势、协节奏。这首曲子主要表现山涧清泉奔涌流淌的各种情态，是对自然韵律的精彩再现。1975年，美国"旅行者一号"太空飞行器制作人类音乐杰作光碟时，作为唯一的中国音乐作品入选，并且是所有入选作品中播放用时最长的作品（第二时长的是贝多芬的《欢乐颂》）。东方哲学中的天人合一观念，已经伴随这张光碟，飞向了未知的浩渺宇宙，去寻找另一个大千世界的音乐知音。

兼容并包

古今城市文化的生命力，与兼容并包的空间大小和延续性的长短密切相关，当然是越大越长越好。文化既是稳定的，也是流动的，文化最优秀的地域或城市的生态应该是：这里有既能延续本地本城优秀传统，又能很好地反映和观照现实需求，更能引领面向未来的健康发展的主流、核心价值观与生活方式，它服务于一定时期群体的最高利益和长远利益，体现一定时期主流或强势人群的文化共情，认同它的所有践行者必须处于一种"格式化"的状态，这样才能形成合力，达成目标，不管是法令这种刚性的要求，还是道德这种主要依靠自律实现的柔性诉求，生活于其中的人的基本人格和言行举止，必将走向统一规范。但如果一个城市"格式化"的文化完全覆盖了所有人群，并不能容下不愿格式化的（哪怕是一定程度的、部分的）人群，势必损害其面向异质、异地文化的包容性，尤其是很容易走向文化偏执或文化傲慢，且妨碍文化变革的及时出现；文化如果只有主流没有支流，只有传承没有与时俱进的改变，只有一种选择而没有其他，必然由静止而僵化，由令人温暖而令人冰寒。因此，在和平年代，人类广泛的良性交往越来越是不可缺少的生存、发展动力的时候，一个优秀的城市，必然允许、包容那些不阻碍主流文化运行、不损害第三者和社会公共利益的各种拒绝（包括部分拒绝和一定程度的拒绝）格式化的人群存在，并允许其坚持自己的个性化的价值观和生活方式。这个人群的大小、构成在人口的交往、流动中还会变动不居（比如一些原先格式化的人后来成了拒绝格式化人群中的一员；或有的人在人生的不同阶段或不同表达中呈现格式化和拒绝格式化的转换），外来文化和新萌芽的文化往往在这个人群中出现，并在弥补、丰富乃至有序改变、改善旧的主流文化中逐渐彰显正能量。简而言之，一个优秀的城市文化生态应该是代表主流的"格式化"和非主流的"拒绝格式化"并存，前者是集体主义、公共利益的必然要求，后者是珍爱身心健康愉悦和个性自由的个人主义的自然呈现，两者的关系越平衡融洽、越自然，越相得益彰，这个城市的心灵就越健康越丰满，精神家园就越草木葳蕤、百花齐放，它的官员和人民就越幸福。这个论述是经得起中外城市史的检验的。

根据上述"谭氏理论"，成都正是这样一座在和平年代两者关系自然融洽、相得益彰，并尽得其利的伟大城市，很大程度上也是凭此塑造了它世间罕有的大度包容。兹举数例。

观奇书著奇书的传统

南宋政治家、诗人王十朋（1112—1171）在《集注分类东坡先生诗传》中写道："东坡先生之英才绝识，卓冠一世。平生斟酌经传，贯穿子史，下至于小说杂记，佛经道书，古诗方言，莫不毕究。故虽天地之造化，古今之兴替，风俗之消长，与夫山川、草木、禽兽、鳞介、昆虫之属，亦皆洞其机而贯其妙，积而为胸中之文。"这是今人理解苏轼为何能够在历史上和今天的炎黄子孙中受到广泛推崇的因素之一。

众所周知，在中国文化史上，汉代以来的蜀学，在诸多领域都能并驾中原，媲美齐鲁，在有些领域则经常处于执牛耳的位置。这里尤其涌现学问极其渊博的百科全书式的文化巨匠，如汉代的扬雄、宋代的苏轼、明代的杨慎、近代的刘咸炘、现代的郭沫若，他们英才天纵，文史哲融会贯通，所染指的各个领域几乎都能登峰造极。这一现象的背景之一是蜀人有观奇书的传统。也就是说除了儒家经典以外，蜀人喜欢不受拘束的广泛阅读，诸子百家、三教九流、神鬼巫祝，乃至少数民族文献，无不饱览以满足个性和猎奇之需求。这种阅读传统既与蜀地先秦时期自成一体建构的以神秘浪漫为主要特征的文化个性有关，也与文翁化蜀以后读书人、士大夫的主流虽然转向了儒家经典的研究阐发运用，体现儒家伦理和旨趣的经史子集受到最大的重视，但各种非主流的图书典籍依然是书香成都历史上大多数读者的阅读对象有关。正是因为如此，成都、蜀地走出的人物，才能有超越中国其他地域人物的广博与深沉：汉赋四大家占了三家的蜀地的司马相如、扬雄、王褒其大赋所运用的生字难字怪字和引经据典极多；李白、苏轼作品中充满浪漫多姿的惊人想象力和来自神仙世界的动人传说；杨慎在《明史》中被记录为"明世记诵之博，著作之富，推慎为第一"；以及36岁英年早逝，足不出四川，却能留下《推十书》（共236部，475卷）皇皇巨著的旷世学术天才刘咸炘（1896—1932，成都双流人）。梁漱溟先生曾对人说："余至成都，唯欲至诸葛武侯祠堂及鉴泉先生读书处。"鉴泉先生，刘咸炘别号也。陈寅恪先生在抗战中来成都华西大学讲学，到处搜访购买刘咸炘的著作，认为先生是四川最有识见的学者。国学大师蒙文通和刘咸炘私交最笃，曾经怂恿刘咸炘重修宋史。蒙在《四川方志序》中评论刘咸炘说："其识已骏骏度骅骝前，为一代之雄，数百年来一人而已。"这些人物传奇般的生平，都能证明成都这个既能在某些方面代言中国文化的城市，又因为其从来没有成为整个中国轴心文化所在地和统一王朝帝都，没有因此承受更加强烈的来自政治的格式化压力，因此始终保持了很多自己的文化个性，好观奇书就是其中之一。这必将为未来的成都产生学术文教的巨匠继续提供滋养。

《山海经》和袁天罡

此外，好观奇书者也必好写奇书。自古以来以成都为中心的巴蜀大地提供的"奇书"之多，影响力之大，很少有城市能望其项背。比如，从《山海经》可能为蜀人（另一说为楚人）所作，到《巴蜀图语》《蜀王本纪》《华阳国志》《成都记》（唐卢求于成都撰）《成都文类》《全蜀艺文志》《蜀中广记》这些开创性的地域史志文献都出自本地域，便能说明这一点。唐朝成都人袁天罡（生卒年不详），喜欢阴阳五行之学，精天文、相人之术，隋炀帝大业年间（605—618）为盐官令，在洛阳与杜淹（？—628）、王珪（570—639）、韦挺（生卒年不详）这些杰出人士为友，预言淹将以文章显耀，珪将以长于法令腾达，挺将以武至大官，后来贞观时期，果然前两位当上宰相，第三位也是御史大夫。唐高祖武德年间袁任火井县令。唐太宗（598—649）闻其名，招至九成宫，问他说，"古代有你的老乡严君平，也擅长算卦相面，却终身不理睬朝廷，而我今天却得以任用你，如何？"天罡回答："严老先生生不逢时，而我得遇圣上，比他幸运多了。"不久，他又与当时的天文家、数学家、易学家李淳风（602—670）成了好友，但不久病卒。李淳风的名著《乙巳占》是世界气象史上最早的专著，据传以预言准确而著称于世的《推背图》即为他与袁天罡所著。此外，袁天罡还著有《易镜玄要》《九天玄女六壬课》《右乙命诀》《太白会运逆兆通代记图》。

唐代成都人好观奇书，而且伴随雕版印刷一起出现。僖宗中和三年（883），一柳姓大吏"阅书于重城之东南，其书多阴阳杂记、占梦相宅、九宫五纬之流，又有字书小学，率雕版"。

程颐的惊叹

四川人、成都人爱观奇书，与易学在蜀学中尤其发达互为因果。著名的宋代大儒程颐（1033—1107）在成都街头遇见一个会侃《易经》的百姓而大为震惊的故事不能不提。《宋史·谯定传》云：

初，程颐之父珦尝守广汉，颐与兄颢皆随侍，游成都，见治篾箍桶者挟册，就视之则《易》也，欲拟议致诘，而篾者先曰："若尝学此乎？"因指"《未济》男之穷"以发问。二程逊而问之，则曰："三阳皆失位。"兄弟涣然有所省，翌日再过之，则去矣。其后袁滋入洛，问《易》于颐，颐曰："《易》学在蜀耳，盍往求之？"滋入蜀访问，久无所遇。已而见卖酱薛翁于眉、邛间，与语，大有所得，不知所得何语也。

宋代蜀学大放异彩，四川涌现的人才如过江之鲫，辉映寰宇，扬名东亚。要论对中华民族的总体贡献，不输于全国任何地区。易学是中国传统学术的一个特殊制高点和特殊领域，不论象数还是义理，都充满神秘主义气息，对于普通人而言高深莫测，也是古今最容易鱼目混珠的特殊"学问"。但蜀学于易学恰恰特别发达，尤其是在象数方面，更是代有传人，甚至深入民间。程颐和弟子袁滋在成都遇见的治篾箍桶者和卖酱薛翁竟然深通象数，令多少有些中原士大夫文化心理优势的程、袁大为吃惊，不由得心生敬意，成为中国文化史上的一段经典趣事。

崇尚个性，包容异端，好奇书的四川和成都，还孕育出了李宗吾这样的怪才。

李宗吾与厚黑学

李宗吾(1879—1943)，原名世铨，后改名世楷，字宗儒，四川富顺自流井(四川自贡市自流井区)人。中国近现代思想家、教育家、革命家、畅销书作者。著述涉及哲学、社会学、心理学、教育学，甚至物理学、经济学。他的一生，接受高等教育、为官主要是在成都，著述部分在家乡完成。因为较早加入同盟会，1902年考入四川省高等学堂（四川大学前身）优级理科师范班，1907年以最优等成绩毕业，学部特授举人，所以一生被授予众多时人艳羡的"肥缺"(省军政府审计院院长、重庆海关监督、四川官产竞卖经理处总经理等)，但他要么坚辞不就，要么大幅度降低职位、降低薪水才上任，引得啧啧称奇。晚年厌倦官场，决定回家闲居。可是为官数年，清廉一身的他连回家的路费都没有，不得不向富顺同乡陈建人借钱五十元，才免去了"有家归不得"之苦。

1912年以奇书《厚黑学》惊世，后来不断完善相关研究。1936年，他将历年所作文字的一部分，融合自己的新观点和想法，重新以随笔体裁整理为文，在成都《华西日报》上开辟《厚黑丛话》专栏，连载发表，后以同名结集单独成书。他自号"厚黑教主"，被誉为"影响中国20世纪的20位奇才怪杰之一"。作品包括：《厚黑学》《厚黑学后传》《心理与力学》《厚黑大全》《厚黑原理》(心理与力学)、《厚黑丛话》《中国学术之趋势》《社会问题之商榷》。最后一部是《老婆经》，论说男女关系，认为怕老婆才能有大发展，是现代中国人生活幸福的指导教材。四川人、成都人的"耙耳朵"精神建构，李宗吾功不可没也。为什么2020年全国人口普查，全国所有省市自治区都是男多女少，唯独四川女性还略微多一点，成都女性更多，我们必须感谢"耙耳朵"精神。

李宗吾应该是深受道家思想的影响，他集中观察、揭露、鞭挞古今人性的阴暗面，尤其是政治人物问题最多，他以刘邦、项羽、曹操、刘备、孙权、司马懿等为例，说"古人成功的秘诀，不过是脸黑心厚罢了"。这种带有强烈批判精神和愤世嫉俗情绪的结论，虽然会有人称道，但也要引起强烈反弹，所以许多"正道"之士对他予以排斥和否定。当然，历史是一面多棱镜，所谓横看成岭侧成峰，远近高低各不同。不识庐山真面目，只缘身在此山中。自然也有人为他鸣不平。20世纪享誉海内外的著名作家、学者、翻译家、语言学家、新道家代表人物林语堂（1895—1976）就是他的知音之一，林语堂说："其言最为诙诡，其意最为沉痛。"笔者完全赞同林先生的评价。

还珠楼主与《蜀山剑侠传》

近代以来，剑侠小说是华语文学最令人着迷的种类之一，其开山祖师便是生于重庆长寿，但一生钟情于青城山的传奇人物李寿民（1902—1961，笔名还珠楼主），代表作品《蜀山剑侠传》《青城十九侠》《云海争奇记》等，一生中的作品多达4000余万字，曾经拥有无数超级粉丝。他的作品被一些人讥讽为"荒诞",那是因为他的笔下接轨的世界太丰富和不可想象了。客观地讲,还珠楼主的作品熔神话、志怪、剑仙、武侠于一炉,创造了一个表面上看起来荒诞不经,实际上高度融合中国传统文化、深含普遍哲理、自成逻辑体系的宏伟的艺术世界。文笔汪洋恣肆,尤其擅长大段的自然风光描写,绚烂雄奇,体现出作者的渊博的学识。这个只读过私塾的奇才的底蕴哪里来?第一,他出生在一个当地人才辈出、诗书传家的大户人家。第二,他生长在山高水深的四川,从小随着父亲宦游,曾经三上峨眉,四上青城,大好河山给他留下了深刻印象。他虽然只上过私塾,却对佛道医卜星象都有心得。17岁时父亲去世,家道中落。19岁时随母亲移居天津,在《大公报》供职,兼做家庭教师。也许读书的无所不至就是还珠楼主的非凡底蕴,这比天赋还要难得。

中国神话研究泰斗——袁珂

成都人喜欢神秘浪漫的事物,加上观奇书、著奇书的传统,与蜀学深厚的底蕴,以及现代学术的一些观念和方法相结合,还使这里成为中国、亚洲神话研究的巅峰所在——迄今为止,在这一领域,最权威、影响力最大的依然是成都人、原四川省社会科学院研究员袁圣时先生及其撰写的《中国神话传说》等系列著述,所以,我要仿余秋雨先生的"拜水都江堰,问道青城山"说一句:拜神在亚洲,探秘到成都! 这样说,是因为中国是东亚和东南亚主要神话的母版意义上的宗主国。

袁圣时(1916—2001),笔名袁珂,成都新都区人,一生遨游学海,著有《中国古代神话》《中国神话传说》《古神话选释》《神话论文集》《袁珂神话论集》《中国神话百题》《神话故事新编》《中华文化集粹丛书·神异篇》等,共计800余万字。

袁珂1941年毕业于成都华西大学(应是原教会学校华西协和大学)中文系。1946年后,历任台湾省编译馆编辑、台湾省教育厅编审委员会编审,开始系统地研究中国神话传说。1949年初,先生回到四川,一直从事文学及神话学的研究工作,1950年开始发表作品。1962年加入中国作家协会。历任西南人民艺术学院讲师、中国作家协会四川分会专业作家、四川省社会科学院研究员，中国神话学会主席；1987年调入四川省社会科学院任研究员。1984年成立中国神话学会，袁珂先生任主席，但后来由于种种原因，很少参加有关的社会活动。

在他的著述中，以《中国神话传说》（60余万字）影响最大，堪称集大成之作。不仅专业系统，而且通俗易懂，所以出版三十年来，受到了国内外读者的广泛欢迎，并且被翻译成俄、日、韩等多种语言。此书资料宏富，考证、研判精详，从盘古开天辟地叙述到秦始皇统一六国，把散落在群籍中的吉光片羽遴选出来，熔铸成一个庞大而有机的古典神话体系，包罗万象，折射出中华民族早期的精神和心灵世界。

袁珂先生堪称泰山北斗，但他的为人，却终身低调，深居简出，从不汲汲于名利。这就是得本城优秀文化真传的典型的成都学者。当我用手机短信向著名历史学家、四川省历史学会会长、四川省社会科学院研究员、天府文化研究院学术委员会主任谭继和先生（1940— ）询及袁珂先生为人低调的可贵品格时，谭先生专门回复我：

> 真是这样。他对我就很客气，以平辈称呼，我也很不好意思。最遗憾的事是我约了他的口述史，但未做成，就仙逝了。

我认为，如果要建一个权威的中国神话博物馆，最理想的选址非成都莫属。

张弛有道

不管是国家和社会治理，还是处理人与人、人与自己的关系，都有一个什么状态最适合的问题。当然，时代背景和要面对的矛盾、问题不同，这个状态的要求肯定也不同。就和平、正常年代来讲，理想的人类生存、生产、生活的状态应该是松紧适度、张弛有道。它至少有两个含义，一是处于治理者位置的制度设计和管理活动,面对被治理者,建立在"己所不欲,勿施于人"、适合风土人情和长治久安需要基础上的适度体恤和宽严把握;二是普通人对自己的人生状态的选择受到尊重。成都自古就是这样一座标杆城市。兹举两例。

遨游、遨床、遨头

游乐,肯定是生活中"弛"的重要体现。把成都这座城市与任何一座同级别城市相比,两千多年来,其体现为公共空间(含城乡广场街道和山水楼台亭阁寺庙宫观)的游乐宴享活动数量之多,普及程度之高,官民共同参与制造"同乐"的历史之悠久,把这种活动和传统节庆、商业贸易甚至谈情说爱结合之好,可以称为天下无双。汉代的画像砖和唐诗宋词、各种地方志都有大量展示和记录。比如元朝大学者费著(华阳人,即今双流人)在其《岁华纪丽谱》中记载道:"成都游赏之盛,甲于西蜀,盖地大物繁而俗好娱乐。"清朝同治年间《重修成都县志》谈成都风俗云:"俗不愁苦,尚侈好文,民重蚕事,俗好娱乐。"唐宋承平时期,成都全年固定的年节游乐活动就有23次之多,差不多每月都有两次。当代天府文化十大名人之一、命运坎坷但始终儒雅温润的流沙河先生(1931—2019)曾经专门与好友谈宋代的遨游、遨床、遨头:

> 每年春节放假期间,成都男男女女都要去浣花溪游玩,这个风俗至少可以推到五代时期,成都游赏之盛甲于全蜀。蜀郡太守相当于今天成都市市长兼市委书记,带着大家去郊外游玩叫"遨游";男男女女、老老少少带着小凳子,玩累了可以放下来坐着休息叫"遨床";道路上人来人往、熙熙攘攘,少男少女相互嬉戏,还不时眉目传情,游玩多为看到意中人。太守被人称为"遨头",意思就是"耍娃儿们的头头"。[①]

宋代成都的这种官民同乐的社会风貌,非常符合儒家古老的社会理想。孔子说过,有国有家者不患寡而患不均,不患贫而患不安,因为在贫富悬殊格

[①] http://blog.sina.com.cn/s/blog_4d785f710101auzf.html.

局下，多数人将失去快乐；孟子曾经对当时的统治者和弟子们说过，"独乐乐不如众乐乐"，也强调的是，炎黄子孙从上到下必须休戚与共。

在宋代的春节期间，成都是一个不夜城，喜欢组织灯会黑夜观灯游玩，官方还会在灯会期间组织戏剧演出、商品展销活动，灯会存续时间比首都还长，其他城市更是无法比拟。

成都茶馆，天下无双

饮茶，从来都是带有放松、休闲内涵的人类活动。与喝咖啡使人兴奋比较，饮茶，要温和多了。

前已述及，成都和四川是世界茶文化的故乡。成都是文献记载里最早有商品茶买卖的城市，可见生产、销售、消费茶是这座城市生产生活的显著特征之一。唐代成都出现了盖碗茶（这是一种典型成都味道——充满人情味的茶具和饮茶风韵），后来还伴生了长嘴茶壶技艺在成都茶馆的登峰造极，成为成都生活方式的重要代表。饮茶与"大隐隐于市"式的休闲放松、会见亲朋好友、读书、观赏地方戏曲、商业谈判、公共信息交流传播、秘密会社情报传递与暗中较劲、谈情说爱……天衣无缝地融合在一起。笔者引以为豪的大学同窗王笛教授（现为澳门大学杰出教授、历史系主任）著有风靡海内外的微观史研究专著《茶馆：成都的公共生活与微观世界（1900—1950)》，对此有生动的介绍与阐释。

当今成都的茶馆之多、人气之旺，所赋予、兼容的其他功能之多，没有城市可以相提并论。星罗棋布于大街小巷和城市乡村，甚至鲜花盛开时节的桃花树下、油菜花旁。成都人随时都能以茶馆为家，迅速放松，摆脱或舒缓从事生产或养家糊口所有活动带来的紧张、疲惫。改革开放以来，伴随部分茶馆和饮茶场所的麻将活动、扑克"斗地主"等卷土重来，在成都、四川也成为著名休闲景观，甚至在夏天的都江堰虹口漂流之河的水中，也可以看见麻将客们双脚泡在凉水中喝茶打麻将。部分茶馆融汇麻将馆，曾经广受一些崇尚快节奏、高效率生产生活状态的人诟病，在笔者看来，这只是一个引导的问题，毕竟，现代化、城市化带给不同生命个体的感受，不同的人的承受能力是不一样的，没必要因噎废食地一刀切或不加区别地横加指责。至于成都人、四川人的麻将爱好与其幸福指数高、两性比例全国最佳的关系，是很有情趣的一个话题。

当然，非谋生的琴棋书画、诗词歌赋、收藏鉴赏也是生活中的张弛之具，对于深爱者来说，它们还是生活方式之一部分。与世界上任何一个城市相比较，成都古今在这些方面的连贯表现，毫无疑问是堪称最卓越的。只不过，这些活动作为一种习惯，即使在今天，也只属于人群中的少数，所以本书不专门来展开介绍。

纵观人类城市史，人们的生产生活过度紧张和过度松弛，都难以确保这座城市的长盛不衰，尤其不可能有真正普遍有同感的幸福指数存在。自古以来，成都能保持自己以文学艺术和学术教育以及人民普遍乐观幸福为优势的城市个性，张弛有道既是原因，又是前述诸多优越条件和人文禀赋共同作用的结果。

平衡协调

中国传统哲学的精粹是中庸之道，我认为它是人类古典哲学中的极品。对于一些缺乏必要阅读和思考、望文生义的人来讲，中庸就是平庸，就是老好人，就是放弃锋芒、棱角，就是装糊涂等。其实这些都是无知或偏执的结果。

古今中庸之道的各种阐释、论述汗牛充栋，其中不乏简单问题复杂化、玄学化之鸿篇巨制。此处笔者必须高度地化繁就简，才能使读者愉快地看下去。中庸哲学之核心要义有：人与自然、人与人、人与自身的全面和谐，这种和谐由个体到群体到"天下"的良性递进与耦合，是理论建构的最重要价值；围绕实现这一核心价值展开论述与探索，包括世界观、人生观和认识论、方法论等；实现中庸的根本之道是平衡、协调、兼顾、包容；主要思维和行动特点是化抽象为具体，尊重基本人性（而非神性），以命运共同体意识为原则，以最恰当的分寸、节奏、度量，治国理政，安身立命，为人处世，努力做到不偏不倚，恰到好处，拒绝极端和偏执左右我们的思维和感官。如：

子贡问:"师与商也孰贤?"子曰:"师也过,商也不及。"曰:"然则师愈与?"子曰:"过犹不及。"(适度。《论语》)

《关雎》:乐而不淫;哀而不伤。(适度。《论语》)

治大国若烹小鲜。(协调。《道德经》)

故君子尊德性而道问学,致广大而尽精微,极高明而道中庸。(中庸境界需要极高的修养。《中庸》)

中者,不偏不倚,无过不及之名。(平衡。《中庸章句》题下注)

君子发乎情,止乎礼。(节度。《诗经》)

中庸文化的力量在于,它推动大到治国理政、安邦济民,小到处理各种人间烦琐冲突、争执,以及对各种资源、财富的运用、配置,都要合情(感性)合理(理性),首先在情理间实现平衡,但重大、复杂问题的解决,一定是理在情先。这就保证了中华民族始终是拒绝走极端、尊崇智慧的高度理性的民族。关于它与成都生活方式的水乳交融,本书最后一章还有专论。

古今成都,多数时期都是模范践行中庸之道的中国城市之一。具体而言就是在自然与人文、物质与精神、感性与理性、个体与群体、城市与乡村、男性与女性、现实与理想等重要范畴中,努力实现多重平衡、协调、兼顾、包容。兹举数例。

成都人"小富即安"现象

人类面对财富究竟应该持什么样的态度,肯定是没有标准答案的。一般来讲,作为一种价值倡导,对于表现为组织、单位的集体人格和表现为政权的"国格"来讲,不管从什么意义上来讲,可以化为货币衡量的财富当然是多多益善,但为了它可以牺牲组织和国家的其他目标吗?对于个体选择来讲,一生集聚的财富也是多多益善吗?任何人的时间、精力都是有限的,用在聚集、消费物质财富上的时间、精力与用在精神生活上的时间、精力不可能没有紧张关系,这种紧张关系的权衡处理,直接关系人的生存、生活质量。那些像葛朗台和《笑林广记》中的临终已经说不出话还在用手示意后人把油灯拨暗一点以节省灯油的守财奴是十分可笑的,他们一生有没有带给自己幸福,有没有成为世界上的一股正能量,都得画上一个大大的问号。在这样的背景下,我们来看成都人的小富即安,便不会轻易妄下断语了。

改革开放以来,成都有一种现象,就是一些人,挣了一定财富以后,他发现依照自己(有时加上家庭)的消费水平,这一辈子已经够用了,于是要么不再挣钱(尽管在巨富们那里,其财富只是很小的一个数字),要么不再以挣钱为生活的主旋律,比如把企业交给职业经理人打理,然后去过一种自己想要的生活,比如当代版的诗词歌赋、琴棋书画、收藏鉴赏(成都的古玩市场一直是非常发达的)活动、旅游健身,甚至慈善公益。据统计,成都的民间诗社,是中国最多最活跃的。笔者有一位挚友,才华横溢,是我国最早从事谈判学研究的学者之一,又有大量的商务谈判实践,三尺讲台上光芒四射,学生很敬爱他,自己还担任过企业老总,最近以副教授(因为他不屑于按体制的路径去评教授,取得各种头衔、名利,类似这种人成都不少)退休了。多年来他以一个孝子和模范丈夫,为患有老年痴呆的父亲陪侍、治疗、送终,为患有癌症的妻子寻求国内外最好的药物治疗(妻子至今仍在),深受我的敬重。他退休了,马上干的第一件事是去一个落后地区做3—6个月的公益,他说:"这是我一生的心愿,必须去做。"当他给我打这个电话时,我深感这样的人才是成都这座城市的既柔软又坚强的灵魂,不愧为优秀的师长。我还有一位挚友——获得过金话筒奖的成都电视台的"少儿国学大使"陈岳先生,他钟情于少儿的中国优秀传统文化教育,为此早就不惜自己的积累,倾囊举办了一所"本心书院",成为孩子们及众多家长心中最美的偶像,而他的家我去造访过,藏书比我家还多,除了常见家庭用品和两条可爱的狗(其中一条是他收养的流浪狗),此外并无什么值得炫耀。对我来讲,能与这样的"小富即安"者成为心腹之交,荣莫大焉。

当然,可以纳入"小富即安"人群的人有各种类型,他们与成都古今同样存在的终身努力打拼,去把自己所有(私产)或负责(公产)的财富努力做到最大的奋斗者成为并行不悖的两种类型。成都这座城市的个性在于,它并不非此即彼、走极端地褒扬后者,贬低前者。奋斗者,有功于家庭、社会、国家,我们尊敬;"小富即安"者,我们理解、尊重、包容。至于以"小富即安"为"盆地意识"，为落后的"农耕文明"观念，那就大错特错了。人为什么都要成为挣钱的机器才好呢？更多地创造财富，自然可以造福自己，造福社会，而知足常乐，"浴乎沂，风乎舞雩，咏而归"，也是一种人生态度。成都几千年来，正是因为这两种类型之间维持着一种平衡与兼容，才成为最温馨自在的一种美好存在。

作家周成林以自己的亲身经历写成都一个普通市井的普通生活及其感受，他使用了吃喝拉撒"低配版"、生活状态叫"独立穷人"等概念，他的文章名字直接叫《穷人也可以过地道的成都生活》（出自张丰主编《锦里风流》），此言不虚也。

"耕读传家"的成都

翻开成都的所有府州县志，在记录风土人情的专栏里，出现最多的词组之一就是"耕读传家"，至今一些清末民初的传统建筑或古镇的小康之家的门楣上，还有烫金文字呈现的这四个字。成为与其堂屋中间的神龛上"天地君亲师"一样，给人印象最深刻的文字遗存。

成都自古社会生活的平衡，还突出表现在潜心读书是这座城市众多人群的自觉选择，它一直很好地增添着这座城市的人文温度和价值理性。体现的是即使是普通的体力劳动者，他们也有通过读书来建构精神生活，获得别人尊敬，甚至以此奠基去参加科举考试改变自己命运的文化自觉。

中华民族崇尚文化教育，追寻知识与智慧，是一以贯之的优秀基因。"耕读传家"遍布中国各地。但以笔者的见识，有都江堰作为和平年代衣食无忧保障的成都广大乡村无疑是其佼佼者之一。对于能够自食其力的广大农民来讲，"负耒横经"走向田园，耕作之余的空闲时间也要读书，而且读经典，就是一种基于文化自觉的实现物质生活与精神生活同步迈进的优雅平衡。在这样的背景下走出的人才清单很长，比如至少包括了李劼人（1891—1962）、艾芜（1904—1992）、沙汀（1904—1992）、周克芹（1937—1990）……但本书关注和表达的主要是那些未能显赫的普通人民，他们同样在天府成都建构着自己的物质世界和精神世界的平衡、协调，可不敬哉？

关于中庸思想与成都文化个性的关系，本书将在最后一章做详细介绍。

The
Biography
of
Chengdu

成都 传

城市基因

第四章

创新创造

成都古今都是一座按照自己的韵律、节拍运行的城市，它在物质文明和精神文明和谐共进的生态中从事着生生不息的创新创造，然后轻松自在地享受这些劳动成果，实现着生产和生活的平衡协调。

从纵向的时间维度看，成都的创新创造及其达成的煊赫地位，有四个孕育发展和呈现的高潮。

古蜀王国的神器巨构，浪漫天地。以追求更加美好、安宁生活为动力，先民们以治水为主线，从山地走向平原，从流徙走向定居，经济活动从游牧走向农耕，精神活动从粗放走向优雅，生活方式从简朴走向精致，体现神人合一、天人合一、蜀夏合一之趋向。蜀族、蜀王国从独立发展走向吸纳华夏文明和楚、滇文化之优长，以各种形式积极参与、融入黄河、长江流域的政治、经济、文化交流之中。《山海经》《华阳国志》《蜀王本纪》《左传》《古史》等经典和历代诗歌给我们留下的是神秘、浪漫的历史记忆。这一时期是天府成都文化的孕育期。

比较中国其他任何一座同级别城市，今日成都之前身——也就是蜀文明核心族群有了城池的早期历史，特别神秘而浪漫。其文明水平曾经被低估的地域历史叙事，在20世纪以来，被三星堆、金沙遗址为代表的考古发掘所颠覆。独特的地质和地理环境，平原由不适合人居，到经过三次决定性的治水，变成"陆海"的具体过程与脉络，至今无法描绘；有哪些族群在此生存、繁衍、碰撞、交流过，迄今尚无法确解；宝墩遗址等八座王城遗址和三星堆、金沙遗址的主人的行踪今人只能推测比附，使先秦时期的成都总是披着神秘浪漫的面纱。但至少，这一时期这里是治理江河洪水最成功的地区，是长江流域最早的农耕文明发祥地之一，有了人类历史上最早的麻布、丝绸生产（或至少是较为领先的一个地区），尤其是三星堆令人震撼的青铜神树、大立人、面具，金沙的太阳神鸟金箔所体现的青铜冶炼、制作技术，黄金工艺品的精细制作技术及其伴随的强大的想象力和创意、设计能力，体现于其中的审美意趣，以及玉器、乐器的设计制作，都毫无疑问在当时的中国和世界处于一流水平。尤其令举国上下欣喜的是，就在笔者为本书笔耕接近尾声时，据央视新闻客户端滚动连续报道，2021年3月20日，四川三星堆遗址发布最新考古发掘成果，再掀古蜀文明的神秘面纱。目前，新发现的6个"祭祀坑"中已发现500余件文物，包括金面具残片、鸟型金饰片、金箔、象牙等。考古工作正在按照计划进行，一件件文物的亮相正在见证着中华文明历史轴线往前延伸的每一个时刻。多数学者认为，先秦时期的古蜀政权，应该是政教合一，至少神权（或与神灵的沟通）和图腾崇拜是政治生活和社会凝聚的决定性依据之一，所以其创新创造非同凡响，令人着迷。其基因和流风余韵，也奠基了成都历来是中国文学艺术（尤其是浪漫主义文学艺术）的顶级殿堂。

秦汉王朝的列备五都，代言中华。公元前316年，蜀国纳入了秦的政治版图，这是中华民族实现第一次大一统的必经步骤。张仪、张若奠基了成都永不更名、永不改变中心城区的基础，仿首都咸阳形制修筑的成都城，规模宏壮。在人类城市的规划设计史上，无疑是永远的经典。伴随大量秦人移民成都，"染秦化"实现的文化交融，尤其是继二张之后李冰来到成都，在继承弘扬大禹、鳖灵治水的基础上兴建了都江堰水利工程，奠定天府之国长盛不衰的经济基础。秦汉之际，成都相对比较平安，留下比较好的发展基础。文翁治蜀，举办中国历史上最早的地方官学，儒家文化迅速传播，人文教化比肩齐鲁，奠定天府之国作为中华文化重镇和人类文明版图上耀眼星城的文化基础。这一时期，成都是中国五大都市之一，经济繁荣，人文荟萃，外贸活跃，对中国和人类文明作出重要贡献：蜀布、邛杖代表中国制造首次出现在国际市场，也证明了成都对南方丝绸之路的开创之功；火井煮盐，是人类最早使用天然气；《方言》成为世界上首部方言题材专著；王褒《僮约》显示，成都是世界茶文化起源地。司马相如、扬雄用壮美汉赋代言、彰扬大汉声威；在新疆出土的蜀锦"五星出东方利中国"不仅证明蜀锦是丝绸之路上的极品，而且表达了成都官民对祖国的美好祝愿；著名的石雕击鼓说唱俑证明了成都在东汉丰富快乐的都市文艺生活；佛学、佛教于东汉后期从古印度来到中国，也来到或往返成都；道教汉末出现在成都平原，这些都是中华文明精神家园丰富完善的开创性贡献。东汉后期，成都平原正式取代关中平原，成为中国经济和人文地理版图中的天府之国。这一时期是天府文化的定型期。以刘备、诸葛亮作为符号的蜀汉历史文化以及三国文化，可以视为秦汉时期中华文化与成都文化相互交融的悲壮余响。

唐宋帝国的喧然名都、大雅殿堂。继隋朝亲王杨秀扩建城池，成都号称"既崇且丽"以后，在唐朝富有活力的制度和世界领袖国家的宽广怀抱里，在两宋领先世界的物质文明和精神文明土壤上，在国家高度佑文气质的呵护下，天府成都涌现了大量世界或中国第一以及各种突出成就。包括成都成为世界最早的雕版印刷品的诞生地（或之一）；涌现了"龙池坊卞家"——世界上最早的出版家；宋太祖下诏在成都印刷的《开宝藏》，是我国及世界佛教史上第一部官刻大藏经；而宋仁宗时期官方发行的交子，成为人类历史上最早的纸币。唐朝成都雷氏家族生产的雷琴，成为古琴的极品、翘楚；成都在唐朝出现的杂剧是我国最早的成型戏剧；大慈寺，是中国唐五代时期最盛大的佛教艺术殿堂；后蜀官方刊刻的"蜀石经"，成为儒家经典传播史前无古人的重要创举；宋代成都人唐慎微撰写的《证类本草》，是中国流行、使用时间最长的药典；后蜀孟昶之"新年纳余庆，佳节号长春"，成为中国第一幅对联；五代后期黄筌父子开创的宫廷花鸟画派，影响中国画坛一个世纪以上。至于唐朝"扬一益二"和宋朝"西南大都会"显示的成都的卓越城市形象，以及以今日杜甫草堂、望江公园、崇州罨画池为代表的成都在唐宋诗词、文学中的崇高地位，天下诗人、词人与成都的紧密联系，都是这一时期成都成为中国大雅殿堂、影响及于海内外的生动诠释。唐宋之间，前、后蜀战乱较少，留下诸如王建墓（永陵）之浮雕"二十四伎乐"，神形兼备，精美绝伦，生动地展现唐五代时期的宫廷乐舞场面，是我国五代石刻的经典之作和研究古代乐舞极其宝贵的资料。而孟氏后蜀，除了重视文教，刊刻儒家经典，因为喜欢芙蓉而下令在成都遍植芙蓉外，还留下了中国历史上最著名、影响堪称最大的一副官箴，其中最著的一段话是："尔俸尔禄，民膏民脂。下民易虐，上天难欺。"在宋代，因为皇帝推崇、大书法家黄庭坚亲笔书写后，流传很广，成为中国廉政文化建设史中的著名篇章。唐宋时期，尤其是两宋，因为国家轴心文化与巴蜀文化、天府文化实现了历史上最佳的耦合与互动，加上两宋始终在北方面临严重的外部挑战与威胁，版图逐步萎缩，以成都为重心的四川的战略大后方的地位、作用越来越重要，所以，朝廷对成都、四川的治理格外关注，国家治蜀政策也多关心、体恤，所派官员多一流清廉、实干人物和努力为国家发现、举荐、重用人才的伯乐，他们还不懈努力，把成都府学办成了中国第一，如南宋历史学家李心传所言："郡国之学，最盛于成都。"成都的书院如蒲江鹤山书院，藏书达10万卷，皇帝亲赐匾额，规模、气象达到宋代书院最高水准，所以这一时期，成都、四川出现了人才井喷现象，出现系列学术、科第方面的名门望族，和众多父子、兄弟联袂登堂入室、成为国家栋梁之才的现象。外来士大夫入蜀和成都、四川涌现的大批人才走向国家各地各个层面，在中华文明的各个领域都有卓越表现。此外，这一时期，成都的都市文化、都市生活异彩纷呈，十二月月月有市（多数集商品博览、交易、官民游乐于一体），儒家古老的"与民同乐"理想，在成都通过部分长官把它因势利导成为众多节庆活动，实现了经济、政治、文化、娱乐、社会心理建构的多种兼容，赋予天府文化创新创造、优雅时尚、乐观包容、友善公益的古代特色。这一时期因此成为天府文化演变中的巅峰时期。

唐宋之成都，还是世界上穿着最华丽优雅的城市之一。唐代诗人杜牧一句"蜀船红锦重，越橐水沈堆"诗，描写了蜀锦大批出口，运至扬州的场景，蜀锦与南京的云锦、苏州的宋锦、广西的壮锦一起，并称为中国的四大名锦。南宋陆游的诗歌《初夏》继续为我们证明：蜀锦是当时天下的珍品：

买得新船疾似飞，蚕饥遥望采桑归。越罗蜀锦吾何用，且备齑人卒岁衣。

在宋代，天下丝绸的极品就是产自越地的以轻柔精致著称的"越罗"以及以红色为主基调且唯一不易褪色的"川红"、著名的丝织贡品八答晕锦、吉祥华丽的灯笼锦为代表的蜀锦。此外，轻柔精致的罗纱成都地区也能制造。

元明清三朝，成都经历了宋末元初、明末清初两次原住民几乎全体消失的巨大灾难，整体上处于剧烈跌宕起伏、艰难恢复状态，只是在局部领域、少数人物身上重新达到天府成都历史上的较高水准。晚清民初，近代教育、实业兴起，蜀学、国学人才济济，对成都的近代化事业跟上全国的步伐有重要影响。明清两朝开国时期，两次"湖广填四川"，尤其是第二次，塑造了成都这座城市的平民化气质、眼光向下的文化关切，俗文化和雅文化并行不悖的格局，对近现代影响深远。

改革开放的步履从容，气质天成。1978年以来的成都，变化天翻地覆。在新中国成立后苏联援建项目和三线建设形成较好工业基础的背景下，它审时度势，在现代化、国际化的道路上智慧前行，走出了一条能够把传统与现实、未来较好衔接，充分运用国内、国外两种资源实现自身发展进步，保持并优化城市自身文化个性，立足长远找准自身定位，因应现代化、全球化冲击和挑战并成为强者的发展道路。不管是率先进行的农村家庭联产承包责任制改革、企业股份制改革（诞生了新中国的第一只股票蜀都股份），现代化城市建设以产业结构转型、城市环境改造、交通设施建设为支点，还是区域中心城市建设顺利实现川西城市集群的中心、成渝城市群的双核引擎之一目标；不管是作为国家战略中的中心城市建设聚焦"一带一路"与"长江经济带"交汇点区位优势，还是坚持所有发展必须体现新的发展理念；不管是引起广泛关注的统筹城乡的成都模式的众多探索实践及其取得的扎实成效（比如中国第一个农家乐），还是从"成都制造"到"成都智造""成都创造"观念、制度、行动的推陈出新，成都40年一路走来，的确可谓步履从容、智慧前行。尤其是2017年4月，成都市第十三次党代会、党的十九大召开以来，成都市委、市政府带领全市人民迈开了全面建设体现新的发展理念的国家中心城市的新征程。在文化建设方面，市委响亮提出"天府文化"及其16字表述，推出系列科学、智慧的行动计划，聚焦"三城三都"目标，着力打造系列重大工程、项目，贯彻落实习近平总书记来蓉视察指示精神，肩负起建设"公园城市"示范区和协同打造中国第四极——成渝双城经济圈的历史使命。40多年的奋斗，成都在保持了自身文化个性、建构了一定文化优势的基础上，又涌现了许多或世界一流，或中国第一的创举：

大国利器——隐身战机歼-20的诞生地。

最早实行农村包产到户改革（广汉，中国改革开放的先行者）。

新中国第一只股票"蜀都股份"。

第一支我国自主研发的彩色显像管。

第一部国产测高雷达。

中国第一个农家乐郫县农科村。

亚洲最大的单体建筑"环球中心"。

亚洲第一座联合国授牌的"美食之都"。

亚洲第一所全球"年度最佳书店"（方所，2019，伦敦书展）。

亚洲最大民营博物馆群落。

中国连续12次幸福指数最高的城市。

中国最成功的城乡统筹城市。

全世界拥有大熊猫最多、其繁育研究水平最高的都市。

全世界最长的城市绿道。

……

谁说这座城市，是使人颓废的"少不入川"的目的地？

优雅时尚

前已述及，成都是一座想象力十分强大、审美情趣不凡的城市。它高度重视多方面的平衡协调，加上骨子里的自在从容、张弛有道，其官员和人民的思想感情、饮食起居、言行举止、文学艺术创作、都市风情、乡村韵味，乃至宗教场域氛围，都有既与中华文明共性乃至人类文明共性水乳交融的呈现，也有诸多出自身文化生态的个性表达。本书主要介绍其独特的个性。

器物与华服

服章之美，谓之华；礼仪之大，谓之夏。天府成都，历来是中国高端生活器物与华服的原产地之一，这些通常被视为珍稀尤物的作品、商品的面世与流通，甚至风行朝野，扬名中华，流芳异域，因为它们代表的是一种独有的生活方式和生活美学。巴蜀地区向往神秘浪漫、张弛有道，注重感官之美与心灵体验之美的和谐、个性与共性的平衡等文化和艺术特质，在这些器物与华服中得到淋漓尽致的表达与体现。

比如汉代的漆器和金银器。文献记载，成都、郫县、雒县（今广汉）以生产高档漆器和金银器闻名遐迩，有分工细密的专门作坊生产制作。湖南马王堆汉墓出土的贯通天地人鬼神的精美漆器，有"成市草（造）""成市饱"（饱，重复用漆）铭文；贵州清镇15号出土的漆耳杯铭文显示，它是广汉郡制造，经历了造型、打磨、髹漆、铜饰、绘图等若干程序，因而具有很高的工艺美术价值。1924—1925年，在朝鲜乐浪郡（今平壤附近）古墓内，出土大量有铭文的漆器，其中就有汉代蜀郡的作品。再说金银器，主要产地是蜀郡和广汉郡。《汉书·禹贡》云："蜀、广汉主金银器，岁各用五百万"，规模可想而知，也一定有郡内外的广泛需求。蜀郡金银器分为三种：金银错、鎏金、扣器（用金玉等镶嵌的器物），制作过程十分精细，叫"雕镂扣器，百伎千工"，扣器品种繁多，叫"百位千品"。一些精品（应该是当年的众人追捧的名师制作）身上还会留下制作者姓名，带给"消费者"的一定是当今奢侈名品的感受。1972年河北邯郸出土的东汉鎏铜酒尊，承盘铭文为"蜀中西工造乘舆鎏铜酒尊……金银涂文工循"就是一例。蜀郡金银器往往以金耳、金丝镶嵌银杯，与漆器、玉器一样，成为上流社会生活方式和展示身价之必须。《盐铁论》载：

今富者银口黄耳，金垒玉钟；中者舒玉纻器，金错蜀杯。

而蜀郡制造的带环刀具，也是天下极品，《汉书·酷吏传》记载："欲请蜀刀，问君贾几何？"汉朝尚未禁止民间生活、行走佩带刀具，因此和平年代的刀具，主要不是用于防身，而是成为一种装饰品，蜀刀显然是最时髦的高档存在，既然在首都已经登堂入室，风靡天下，应该毋庸置疑。

说到华服，成都早期的代表应该指张骞出使西域时在大夏（今阿富汗）市场上看见的从古身毒（印度）转卖过去的蜀布（是一种轻薄细软、凉爽宜人的高级、品牌麻布），其最早走出国门，有汉语文献为证，也有古代印度文献为证。前者本书多处介绍和论及，后者则可以补充介绍一下：张学君《成都城市史》介绍道：

> 印度Haraprasad Ray教授的研究表明：早在公元前4世纪，中国布（Cina Patta）已在《政事论》中得到明确记载。在迦梨陀娑（Kalidasa）生活的那个时代以前，中国纺织品的名字已经频繁出现。这说明，中国蜀布已在早期印度贵族中成为流行服饰。

当蜀布代表中国走向中亚、南亚时，成都的丝织品也应该几乎完全同步通过南方丝绸之路联袂而至。1936年，考古学家对位于阿富汗首都喀布尔以北约60公里处的古亚历山大城进行了发掘，这座城市建于公元前4世纪后半叶，在一处城堡遗址发现了许多"中国丝织品"，其贸易线路，应该是从成都经滇、缅、印西行而达。（王治来：《中亚史》卷一）因为，《史记·西南夷列传》早就记载了这条商道的存在：

> 始楚威王时，使将军庄蹻将兵循江上，略巴、黔中以西。庄蹻者，故楚庄王苗裔也。蹻至滇池，方三百里，旁平地，肥饶数千里，以兵威定属楚。欲归报，会秦击夺楚巴、黔中郡，道塞不通，因还，以其众王滇，变服，从其俗，以长之。秦时常頞略通五尺道，诸此国颇置吏焉。十余岁，秦灭。及汉兴，皆弃此国而开蜀故徼。巴蜀民或窃出商贾，取其筰马、僰僮、髦牛，以此巴蜀殷富。
>
> ……乃拜蒙为郎中将，将千人，食重万馀人，从巴蜀筰关入，遂见夜郎侯多同。蒙厚赐，喻以威德，约为置吏，使其子为令。夜郎旁小邑皆贪汉缯帛，以为汉道险，终不能有也，乃且听蒙约。还报，乃以为犍

为郡。……

这些史料告诉我们，在南方丝绸之路上，巴蜀商贾运回的是筰马、僰僮、髦牛，而西南夷喜爱的是"汉缯帛"，除了他们自己穿着以外，应该是走向南亚，那里有更大的利润可以获取。总之，成都为代表、为中心的丝织品，也早就是中国风、国际范了。《后汉书》记载，汉代蜀地"女工之业，覆衣天下"，已经大量对外行销。蜀锦历朝辉煌，如20世纪前半叶的成都，因为僻处内陆，交通和开埠相对于沿江沿海城市都存在差距，所以工商业发展相对滞后，但蜀锦、蜀绣这种主要依靠传统技艺传承和发展的领域，成都依然有骄人的业绩：1915年2月，蜀绣在国际巴拿马赛会中荣获金质奖；1937年5月，蜀锦在美国纽约万国工业博览会获得"东方美人奖"。

成都的华服除了历代用蜀布、蜀锦制作的宽袍大袖、雍容华贵的礼服（汉代画像砖和唐宋雕塑多见）和演艺服饰以外，更是指普通百姓可以染指、上身的各种色彩、款式的"流行"服饰。在左思《三都赋》中叫"都人士女，袨服靓妆"；在《宋史·樊知古传》中谓："蜀中富饶，罗纨锦绮等物甲天下"，在宋人任正一《游浣化记》中为：每至春和景明，"都人士女，丽服靓妆，南出锦官门，稍折而东，行十里，入梵安寺，罗拜冀国夫人祠下，退游杜子美故宅，遂泛舟浣花溪之百花潭。"在元代《岁华纪丽谱》记录的宋代官民同乐的游赏日子里叫"车服鲜华，倡优鼓吹"，全城"士女栉比，轻裘袨服，扶老携幼，阗道嬉游"。在这些文字里，后人分明能够感受到成都官民老少、帅哥美女与流行服饰的各种争奇斗艳的搭配与引人注目。联系到本书介绍过的川红的故事和超级国宝"五星出东方利中国"护臂的精致，成都古代绝对不乏个性和地域流行风的华服，是都市最美的风情之一。这些，在历代陶瓷产品中也有生动演绎。

化妆与美容

前面已经说到，成都的气候适合女士保养自己的皮肤，所以原生状态下，四川、成都的女性的肤色是比较有美感的，但是，这并不能使一部分女性放弃加工"美容"的需求。而且她们往往做得很雅致，不同于其他地方或城市。比如描眉，铁波东先生在《清末民初成都粉子时尚逸闻》一文中写道：

> 其实成都女人自古以来就爱涂脂抹粉，梳妆打扮，并且很有水平，单是画眉毛都有十种画法，什么鸳鸯眉、小山眉、五岳眉、三峰眉、垂珠眉、月棱眉、分梢眉、涵烟眉、拂云眉、倒晕眉，都是从成都传出去的。苏东坡的《十眉诗》"蜀邑画工开十眉，拂云却月争新奇"就是说的此事。（载白郎主编《锦官城掌故》）

再说化妆，近代以来，成都女性也用洋货，但她们并不用洋女性的化妆办法，而是超越她们，同样是上文，继续写道：

> 在化妆手法上，成都人比西洋人高明。西洋人美容很直接，拿起化妆品就往脸腮上擦，很毛糙，不均匀，成都女人的传统手法则是将化妆品首先涂抹在鼻子上，让其向面部四周慢慢浸润，然后再用手掌轻轻地揉搓，达到水乳交融的效果，显得比上海的"摩登女郎"还更靓丽青春。

成都女性之所以能够有这些生活细节美化上的"发明创造"，并非特别聪明，而是在天府之国里，属于她们的衣食无忧的闲暇时光较多，加上比较受到关爱、尊重，所以也多了闲情逸致，除了可以用于工作、读书、吟诗、作画、踏青、相夫教子外，也可以用于精雕细琢地美化自己，毕竟，爱美是女性的第一天性，而成都是最尊重人的天性，在感性和理性之间注重平衡的城市。

宋朝士大夫谁最有气质？

熟悉中国文化史的人均知，两宋（960—1279）是中国古典学术文化综合性成就最大、人才最多的时代，当时的中国，除了武力不处于历史的巅峰状态外，各方面几乎都走在人类最前列，加上最宽松、包容的文化生态，众多经过读书、科举和修齐治平之路孕育出来的士大夫，得以在庙堂、江湖凸显自己的个性魅力，表现自己的各种才华，并且以其功德和做人做事风范，得到上至皇室，下至黎民，窄至辽、夏、金，宽至儒家文化圈国家和地区无数人作为粉丝与拥趸。这样的格局和生态，在元明清三代再也不能呈现，所以才有陈寅恪先生（1890—1969）著名的中国文化肇极于赵宋的判断。设使宋代可以举行一个和平年代优秀士大夫悉数到场的赢得万人钦佩的优雅气质大赛，谁能够获得冠军，在我读过的所有《宋史》和《续资治通鉴长编》以及《建炎以来朝野杂记》《建炎以来系年要录》等典籍的记载里，来自成都华阳（今双流）的范镇无疑将是魁首最强有力的候选人。

范镇（1007—1088），字景仁，华阳人，一生经历了真宗、仁宗、英宗、神宗、哲宗五朝。宋仁宗宝元元年（1038）举进士时，礼部奏名第一，但是殿试是第79名的结果。按惯例，最终唱名时，过了第三人还没有他，他可以出列表示不满，并申明自己礼部奏名第一的成绩，至少可以引起皇帝的格外关注，在随后的任用中得到垂青，排在前列，过去欧阳修（1007—1072）、吴育（1004—1058）这些人号称耿介，亦从此惯例。可是镇独不然，同列都示意他应该抗声自陈，他还是安静等候，直到第79名唱到他时，才从呼出应，然后平静退回原位，此事令满廷都感到惊异——这个成都来的人竟然有如此胸怀和气度！后来朝廷因此革除了原先的"惯例"。

范镇为人为官，始终低调从容、忠贞坦荡，以国家安危、民众休戚为上，淡泊名利，不管是内政还是外交，都卓有建树，赢得满朝尊敬，比如：

范镇十八岁那年（天圣三年，1025），偶遇成都知府薛奎（967—1034），薛奎是宋代循吏，觉得相见恨晚，惊谓："此乃庙堂之人也！"遂聘范镇至官舍为子弟讲学授课。范镇得此赏识，并不因此就沾沾自喜，他坚持独自步行进出，既不乘车坐轿，也不许人迎送。如此一年有余，守门之人还不知道他是主人上宾。后来薛奎还朝，带范镇入京，欣然向人夸示在蜀中"得一伟人"，并预言范镇"将以文学名世"。果然范镇赋诗论文，迅即蜚声京华，被评为像司马相如、陈子昂那样的盖世奇才：一出剑门即表仪一代、领袖百家的人物。当时首都已经有宋庠、宋祁兄弟以诗文名满朝野，但二人读了范镇文章以后，自叹弗如，并与之定为布衣之交。

契丹遣使来宋，以虚张声势恫吓宋朝君臣，谋求利益，相关大臣建议增募军队来对付，但一年耗资千万两白银。范镇对皇帝说："防备契丹不如宽待三晋百姓，防备灵夏不如宽待秦地百姓，防备西南不如宽待越、蜀之地的百姓，防备天下不如宽待天下百姓。军队是用来保卫百姓的，养兵太多却反而残害百姓，我担心他日的忧患不在四夷，而在繁重的兵役和穷困的百姓。"

文彦博（1006—1097）、富弼（1004—1083）入朝为宰相，因为德高望重，皇帝诏命百官群僚在郊外迎接。范镇说："与其以虚礼厚待他们，不如以至诚对待他们。陛下任用他们两人为宰相，朝廷上下都认为得到了人才。然而根据国家典章制度，翰林学士和中书舍人不能去宰相住宅，百官也不能私下会见他们，所以这种逢迎，不是以诚相待啊。希望废除郊迎和拜访的禁令，对圣上驾御臣下来说，也是一举两得啊。"他还建议减少任子(即因父兄的功绩，得庇荫子弟授予官职)及每年取士之额，因为这会导致用人太滥，形成"冗官"。这些改善政治的努力都是从范镇开始的。

范镇平生与司马光推心置腹，意见总是不谋而合，他俩相约生前互相写传，死则撰墓志铭。司马光生前写了《范镇传》，佩服范镇果敢断决；范镇又为司马光写墓志铭说"熙宁时奸人朋党浸淫恣纵，邪恶不正，奸怪狡猾，幸赖神宗洞察其中善恶"，其实是为司马光辩护。

仁宗赵祯在位多年，但有子幼而早夭，遂无嗣。嘉祐二年（1057）仁宗突然发病，群臣担忧皇上有意外，而国家没有确定的法定继承人，惶惧不安。众人自然希望早定储君，但赵祯始终在盼望后妃们的肚子早点鼓起来。此时言早立皇家子弟为储君，相当犯忌。而范镇觉得事关国家安危，毅然挺身而出，三次面见仁宗陈情，一次次被拒绝或不理睬，但他十九次上奏本章。至"待命百余日，须发为白"。仁宗因此怒恼，范镇知谏院职，改集贤院修撰。后来他与文彦博、韩琦等共同努力，仁宗终于立赵曙为太子。英宗继位，欲重用范镇，但他又反对赵曙想追尊生父为"皇考"（因为这不符合国家礼制）的欲望，违背圣意，遂迁翰林侍读学士，次年出知陈州（今河南淮阳）。

宋代士大夫做伯乐的真诚、热情和成就，历史上独占鳌头。范镇也是宋代著名伯乐之一，爱才护才，尤其欣赏、推荐苏轼，当然，苏轼也很敬重他。

他因坚持站在司马光一边，反对王安石变法而卸任后，苏轼前往祝贺，说"公虽退，而名益重矣！"范镇却十分难过，说："君子言听计从，消患于未萌，使天下阴受其赐，无智名，无勇功；吾独不得为此，使天下受其害而吾享其名，吾何心哉！"也就是说王安石变法祸害天下（这是当时大部分士大夫的看法，后人的聚讼争论迄今是另外一回事），我范镇表示了反对，却并没有扭转局面；现在我得了美誉，天下却依然在受害，我感到难过。于是整天与宾客一起饮酒赋诗。后苏轼因乌台诗案获罪，被新法派罗织罪名投入御史台狱，差点丢了性命，当时官府急于向他索要与范镇的来往书信文章，范镇还是上书救助苏轼。

史书记载范镇清白坦荡，待人以诚，恭俭慎默，从不褒贬评论他人。遇到重大问题时镇静从容，态度柔和而语气庄严，即使在皇帝面前也能坚持己见。

范镇还是顶尖的音乐理论大师。史载他与司马光都奏请皇帝颁布乐律度尺的法令，又与司马光在皇帝群臣面前反复讨论诘难，书信往返数万言。他们从前在秘阁任职时，只要在议论乐律方面见解不同时，就用下棋来决胜负。司马光（字君实）没有取胜。二十年后，司马光居洛阳，范镇去看他，别的书都不带，只带从前讨论过的八篇乐论，他们争论好几天仍不能说服对方，又以投壶来决胜负。司马光赢了，自诩："大乐还魂了！"以下棋、投壶作为结束，真是君子解决一些独特纷争的创举。

范镇的学问纯正，是《新唐书》四个作者之一，诗文高洁，自成优雅气象。契丹、高丽都传诵他的文章。范镇小时候曾作《长啸》赋，退却胡骑，晚年朝廷派他出使辽国，人们尊敬地介绍他：这是"长啸公"啊。他的侄子范百禄后来也代表朝廷出使辽国，辽国人先问"长啸公"是否平安。可见他的风采早已超出大宋国界，成为当时宋辽文化融合的重要纽带。

此外，范镇还是一个于亲友、家乡乐善好施的义士。史载其笃行仁义，奏补（官员们推举自己后代任职）先族人后子孙；乡人有不克婚葬者，辄为主之。

总之，要让我当评委，选宋代士大夫气质优雅之最，我会毫不犹豫投给范镇。我还有一个旁证：笔者通读过《辽史》《金史》，对司马光、苏轼、欧阳修等众多宋朝优秀士大夫在两个少数民族为主的政权受到的推崇印象深刻。这两个政权虽然能在武力上经常对宋朝处于强势，但在文化上一直是宋朝的学生，这就是恩格斯所说的"野蛮的征服者总是被他们征服了的文明所征服"的体现。就此而论，两宋的民族融合之功大矣。金朝士大夫最敬佩的宋朝士大夫是司马光和苏轼，而这两位，都十分尊敬范镇。其余人遑论矣。

万人学术盛会

两宋的成都，在度过了北宋初期因征服孟蜀政权很顺利而滋生的骄狂和轻视，所犯下的统治失误引发的多次起义和暴动以后，皇帝和宰相们痛定思痛，调整治蜀方略，除了清除暴行苛举以缓解民困以外，更是精心挑选声誉可靠的清官循吏赴成都担任首长。如果要把其间的行政、军事、财政首长拉一个清单来比试的话，恐怕都可以直接建立一个"循吏列传"。这些基本都是宋代留名青史的士大夫治蜀，几乎人人都重视通过教化改善世道人心，把成都府学办成了天下翘楚，学者云集，青年才俊在此被培养成进士者上千人，把成都变成了仅次于首都汴梁的中国教育顶级殿堂，书声朗朗，典籍流芳，大雅之举数不胜数。兹举一例。

韩绛（1012—1088），字子华，宋朝开封雍丘（今河南杞县）人。仁宗庆历二年（1042）进士。嘉祐中，历知庆州、成都府、开封府。后官至枢密副使、参知政事等。非常重视教育，在成都当首长期间，曾亲临成都府学讲礼，"府县士民及四方之客殆万人，咸来观听"，盛况罕有。读者朋友，这可是900多年前的中国啊——上万人同时倾听地方长官讲学，哪一部学术史、教育史上有如此动人的篇章！

据说有人问，当时没有话筒和扩音设备，韩知府老师如何保证人人都能听见他说的什么，答案是隔一定的距离会有人将他的话逐句传递给距离远的人。我们切不可将今人被各种欲望和智能工具整得淆乱的心胸和神智进行"穿越"——古人远没有今人那么浮躁，更没有手机随身听之类分心跑神，所以我一点也不怀疑其真实性。

诗人、诗歌与成都

如果要在全世界授予一座城市以"诗城"桂冠，我必须说，最有资格获得这个桂冠的，非成都莫属。两千多年来，她不仅是诞生一流诗人的摇篮，而且始终维持了与她能够交往的一流诗人及其创作的血肉与共、悲欢与共，不仅如此，她的普通民众"耕读传家"成风以外，还渴望"诗礼传家"；人际交往包括宴会上，以茶甚至音乐为媒的聚会中，诗歌的创作、吟诵、比试也经常是必需的雅趣之一（对联是一种特殊的诗行，就诞生于成都，对对联是中国人体现自己雅趣和修养的一种形式）；更关键的是，这座城市对杰出诗人和作品（不管他出自何方）的骨子里的尊敬和追随人间无匹，世上无双。比如著名的通常用于政府接待最高规格的客人优先推荐的杜甫草堂，祭奠的是一位河南人，他在四川待了大约8年，在成都也不过就待了3年零8个月，享受的祭祀和礼敬，远远超越其故乡。而四川、成都的历史上，并不是没有大诗人，比如李白，因为年长于杜甫，成名在先，他俩交往时，杜甫只能算李白的粉丝。但是因为杜甫在成都完成了他一生中最具有人文情怀的作品，他对成都父老的友善也念兹在兹，所以杜甫草堂成为成都列第一位的人文景观，在政府的接待名单上，甚至排在武侯祠之前。每年春节过后，成都最重要的节日是"人日祭杜"，一些庄重的诗歌、教化活动因此展开。成都通过诗歌、诗人表达的优雅，足以令吾辈骄傲。

当代成都女诗人翟永明说：

> 成都是诗人之城，成都也是艺术家之城。这就是说，这个城市的诗人和艺术家数量比较多。20世纪80年代以来成都诗人一直占据当代诗歌的先锋位置，从诗人到诗歌创作数量，再到诗歌流派的影响力，都使得成都成为中国当代诗歌的重镇。同时也形成成都独特的文化氛围。而成都的艺术圈，从80年代的先锋地位到现在的当代艺术架上绘画大本营，成都的油画群体在全国独领风骚。这就是成都的文化范儿，文化气场。

客观而言，翟永明的上述评价并无夸耀。下面我们看一位非成都籍的著名诗人肖复兴对成都的诗歌在百姓生活中的影响力的一段感受：

> 和其他一些城市相比，成都一个特别之处，便是它和诗的关系格外特别。
>
> 成都古今曾经出过的诗人很多，历代来过成都的诗人更是无数，他们的诗写得或联对得再漂亮，并不足以说明成都就是一个诗城。能够证明成都是一座诗城的，是诗对这座城市的影响，以及诗如水一样在这座城市蔓延的滋润和普及。
>
> 曾经在成都最为大众化的茶馆，也有百姓自发的写诗的热情。有好事者将自己写好的诗拿到茶馆里张贴，第二天再去一看，应对者已经如云，和诗者，在茶馆里彼此打擂台，茶客们，则在观看中肆意地评点优劣。诗让人们自得其乐，再没有哪里可以找到如成都茶馆里这样对诗的热闹场景了，想象那劲头赶得上《红楼梦》大观园里的赛诗会吧。
>
> 一座平民化的城市，才能够将诗从高雅的殿堂上拉下来，让诗和自己平起平坐。一座有诗的传统的城市，才能够花开一般，处处都可以绽放出诗来。
>
> 成都的诗的传统，要得益于杜甫和他的草堂。而诗的传统更是一种文化的底蕴，不是一朝一夕，而是长久岁月的积淀和打磨，诗才化为了这座城市的血脉和基因。

的确，诗歌与一座城市能够结成如此密切而又全方位的关系，而且已经延续了二千年以上，这座城市骨子里不风雅都难。

细雨中的成都风韵

成都以及四川盆地大部分地区，因为四周高山的阻隔与佑护，很少有极端性的气候现象发生。常年和风细雨为主。游人如果喜欢观察植物形态，便能发现成都的花草树木特别幸福，除了从不缺水，便是枝条特别繁茂，而且可以恣意布满树干上下（如果没有人工修剪的话），因为这里从来没有飓风、狂风，七八级以上的刮风也十分罕见，所以花草树木可以悠哉乐哉、张扬着去走完自己的生命旅途。与它们相伴的人也是这样的自在温和。四川盆地春夏比较潮湿（熊猫恰恰喜欢这种气候），空气让人觉得绵润，流动性不强，所以晾在家中晾台上的衣服干得比较缓慢。成都阴天较多，所以一有艳阳天，只要不是炎炎烈日令人难受，没有要务，或必须在室内上班以外的人群，就会倾巢而出，直奔太阳照射最充足的各种城乡公共空间，享受日光浴，同时从事各种户外活动，包括打麻将和斗地主、吃火锅与农家菜、喝茶下棋、搔首弄姿摄影拍照。成都还多细雨天和云雾，当然有人为此郁闷，但那些有闲情逸志者却能发现此时的成都，同样美不胜收、诗意盎然。我们来看名人笔下的描绘：

首先要列举的，当然是诗圣《春夜喜雨》的赞叹了：

> 好雨知时节，当春乃发生。
> 随风潜入夜，润物细无声。
> 野径云俱黑，江船火独明。
> 晓看红湿处，花重锦官城。

还有谁能够把细雨绵绵的成都写得如此摇曳生姿、美轮美奂呢？这首诗告诉我们，法国艺术大师罗丹（Auguste Rodin，1840—1917）说得对：这个世界从来不缺乏美，而只是缺乏发现美的眼睛。我想补充的是，成都不论哪一个季节都有自己独到的风韵，有些爱挑剔抱怨者缺的是发现美的心情。

我们再看朱自清先生笔下的成都细雨天（他抗战期间三次来到成都，并一共待了约三年）——他的散文《成都诗》里写道：

> 成都春天常有毛毛雨，而成都花多，爱花的人家也多，毛毛雨的春天倒正是养花天气。那时节真所谓"天街小雨润如酥"，路相当好，有点泥滑滑，却不至于"行不得也哥哥"。缓缓地走着，呼吸着新鲜而润泽的空气，叫人闲到心里、骨头里。若是在庭园中踱着，时而看见一些落花，静静地飘在微尘里，贴在软地上，那更闲得没有影儿。

感谢朱自清先生,以他温润纤细的肺腑和兴致,给我们理解和认识成都来自自然和人文水乳交融的休闲格调,推开了一扇新的视窗。而那些总是抱怨这种天气的人,可能缺少的不仅仅是诗情画意。

再说一位当代著名作家在成都的细雨里如何幸福无比——他在记录自己的首次成都之行的《入川小记》中,先说了自己游览望江公园看了那么多妙竹,赞叹"蓦然觉得,竹应该是成都的精灵了"后写道:

> 最是到了那雨天,天上灰灰白白,街头巷口,人却没有被逼进屋里,依然行走;全不会淋湿衣裳,只有仰脸儿来,才感到雨的凉凉飕飕。石板路是潮湿的了,落叶浮不起来,近处山脉,一时深、浅、明、暗,层次分明,远峰则愈高愈淡,末了,融化入天之云雾。这个时候,竹林里的叶子光极亮极……是啊,竹,是这个城的象征,是这个城中人的象征:女子有着竹子的外形,腰身修长,有竹的美姿,皮肤细腻而呈灵光,如竹的肌质,那声调更有竹的清律,秀中有骨,雄中有韵。男子则有竹的气质,有节有气,性情倔强,如竹笋顶石破土,如竹林拥挤刺天。我太爱这欲雨非雨、乍湿还干的四川天了……

这位大作家,就是陕西人贾平凹。他把细雨中的成都,从山水到人物,从修竹到美女,从自然景观到人文性格,都写得如诗如画。虽然与在相对缺水的地区长大的他的向往有关,但更重要的是,成都的烟雨的确就是一幅风雅画。一些成都人没有感觉,要么美景看得太多,视觉疲劳,要么出门就是汽车和地铁,视觉和心情没可能与贾老师相提并论罢了。

香雪扇

物华天宝的成都,自古就有对美好事物群起追逐的时尚,哪怕只是一把扇子。后蜀皇帝孟昶(919—965)在位期间,十分宠爱天姿国色、才艺出众的花蕊夫人。她入宫之初,孟昶还处在励精图治的状态。二人形影不离。在宋代新津人张商英(1029—1071)所著之《蜀梼杌》中,记载着以下史事:广政年间（938—965），孟昶与花蕊夫人曾共同赏玩一棵数百朵的百合并蒂花和多种瑞牡丹，又同赏青城进献的红栀子花；在成都一起观赏红艳数十里、灿若朝霞的木芙蓉花。孟昶喜欢苑赏、郊游、游船、田猎、马毯、斗鸡，花蕊夫人总是陪伴左右。相传，他们曾同登凌烟高阁，花蕊因凭栏失手，落下一柄龙脑香白绢扇，为蜀人拾得，被大家传呼为"香雪扇"，群起仿效，成为一时美谈。用于此扇的这味"花蕊夫人衙香"就是她自创的帐中香，由旃檀、沉香、乳香、安息香、雪莲花、降真香、豆蔻合成，因为花蕊夫人笃信佛教，故此香不若别的帐中香一般甜腻，而是出尘淡雅，颇有佛家的庄严之意，民间仿效，自然达不到原扇的效果，可是，这并不妨碍百姓群起对尤物的追逐，因为成都女性从来不乏雅趣。

这种出自皇家美女创制的尤物，后来应该延续了其工艺。比如明代成都的名贵工艺品，就有"缮锦香扇之属"，只不过多数依然是上流社会（藩王、官府）的贡品和点缀物，价格昂贵，一般百姓很难拥有真品。

宋代成都的时尚还有"追星"——比如陆游非常敬重范成大，为其诗集作序云："公素以诗名一代，故落纸墨未及燥，士女万人，已更传诵，被之乐府弦歌；或题写素屏团扇，更相赠遗。"而前已论及的人日祭祀杜甫，朗诵诗歌，也是成都人延续1000多年的优雅追星传统。诗人永远是这里的头号明星。

文化遗产呵护

成都的优雅时尚，也表现在它对于历史文化遗产的传承与精心呵护上。因为这些珍贵资源与遗迹是成都一直以来幸福而充满活力之优质基因的组成部分，是成都文化自信和文化自豪的基本依据，是成都加入任何俱乐部的资格证。它们只可欣赏借鉴，不可复制买断，是真正意义上的慎终追远、造福当代、惠及子孙的成都独有"不动产"。它们包括：全国重点文物保护单位38个。

王建墓：又叫永陵，位于金牛区。前蜀开国皇帝王建陵寝。迄今我国唯一墓室修筑于地表之上的帝王陵墓；其棺床四周的浮雕24乐女是唐五代时期音乐舞蹈资料的极品。

什邡堂邛窑遗址：位于邛崃市。起于隋，盛于唐、北宋，产品丰富，整体风格朴实清新，衰落于南宋，西南地区同期最重要民间窑厂。

水井坊酒坊遗址：位于锦江区。占地1700平方米，前店后坊，中国白酒酿造代表性遗址。分属明、清和现代。

玉堂窑址：位于都江堰市。分布面积2500平方米，为唐宋时青瓷系磁窑群遗址。出土器皿上千件。

邛崃石塔寺石塔：位于邛崃市。建于南宋，全名"释迦如来真身宝塔"。

邛崃石窟：位于邛崃市。有三处摩崖造像，始于唐代，表现佛教各类人物。

平安桥天主堂：位于青羊区。1897年法国传教士主持修建。占地30亩，建筑面积8508平方米。

北周文王碑：位于龙泉驿区。北周后期始刻，表达地方将帅对北周文王宇文泰的赞颂和对政权的效忠。

四川大学早期建筑：位于武侯区。包括华西校区老建筑和行政楼，体现近代文化融汇和建筑艺术的中西合璧。

圣德寺塔：位于简阳市。佛教寺庙建于唐朝，塔建于南宋（1197）。

成都平原史前城址：共六处，位于温江、郫都、崇州（二处）、新津、都江堰。反映其时成都平原水患尚未得到根本治理，统治中心不断迁移，以及族群尚未统一在一个政权下等史实。

刘氏庄园：位于大邑。建于清末至1942年，建筑面积达21000平方米，包括五座公馆和一处祖居，由移民而变成顶级大家族的气象，建筑风格中西合璧。

江南馆街街坊遗址：位于锦江区。发掘面积5000多平方米，是唐宋城市街道、房屋、排水设施等遗迹。反映城市规划、建设成就。

寿安陈家大院：位于温江区。清代翰林故宅，集住宅、园林、宗祠为一体，建筑面积2736平方米。

杜甫草堂：位于青羊区。始建于唐，多次重建。现存者为明、清两次重修而成。中国诗歌顶级纪念殿堂。通常为接待贵宾之首选。

杨升庵祠及桂湖：位于新都区。明代杨慎读书、婚恋、植花之处，有楼台亭阁和荷塘、桂花林。清嘉庆、道光时修复，十分秀丽、文雅。1927年辟为公园。

辛亥秋保路死事纪念碑：位于青羊区人民公园。建于1913年，高31.85米，集造型、浮雕、名人书法于一体。

灵岩寺及千佛塔：位于都江堰市。始建于隋朝，寺庙规模庞大，古迹众多。塔高3米，底围7.5米，分3层，雕刻佛像1054尊。

青城山古建筑群：位于都江堰市。以10处大型道教建筑为主的文物群落，意趣繁复，掌故不胜枚举，自然与人文交相辉映，美不胜收。现存者为光绪年间所建。

明蜀王陵：位于龙泉驿区、锦江区、金牛区。包括蜀王及王妃的十个陵墓，有精美的地宫布局和石刻。

金沙遗址：位于青羊区。遗址总面积达500万平方米，是商朝末年到西周时期古蜀国的中心遗址。宫殿区建筑面积约5000平方米，出土器物包括金器、玉器、铜器、石器共6000多件和成吨象牙。其太阳神鸟金箔图案被选择为中国文化遗产标志。

宝光寺：位于新都。始建于东汉，盛于隋唐。唐玄宗曾逃难于此，修行宫并重建寺、塔，寺中福感塔下发出宝光，所以改原名大石寺为今名。现存为清代逐渐重建，多重四合院布局，建筑面积两千0多平方米。500罗汉堂尤其闻名。

孟知祥墓：位于成华区。早就被盗。是一座带有北方草原建筑风格的陵墓，在西南地区罕见。

茶马古道：包括都江堰、邛崃、蒲江三段。起于都江堰市幸福路西街，终于松潘羊子岭，全长350公里。沿途有很多文物、景观。

奎光塔：位于都江堰市。高52.67米，六角17层，是我国现存古佛塔中层数最多的。

洛带会馆群：位于龙泉驿区。主要始建于清朝乾隆年间，有的重建于光绪、民国年间，是广东、湖广、江西、川北等地移民的互助、联谊、沟通场所。

都江堰：位于都江堰市。始建于先秦，历代先贤和百姓保护、维修。人类古代最伟大的水利工程，联合国世界遗产委员会批准为世界文化遗产。

崇州罨画池：位于崇州市。包括罨画池、崇州文庙和陆游祠三个建筑群。罨画池最早为北宋蜀州州判衙署附园。所以文雅、庄重和自在并存。

望江楼古建筑群：位于锦江区。在望江楼公园内，建于清光绪十五年（1889），为纪念唐代寓居成都的女诗人薛涛而建，是成都的地标建筑之一。公园有世界上品种最多的竹子。

彭州佛塔：位于彭州市。包括云居院塔、正觉寺塔、镇国寺塔三座。始建于北宋前、中期，分别高 20.86 米、27.54 米、28.34 米，全部密檐式 13 级方形砖塔。

瑞光塔：位于金堂县。佛塔，始建于南宋绍兴十八年（1148），高 33 米。

蒲江石窟：位于蒲江县，包括两处摩崖造像，最早始于南北朝，延续到清，共计有两千多尊生动的佛教造像。

新场川王宫：位于大邑县。始于明代，重建于 1926 年。有多个殿、亭，还融合了释道和三国文化。

新津观音寺：位于新津县。创建于南宋淳熙八年（1181），后多次毁、建，现存主体为明代遗存。建筑、塑像、壁画之价值属于明代川西之首。

灌口城隍庙：位于都江堰市。始建于明末，重建于清乾隆后期，后因火灾，光绪时再次重建。背山面城，依山势分上下两区，建筑对称向上延伸，布局巧妙生动。

笔者行走过中国绝大多数省市，也去过北美、东亚、新西兰等地，就真实感受，成都的以上全国文物重点保护单位，在改革开放以来，都得到了很好的保护和合理使用，每一处都是当地百姓生活、学习、娱乐、在宾朋面前昂首挺胸带队走路的重要目的地，成为成都市传承巴蜀文明，发展天府文化，努力建设世界文化名城的核心资源和精神承载。下一步努力的方向，是把它们与成都市三城三都建设、公园城市示范区建设、成渝双城经济圈建设以及成德眉资同城化发展战略结合起来，利用学术、教育、文创、新媒体、各种活动和城市规划先行下的软硬件资源的合理布局、联通、镶嵌（比如与各种交通旅游线路、节点、景观、绿道、市民休闲和学习空间、街道乡镇社区和居民小区的文化建设相结合）等扎实努力，达成这些宝贵资源的最佳保护和利用，既创造经济效益，更注重社会效益，同时还要考虑城市国际化需求，加强它们的有效跨文化跨语言传播，切实增强成都人民精神文化的获得感、幸福感，提高新老市民的人文素养和道德情操，丰富成都除了熊猫、美食、山水、休闲、美女之外的文化名城内涵。

成都还有众多的省级（96）、市级（100）文物保护单位，限于篇幅，不逐一介绍。

历史上，以笔墨丹青表达成都者如漫天繁星，各有千秋，但在我的有限视野里，就散文来讲，把成都淡雅脱俗的人文个性体悟并描绘得最传神的是"章回小说大家""通俗文学第一人"张恨水（1895—1967）。他对成都与其他城市在对比中的观察是温暖而深刻的。比如他在《北平情调》一文中写道：

> 到过成都的人，都有这样一句话，成都是小北平。的确，匆匆在外表上一看，真是具体而微。但仔细观察一下，究竟有许多差别。凭我走马看洛阳之花的看法说，有一个统括的分析，那就是北平壮丽，成都是纤丽；北平是端重，成都是静穆；北平是潇洒，成都是飘逸。自然这类形容词，有些空洞，然而除了这些空洞的形容，也难于用少数的字去判断。若一定要切实地说一句，应当说是成都之北平味是"貌似"而微，而不能说是具体而微。

> 虽然成都这个城市，绝不同于黄河以南任何城市，就是六朝烟水的南京，历代屡遭劫火，除了地势伟大而外，一切对成都都有愧色，苏杭二州更是绝不同调。由江南来的人，看到了这个都市，自然觉得这是别一世界。就是由北方来的人，也会一望而知这不是江南，成都之处就在此。

抗战时期，中国知识分子聚集四川和云南，其中作为战时陪都的重庆人数最多，成都、昆明是另外两个中心。1937年年底，张恨水来到重庆，加入《新民报》工作，任主笔、总社协理、重庆版经理，自编重庆版文艺副刊《最后关头》。其间于1943年3月应四川省建设厅厅长胡子昂的邀请，前来成都观光访问。当时成都举办花会和农业展览会，张恨水饱览了成都的名胜古迹，4月初回到重庆，迎来二女儿的呱呱坠地，因他对成都印象深刻，于是把她命名为"蓉蓉"。随后在《新民报》发表了50多篇与成都相关的文章，此文即其中之一。他对成都的记忆和感情超越绝大多数文人，可谓"永记在心，常在笔头，传在报头"。近代以来，成都的发展是不及沿江沿海的许多城市的，但这种以"西化"为主旋律的发展，对各个城市的长远发展来讲，究竟意味着什么，恐怕得接受更多的历史检验，四川、成都更多的留下了一些原滋原味"中国"、原滋原味"巴蜀"、原滋原味"天府之国"的东西，与抗战时期极为需要振兴的民族精神、民族气节在四川、成都得到了较好的回应，一起形成了张恨水先生笔下的成都骨子里的与众不同。我认为，这种不同，恰恰是成都生命力的根本所在。

乐观包容

自古以来，成都便是一座按自己的节奏和方式乐观向上、幸福指数极高的城市，比如汉代的画像砖，就有丰富的充满人间烟火味的多元呈现；历代府州县志有大量的类似俗不愁苦、好娱乐的记载。

成都的包容突出体现在历史上进多出少的人口流动格局，几乎从没有引起过本地民众群体性的排外事件，这不仅仅是移民文化独有的现象，而且是本地人民面对同胞特别具有同情心、怜悯心、帮扶心的体现。一直以来，成都的乐观与包容互相涵摄、互相促进、相得益彰。其乐观的支撑之一，是这里的人民在生产与生活、创造与享受之间保持了最佳的平衡和收放自如。也就是说，无害于他人、不违背公俗良知的享受生活在这座城市从来都是没有什么好惭愧、好议论的——不管你处于社会哪个阶层，干什么职业。宋代士大夫在此城创立的"官民同乐"（以宴饮邀游为显赫载体，大大促进了商业贸易，有利于民生）风气，就已经否定了享受上的人群划分。

击鼓说唱俑是谁

这是 20 世纪 50 年代出土于成都天回山东汉崖墓的顶级国宝。俑通高 55 厘米，以泥质灰陶制成，俑身上原有彩绘，现已脱落。陶俑蹲坐在地面上，右腿扬起，左臂下挟有一圆形扁鼓，右手执鼓槌作敲击状。俑人嘴部张开，开怀大笑，仿佛正进行到说唱表演中的精彩之处。人物面部的幽默表情被刻画得极为生动传神，今人也难免为之动容。此俑现藏于中国国家博物馆。"说唱"是中国曲艺艺术的主要特征，此俑的发现证明早在东汉时期，成都的说唱艺术已经日臻成熟并广泛流传于民间，并且应该有了家喻户晓、偶像级别的民间艺术家。可见这座城市丰富多彩的文艺活动和普通百姓乐观生活的源远流长。

此外，这尊雕塑总会使笔者想起当代四川家喻户晓的成都民间笑星李伯清先生。只有小学文化程度的李先生，靠用地道的成都话讲"散打评书"成了大众文化的一面旗帜，其粉丝上至巨富高官，下至普通百姓，数不胜数。他还是地方广播电视台、许多企业商业营销的代言人，自然也早就"脱贫"了。笔者担任成都大学文学与新闻传播学院院长期间，还聘请了李老师（民间都这样敬称他）做过我院客座教授，给我校师生有过专场"散打"。再回头看这位说唱俑，上身赤裸，光着脚板，他一定经济上境况不佳，可是他很快乐，手舞足蹈地陶醉在自己讲述的一个阳光的故事里，下面的听众一定不会无动于衷，如果他是一个平庸的江湖艺人，塑造他的这位工艺美术大师会去为他浪费时间？然而，古代的大众传播条件焉能与今日相比？所以这位"艺术工作者"难以像李老师这样"脱贫"啊。在解决起码温饱的前提下，成都人的乐观，自古无关贫富；对快乐及其艺术的趋附，由来无关贵贱。今天的成都的包容，除了指原住民对移民和外地来蓉经商、求学、观光人群的大度和城市人口对农村人口的尊重外，还包括此城人民在艺术和许多公共活动中的"贵贱无别"。

第一快乐后宫

改革开放以来，为了迎合市场，我国电视剧连篇累牍写古代宫廷戏，包括曾经火爆的韩剧，也是如此，宫廷戏又几乎成了比阴赛险、勾心斗角、尔虞我诈的宫斗戏的代名词，好像古代的宫廷全是一些心狠手辣的女性在里面争风吃醋、争权夺利、互相算计，除此别无其他。其实这是历史虚无主义和历史无知的一种体现。古代的后宫，也有明君或贤后当政、主持期间，和平宁静，甚至表领天下女性向善向美的时期，至少有很多温暖的故事和篇幅。笔者认为，在分裂战乱、小朝廷林立的时期，活动于成都的后蜀的后宫堪称这样的一个极品。它催生了充满乐感的中国词的先驱《花间集》和以"君王城上竖降旗，妾在深宫那得知？十四万人齐解甲，更无一个是男儿"面对征服了自己丈夫和故国的宋太祖的花蕊夫人。根据历史记载，拥有绝色的她堪称秀外慧中，虽然大得皇帝宠爱，但她并没有仗势欺辱其他后宫女性，她还劝过孟昶励精图治，但孟昶把希望寄托在山川险阻上未能采纳。在花蕊夫人和孟昶恩爱期间，后蜀的后宫的确是比较祥和的，因此花蕊夫人始终像一位快乐天使般的存在。她的词，清新亮丽，自然怡人，充满人性的光辉。如她的长篇宫词有如下诗句：

殿前宫女总纤腰，初学乘骑怯又娇。
上得马来才欲走，几回抛鞚抱鞍桥。
自教宫娥学打球，玉鞍初跨柳腰柔。
上棚知是官家认，遍遍长赢第一筹。
……
今夜圣人新殿宿，后宫相竞觅祇承。
苑中排比宴秋宵，弦管挣摐各自调。
日晚阁门传圣旨，明朝尽放紫宸朝。
夜深饮散月初斜，无限宫嫔乱插花。
近侍婕妤先过水，遥闻隔岸唤船家。
宫娥小小艳红妆，唱得歌声绕画梁。
缘是太妃新进入，座前颁赐小罗箱。

今人只要不怀偏见，在这样的诗歌里，能够读出的只有青春、娇羞、生动、优雅、快乐。至于后来宋太祖毒死花蕊夫人深爱的孟昶，宋太宗射杀花蕊夫人，只能证明这两位不配这位心地善良包容的女性，后人只能为此扼腕叹惜。

"红杏尚书"宋祁的快乐

北宋是中国古代有才华的士大夫最身心放松、扬眉吐气，因而文教鼎盛、学术璀璨的时代。父子、祖孙、兄弟联袂登科，行走庙堂，下安黎民，上定庙谟，同时还能吟诗作赋者如过江之鲫。其中一对兄弟，因气质超凡脱俗，科考联袂前茅，仕途比较顺畅，十分令人向慕，那就是宋庠、宋祁。

宋祁(998—1061)，字子京，小字选郎。祖籍安州安陆(今湖北省安陆市)，高祖父宋绅徙居开封府雍丘县，遂为雍丘(今河南商丘民权县)人。他是北宋官员、著名文学家、史学家、词人。司空宋庠（996—1066）之弟。兄弟并有文名，时称"二宋"。诗词语言生动，意韵风流，因《玉楼春》词中有"红杏枝头春意闹"句，世称"红杏尚书"。去世后，与他一起撰写《新唐书》的成都达人范镇（1007—1088。另外两位作者是欧阳修、吕夏卿）为其撰神道碑。

北宋天圣二年(1024)，两兄弟均皇榜题名，礼部本拟定宋祁第一，宋庠第三，但是章献皇太后认为弟弟不宜排在哥哥前面，于是定宋庠为状元，而把宋祁点在第十，人称"二宋"，以大小区别，所以又有"双状元"之称。这位皇太后叫刘娥（968—1033），益州华阳(今成都双流)人，是宋真宗赵恒的皇后，此时已经登基但只有14岁的宋仁宗的养母。

史载，有一天，宋祁宴罢回府，路过繁台街，迎面遇上皇家的车队，连忙让到一边。这时只听车内有人轻轻叫了一声："小宋。"但见车帘轻放，一个妙龄宫女对他粲然一笑。车队过去了，宋祁依然心旌摇荡。回去后，宋祁便写了流传千古的《鹧鸪天》：

画毂雕鞍狭路逢，一声肠断绣帘中。身无彩凤双飞翼，心有灵犀一点通。金作屋，玉为笼。车如流水马游龙。刘郎已恨蓬山远，更隔蓬山几万重。

毕竟宫女是皇帝的人，多情的他只能表达自己多半不得再见美人的惆怅。

新词妙用了唐朝诗人李商隐的诗句"身无彩凤双飞翼，心有灵犀一点通"，很快传唱成了流行情歌，多才多艺、情趣丰富并能撰词谱曲的宋仁宗也注意到了这首词，于是皇帝了解当时的情况，最后有个宫女出来"老实交代"说："当时我们去侍宴，见宣翰林学士，左右大臣说：这就是小宋。我在车里，也是偶然看到他，就叫了一声。"皇帝觉得此事不凡，应该有个好的结局，不久召宋祁上殿，提及此事，宋帅哥诚惶诚恐，忐忑不安。仁宗说："蓬山不远。"就把那个宫女赏赐给了他。此事传出，时人艳羡不已。

嘉祐初年（1056），十分关心蜀地治理的仁宗皇帝晋宋祁为端明殿学士，并以吏部侍郎，知益州(今成都市)，这一干就是三年，而且宋仁宗十分满意。纵观宋祁为官的履历，他在成都是最快乐的。一是因为成都当时已经政通人和；二是因为成都的山川地理、人文历史使他很钟情喜爱；三是成都的富庶和快乐情调。看他写的两首诗便可见一斑。

《成都》
风物繁雄古奥区，十年伧父巧论都。云藏海客星间石，花识文君酒处垆。两剑作关屏对绕，二江联派练平铺。此时全盛超西汉，还有渊云抒颂无。

在这首诗里，可见身为河南人的宋祁对成都历史文化的敬重。"十年伧父"是晋代写出《三都赋》名扬天下的左思（约250—305），他出身寒门，同时代豪门出身的另一文豪陆机（261—303）曾骂他"伧父"（泛指粗俗、鄙贱之人，犹言村夫），但《三都赋》一出，也不得不佩服他。"星间石"指严君平与支矶石的故事。最后一句可见，在他心目中，此时成都的富庶繁华，已经超越西汉"列备五都"时期的成都，可是，还会有王褒和扬雄那样的大师的大作来匹配这座城市，使它的威名流播寰宇吗？

《岁稔务闲因美成都繁富》
岷峨俗美汉条宽，野实呈秋照露寒。卖剑得牛人息盗，乞浆逢酒里余欢。锦波濯采霞澗浦，磴浪催轮雪沸滩。告稔不须腾驿奏，自应铜爵报长安。

在这首诗里，洋溢着宋祁对于成都繁荣、富庶、安宁的满心欢喜和他作为地方长官的自豪。"岷峨"，代之蜀地，"俗美"，显然是人民的善良、热情、快乐（比如多节庆，好娱乐，好宴饮，好公益）。"汉条"应该是指相对于严刑峻法之秦律的汉高祖"约法三章"和后来文景之治期间的"约法省禁"，这是比喻本朝皇上宽仁，国家厚道。宋儒普遍主张以"汉条"结合文教礼仪治理国家，反对烦苛，反对"与民争利"（这也是后来王安石变法遭到大多数士大夫顽强抵制的根源，虽然王安石也是用心良苦），宋祁和众多前后地方长官一样，都是这样治理成都的，所以宋代成都的繁荣富庶和幸福指数高十分持久。这一年，风调雨顺，按照惯例，秋收后要向皇帝报告地方收成、民生、治安等情况，宋祁自然要"调研"走访一阵，他看到的是织锦代表的手工业和"磴浪催轮"代表的民生事业的兴旺和有序，心想，皇上啊您不用着急，老臣这里不需要快马加鞭送佳讯，就等着喝国泰民安的君臣欢聚酒吧。

陆游的天堂

陆游，一个中国妇孺皆知的伟大诗人。他的许多名篇感动着历代炎黄子孙，让我们知道爱国是多么温暖和高尚的情感。这位感情充沛、精力旺盛、酒量不凡的天才，其实还有极好玩乐的一面。他对成都的感情和眷念之深，在历史上于成都生活过，但最终逝世于家乡的诗人里，无与伦比，因为这是一个文学史、文化史常识，所以笔者不想赘述，我要指出的是，陆游特别热爱、眷念成都的原因是，这里骨子里豁达、乐观的人文生态以及实现人的快乐的资源、载体的丰富多彩，天下罕有，甚至超越了他的故乡。我们熟悉的他某一年饮酒以后在青羊宫到浣花溪二十里飙车跑马的故事之外，再举一例。

《晓过万里桥》
晓出锦江边，长桥柳带烟。豪华行乐地，芳润养花天。拥路看欹帽，窥门笑坠鞭。京华归未得，聊此送流年。

万里桥是成都名胜，承载着蜀汉丞相诸葛亮曾在此设宴送费祎出使东吴，费祎叹曰："万里之行，始于此桥"的故事，还有唐玄宗逃难到此桥边喜曰："吾自知行地万里则归"之传说。这种地方，陆游不可能只去一次，何况这里还有足够设施满足"人生得意须尽欢，莫使金樽空对月"的需要。此诗记录了桥边茶楼酒肆和车马华服之云集所构筑的"豪华行乐地"，到处飘逸着鲜花的芬芳，这是何等美好快乐的生活。去不了京城，岁月同样流走，没有什么好悲伤的。

海云寺摸石

一部人类生育史告诉我们，在工业文明到来之前，一个国家、地区或城市，其生育率的高低，与其普通民众的生活条件和幸福程度直接成正比。中国古代的伦理之一是，不孝有三，无后为大，也就是鼓励百姓多子多福，但许多生存条件差、幸福指数低的地区、城市，如果任其生育，会面临因养育艰辛，生活痛苦指数更高的恶性循环，因为子女容易被饿死、病死，那会导致溺杀女婴、买卖人口、携家带口逃亡等现象发生，痛苦指数的极大增长，会抑制人口生育的积极性和可能性。而天府成都，因为极为丰富的物产和极低的物价，自古却呈现更多的是真正的多子多福。宋代成都的海云寺摸石求子风俗，就是一个证明。

南宋诗人范成大（1126—1193）在成都做地方官，有诗歌《三月二十三日海云摸石》专门记录这一风俗：

劝耕亭上往来频，四海萍浮老病身。

乱插山茶犹昨梦，重寻池石已残春。

惊心岁月东流水，过眼人情一哄尘。

赖有贻牟堪饱饭，道逢田畯且眉伸。

关于这一风俗，明代著作《蜀中名胜记》载：

> 海云山，在锦江下游十里，有海云寺、鸿庆院诸胜。吴中复《游海云寺唱和诗》，王霁序云："成都风俗，岁以三月二十一日，游城东海云寺，摸石于池中，以为求子之祥。"

南宋的成都，依然是繁荣富庶、幸福快乐之城，人民对生活充满乐观的期待，所以这一祈求多子多孙的风俗，也顽强生存。支撑我们认为成都民众乐观期待生育的主要证据还有，直至南宋末年，我们也读不到成都民众溺杀女婴、买卖儿女的记载，更没有非战乱时期因为自然灾害、瘟疫四处逃亡求生的记录。而表达对宋代成都官民同乐、游赏活动赞美、欣慰的士大夫诗词，却是司空见惯的。

成都平原自古重视生育，官民祈愿多子多福，并对于与生育有关的活动持十分宽容的态度，还有一块东汉画像砖可以作证。因为瓷砖内容对于讳言性事的中国文化过于"豪放"，过去很少著述介绍，本书把它放在风俗史的角度来介绍给读者们，请"清者自清"地阅读、理解。

1977年出土于新都新繁镇蓟家村十一社。画面主体是一株枝繁叶茂的桑树，画面右侧桑树下一对男女正在交合，女子头梳高髻仰卧在地，双腿抬置于男子肩上，采桑的竹筐和环首小刀被投掷于画面右下角；男子跪伏于女子双腿间，生殖器呈勃起状，随身所配的环首刀掷于身侧。其后一裸体男子跪在地上，用双臂推交合中的男子的臀部以助力，该男子生殖器也呈勃起状态。画面左侧桑树下站着一赤裸男子，面向正在交合中的男女，左手似正在抚弄勃起的是非根。四人衣服均集中悬挂于桑枝上。桑枝间栖息着四只鸣唱的禽鸟，另有两只小猴子在枝条上嬉戏。此图反映了"令会男女"（《周官·地官司徒》：

"媒氏掌万民之判。凡男女自成名以上，皆书年月日名焉。令男三十而娶，女二十而嫁。凡娶判妻入子者，皆书之。仲春之月，令会男女，于是时也，奔者不禁。"）这种助推婚媾的上古遗风，东汉的成都应该还有某种遗存。而且古代存在一种如砖画所示的每年仲春之月，在桑树下交媾，以祈求子嗣兴旺的祭祀。后来宋儒极力贬低此类古民俗的艺术呈现，大大强化了中国人讳言性事的传统。

女诗人眼中的"颓废"

对成都的乐感，女诗人翟永明也有一段精彩的"感言"——在《以自己的慢来对抗世界的快》一文中，她这样写道：

> 成都本土的享受文化，是很难被改造的。如果深入到成都文化核心，那种个性化的、对本地特色的执着，一直隐隐地、缓慢地改变着舶来文化，而后者，最终也只能屈服于这样一种会被归结为"盆地意识"的东西。"颓废"二字，是成都诗人最爱提及的；80年代，成都诗人万夏写过一句诗："成都，仅你腐朽的一面，就足够我享用一生。"……
>
> 很多调查都说，成都是一个幸福指数很高的城市。其原因很大程度上就是城市的氛围让成都人很容易活在当下。

翟永明先生的"颓废"是加了引号的，诗人万夏的"腐朽"也只能视为一种调侃，当然调侃的对象是那些故作正经的做清教徒状的人。人类艰辛劳作、拼命创造，难道不是为了从容享受？没有享受过自己劳动报酬的人，何来"获得感"及满足感？何况是在国家重熙累洽、蒸蒸日上的和平年代。所以，成都的生活观念，符合全人类的最大公理心。这本身，既是乐观，也是包容。

成都与女性

成都是一座特别尊重、包容女性的城市，并因此有一种其他城市罕有的人文乐感。因为女性的自信、自尊和阳光般的笑脸的多少，是衡量一座城市是否乐观的决定性景观之一，而成都，无疑是佼佼者。大名鼎鼎的德国人李希霍芬（1833—1905）在成都逗留时间较长，他留下的著作有《中国》《李希霍芬中国旅行日记》等，其中记载道：

> 妇女在这里的地位整体比中国其他地方要高，她们在这里不必裹小脚，但做的活很多，也不躲着人，忙生意，常管账，遇有人说话便大大方方的出来应话。

关于当时四川、成都妇女裹小脚的情况，李氏的记载和其他早期到达成都的西方人有所不同，但四川女性地位较高，则没有多少分歧。清末民初的四川怪才、《厚黑学》教主李宗吾，晚年直接鼓吹怕老婆乃是幸福秘诀。

由此可见，成都地方文化中尊重女性的传统由来已久，所谓的"耙耳朵"在那时已经存在了。

为何这里会成为女性的一块乐土，本书认为原因包括：物产富饶，生计容易，女孩能够和男孩一起养育；道家和儒家都倡导阴阳平衡，而成都尽得其正能量；蜀地在八卦地理中属于坤卦的位置，这有利于阴柔属性的女性的地位；古典神话或传说中受炎黄子孙尊敬的女神或杰出女性如女娲、西王母（她们在蜀地汉代画像砖上多见）、嫘祖、大禹之母等都与此地关系密切；明清时期，尤其是清代，各省移民来到四川、成都，他们之间总体和睦，但还是免不了矛盾、竞争，尤其是由地广人稀逐渐变成人口过剩的历史演变，逐渐加剧了这种竞争。古代一般的民间纠葛、冲突，官方是不想管也管不了的，都得由地方家族、宗族长老协商或谈判解决，或民间乡绅乡贤"公断"，在这样的格局中，人多势众的家族、宗族才能不吃亏，而这显然是鼓励努力生育的理由之一，这会增强女性的地位。因此成都还有一种特殊的乐观包容，那就是因为这里的文化氛围，总是有君王或士大夫会对女性特别怜香惜玉，并化为文学名篇。开明王朝末世那个爱美人胜过爱江山的君王留下的诗篇，司马相如到长安冒着风险为失宠的陈阿娇写《长门赋》挽回汉武帝"金屋藏娇"的感情，大唐众多高级士大夫和诗人对薛涛的真诚唱和，《花间集》（排除其轻薄浪语）的青春灵动和脂粉飘香，杨慎和妻子黄娥的鸿雁传书，岳钟琪和妻子岳高氏的举案齐眉，曾咏和左嘉锡诗画酬唱的伉俪情深，曾懿与丈夫袁学昌同好金石琴瑟和谐，除此以外，笔者还读到了对戏曲名旦名角，基于怜香惜玉而树碑立传的清代著作《燕台花事录》，必须介绍给读者。

此书由清蜀西樵也撰，张次溪辑，上中下三卷，成书于光绪二年（1876）。蜀西樵也原名王增祺，成都华阳人，应是一个超级的戏曲迷。他认为戏剧演员为"人间真色"，担忧"美人迟暮"，希望文人雅士们各举所知，为"真花"树碑立传。此书记载了北京戏曲舞台上旦角演员的表演，自谓"籍以稍留颜色"，以补"遗珠之憾"。本书上卷为"品花"，收录当时（光绪初年）在北京演出的朱霭云、王喜云、贾桂喜、善双喜等22人的简评。中卷为咏花，收有作者与友人赞美戏曲演员的对联、诗、词、曲数十首。下卷为嘲花，保留了戏曲界的异闻逸事几则。在中国传统文化尤其是雅文化中，戏曲及其演员是不太受尊重的。因此，这样的书，堪称奇书、奇情、奇趣。如作者出自他乡，多属偶然，出自成都，则为必然。

友善公益

友善公益行为的多少，是一种最能体现人性温暖程度的城市人文个性，很大程度上决定这座城市的兴衰荣辱，决定人民的幸福指数，不因为别的，就因为人类是群居动物，群居动物的最大优势就是互相帮扶，是一个一个涵盖面不同的命运共同体。如果将人性之善的内涵及实现这些善的路径、方法上升到全人类的高度，并求得广泛共识，从而从根本上消弭、约束人性中自私自利属性，至少达到"己所不欲，勿施于人"的水平，人类命运共同体的形成就能见到曙光。

成都和平年代拥有人际温和友善的城乡风貌，在困难面前互助公益的悠久传统，自古是一座充满仁爱、互助的城市。古代优秀士大夫、乡贤、民间义士热心公益、乐善好施、扶弱济困史不绝书。

大慈寺的来历

一部巴蜀佛教史和成都佛教史告诉我们，成都佛教的出现几乎与中国佛教在东汉洛阳的出现完全同步。这座城市及其直接引领、影响下的巴蜀地区的佛教、佛学的水平，一直堪称个性鲜明、贡献独到，在参与儒释道三教融汇、共同构建进退有据的中国人的精神家园的过程中，成为不可缺少的重要组成部分。儒家修身，主要解决人与人的关系问题；道家养性，主要解决人与自然（含人的肉身及其欲望）的关系问题；佛家宁心，主要解决人与自己心灵的关系。把他们勾连起来的核心，是使人向善的共同价值观和人生倡导。成都大慈寺是唐宋时期规模宏大、高僧林立、艺术精湛、多种城市生活功能集于一身的中国顶级寺庙，其得名来自这样一个真实的历史故事。

公元755年，唐朝发生由盛转衰的"安史之乱"（755—763），叛军一时不可阻挡，杀奔首都长安。唐玄宗君臣逃难来到成都，受到成都军民的欢迎和鼎力拥戴，诗仙李白所写的《上皇西巡南京歌》便可见一斑。当时，成都僧众在街市施粥接济难民，并为国家祈福。玄宗深受感动，便下旨在成都修建大型佛寺，赐名大慈寺，并亲自题写匾额。后来唐武宗灭佛，因为有此匾额，大慈寺得以躲过劫难。

乡贤杨廷和

乡贤是一个风土人情相同、在血缘和情感上有着内在紧密关联的区域（家乡）涌现出来的，要么以为国家或国家其他地区或领域做出卓越贡献而使家乡人民和子孙后代引以自豪，要么在世时为家乡的建设发展做出了突出贡献而使家乡人民蒙受其恩惠，因此在家乡广受尊敬的人物。这种人通常都是中华民族的精英和英烈。

杨廷和（1459—1529），明朝中期著名政治家，大文豪杨慎之父。很多人并不知道这位曾经的内阁首辅（大致相当于明朝的宰相）还是一位顶级的乡贤，不知道他对家乡人民有多深的感情，做过哪些实实在在的贡献。

明朝出自四川内江的另一位名臣、内阁大学士赵贞吉（1508—1576）很推崇杨廷和，他在《杨文忠公廷和墓祠碑》中写道：

> 公生多宦游，每归则为乡人建一惠局。初通水利，灌溉田万顷，乡人德之，号为学士堰。次建坊牌，费修县城。城成，贼至，救生命以万计。次置义田于城西北，以赡族人。盖三归而修创利物业三焉，公之加意人世间，何如哉！

也就是说杨廷和每一次返乡，都给家乡父老和亲族做出了重要贡献。包括出资兴修水利工程，可以灌溉上万顷土地，家乡人民称为学士堰；他还出资修葺县城，在时局动荡时帮助家乡父老避免了盗贼巨匪破城之灾；出资购买义田，赡养杨氏家族的贫困同胞。这种精神，在笔者看来，就是古代优秀士大夫友善精神的极致——与亲属、民众互相帮扶的命运共同体意识。实际上，杨廷和对家乡还有其他善举，于武宗正德十年（1515），面请新都知县韩奕创修新都先贤祠；十一年，与石子美一起出资添建著名的宝光寺。特别是，他生养了一个状元儿子杨慎。杨慎后来名冠宇内，义薄云天，同样义不容辞为成都、四川做了很多贡献，至今依然是家乡父老的骄傲。

可能有些人会说，杨廷和哪来那么多钱？因为历史记载告诉我们，明朝官俸不高。那就好好读读史书吧。杨廷和在历史上以忠贞廉洁著称，其财富来自他先后辅佐数帝，忠勤国事，包括解决浪子皇帝明武宗（1491—1521）因跑到长江去捕鱼，失足落水，受了惊吓和呛水，几个月以后病逝，但没有子嗣的严重乱局，拥立明世宗上台等巨大功勋所得到的君王的赏赐。这些财富，相当一部分都成了他报效家乡人民的善款。所以，他去世后也成为新都第一座乡贤祠的供奉对象之一。可惜这些建筑今天几乎都消失殆尽了。

近代以来成都慈善事业

成都历史上无数次开怀接纳、善待因为各种天灾人祸来蜀地避难、求生的人群或个体，是其友善公益方面最值得骄傲的回忆。而近代以来，成都在友善公益方面，同样有卓越的表现。比如慈善事业，晚清以降，人口众多的四川因为较迟进入近代化、现代化历程，加上多重因素形成的会党、军阀纷争，经济窘困，无业游民、乞丐很多，这些游民、乞丐很多都聚集到成都。谭绿英先生统计：1920—1940年，在成都先后出现过近400个慈善团体，这些慈善团体多数规模不大，官立者少。主要经费来自民间募集。主要经办者是乡绅乡贤，社会资本并不雄厚的成都却涌现出了"中国慈善第一人"尹昌龄（生平事迹前已述及）及其具有自我造血功能的慈惠堂，以及社会贤达和中西教会人士合力举办的"中西组合慈善会"，均是当时中国慈善事业的佼佼者。段玉明教授在《成都佛教通史》中指出："顺应时代与社会的需求，民国成都佛教在战事救护、医疗救济、举办法会、监狱关爱等等方面都做出了值得表彰的成绩。"具体表现为：1.成立僧伽救护队；2.发起献机运动；3.开展医疗救济；4.举办利世护生法会；5.关爱监狱囚犯；6.其他慈善公益活动（包括勇做抗战后援；支援抗战的献物、献金活动；为穷苦百姓开办的无利借贷，文殊院将其佛经流通处附设的书报阅览室扩充为公共阅览室，成都佛学社在少城公园设立常年性的放生会、恤贫会等）。而今人须知这一切是发生在极其困苦的背景之下的，因为"自清末变法提产办学以来，寺院经济迭遭各种不法势力的侵损，已经非常脆弱，乃至连寺院僧众的基本生活都已难以维持，导致许多寺院香火冷落、僧众流离，'其能维持最低生活者不过百中之一二'，根本没有能力从容地展开慈善事业。其能呈现以上种种业绩已是相当不容易了，有赖于成都僧俗两众的共同努力。"改革开放以后，戮力坚持"践行人间佛教，实现人间净土"理念的成都佛教界的慈善公益活动更是不胜枚举，捐资助学，扶危济困，施医送药，助残救灾。5·12汶川地震发生后，据不完全统计，成都佛教僧众积极行动，为此次抗震救灾共捐赠了现金和物资计285.95万元。这些都是成都佛教千年以上慈善公益传统的自然延续，从一个特殊视角显示了这座城市的友善公益品格。

名垂不朽的大朗堰

都江堰大灌区有众多的水利设施，它们的修建、维护、扩充，既有政府的主持、推动，更有官民僧俗私人慷慨解囊或出力举办的动人故事。位于今成都双流区的大朗堰，就是这样一个来自惊人义举的水利工程。

大朗本名杨玺，重庆人，是新都新繁龙藏寺的开山祖师。清顺治年间

（1643—1661）大朗住双流县三圣寺，眼见高田无水荒芜，遂持钵劝募，集资开渠，事成，灌田数十万亩，百姓称庆，故名其渠为"大朗堰"或称"和尚堰"。大朗去世后，当地士人于寺内木主供奉。咸丰六年(1856)，同乡大儒刘沅撰写的《大朗堰记》成，并立碑刻石。其文中曰：

夫大朗和尚者，不知何许人，讳令玺。初祝发于天峰山，具足于慧剑堂，继主大邑兴化寺及成都圆通寺，晚乃移锡于新繁龙藏寺及双流三圣祠。

金马江者，岷江之正流也。古析为二渠：杨柳江、清水江，皆经邑境而分派以灌，惟杨柳江之南、金马之东犹多隙地，盖岸高而水低，无由挹注也。大朗德行夙为当道所钦，若元戎陈相亭、新津令袁景先、成都令袁卜昌辈皆与之游，欲导渠以利民而虑其弗应也。乃托钵为行乞僧，度其地势所必经则乞于其主者之门，与之金，不受；与之食，不受。惟求署名乐施于册，否则坐卧其门，数日而弗去也。主者不得已而从之。已而以开渠之说，请于温、新之宰。初为忻然，既则愕然。大朗曰："诸公勿忧，吾已语民，而民从之矣。"出册以示，宰鸠工而从之。有靳其地为渠者，宰呵之，不服。则出自署之名以质，咸俯首无辞。于是，导川自温达新津，上下百余里，灌田数万余顷。后人德之，名其津曰"广大朗堰"。大朗之为此役也，当顺治庚子。其时并双流归新津，宰袁公尤与之善，故得竟成厥功。

然大朗所造非止此也，尝与袁公诗云："治国安民事，空空执两端。不作违心举，何求冤债钱。眼前皆赤子，头上是青天。"……盖其托迹于风尘之表，而未尝忘济世安民，有由来矣。江水长存，大朗其或朽乎哉。

上述引文第一段介绍了大朗和尚的宗教履历，第二段介绍了大朗靠自己的毅力、智慧获得官民的支持，聚齐修建大堰必备的各种条件，官方遂出面，取得疏导大河水从温江到达新津，上下百余里，灌田数万余顷的不世之功。从中可以看出，当时的各级地方首长和多数民众，普遍有恤民利民和公益之愿，对于大朗的志向和义举，给予了十分积极的响应和支持，少数人虽然想反悔，但很快还是顺从了众意，共同成就了这样一个堪称伟大的惠民工程，并造福子孙后代。最后一段，大朗以诗自明心迹，还勉励新津县令袁公，要做好老百姓的父母官，努力济世安民。可见高僧大德是一种筑牢城市友善公益品格的显著正能量。

在成都，类似大朗堰的出自捐资和公益精神的至少还有邛崃三和堰、徐公堰，大邑万成堰、刘公堰，都江堰兴文堰，蒲江张公堰、蒲江大堰等。

辛亥革命中的成都旗人

17世纪上半叶，在中国白山黑水地区，满族崛起，入主天下，明朝因腐败无能和农民起义倒下，其孝子贤孙和遗民曾坚持各种形式"抗清"，直到后来被满族本身的汉化和"满汉一家"政策等逐步化解。虽经历了这一过程，但有些民族恩怨仍在。1911年辛亥革命发生，清朝皇帝逊位，中华民国成立。成都是辛亥革命后对前清遗留、居住在城市中的旗人最为温和友善的城市（当时只有成都、广州两市最温和地解决了遗留问题），不仅没有像当时中国许多城市一样发生"排满"风潮，而且通过和平谈判解决了民国诞生后满族人的去留问题。不仅如此，民国时期，在成都的四川地方政府还拨专款并建立慈善组织，专门对不擅长经济活动陷入贫困的原旗人实施救济帮扶，历时20余年，直到抗战爆发。今天成都市青羊区，有一条上同仁路，原为满城八旗兵的驻防地。民国初年，过去闲暇时养鸟斗虫、玩鱼打牌，没有从事生产经营习惯和能力的满族人生计出现严重问题，为了防止社会动荡，政府在此专门建立了手工作坊，收纳满族子弟学习技艺。为了表示一视同仁，五族共和，取名"同仁工厂"，此路也因此而得名。成都就是这样一座始终不乏人间大爱的温暖城市。

何谓"五老七贤"

成都一直有崇敬贤能的优秀传统。比如清末民初，成都就生活着官民都心存敬意的"五老七贤"，关于具体是哪些人，尚有一些争议，但他们都是在那个伦理道德的重建、转型期被大多数人视为楷模的年长者，通常这些人最显著的一个特点便是把"公而忘私""见义忘利"体现得最充分，关于他们总是有温暖动人的救世济民故事在身。比如本书专门介绍过的尹昌衡、骆成骧。此处再举一个颜楷为例一飨读者。

颜楷(1877—1927),字雍耆,学者、书法家。成都华阳（今双流区）人。1898年9月,戊戌变法失败,"六君子"慷慨就义时,少年的他正好在北京,悲痛之余,出资将川籍的刘光第和杨锐遗尸入殓暂殡,显示了惊人的道义。光绪三十一年（1905）,被朝廷派往日本攻读法政。归国后任翰林院编修加侍讲。民国建立后淡薄名利,后佞佛为居士,被选为四川佛教会副会长。

颜楷在保路运动中是有重要贡献的,他激于义愤,出任四川保路同志会干事长(正副会长为蒲殿俊、罗纶)。在被捕后面对四川总督赵尔丰的威胁,也不动摇。但后来军政府诛杀赵尔丰后,他反对祸及其子孙,并将赵氏孙收养府中。此后厌倦政治,民国八年（1919）,书法名满蜀中的他,辞去了法政学校校长之职,与擅绘画的妻子一起,在纯化街延庆寺以卖字画为生,所取润笔费,三成养家赡亲,七成捐做慈善。他还与另一名人刘咸焌（刘咸炘的二哥）在延庆寺合办"乐善公所",所有匾对楹联大小吊牌,均出自其手笔。他还与岳父在成都东门沙河堡雷神庙旁边创办了放生池。今人如欲感受这位奇士的风采,最好去人民公园,因为其遗墨——公园内"辛亥秋保路死事纪念碑"（北面）犹存。

三倒拐街的故事

在成都市锦江区,有一条曲折的三倒拐街,在清朝光绪年间建成,以卖猪肉包子和香肠而出名。民国年间,这条街成了布鞋生产、销售的聚集区。新中国成立初期,决定修筑川藏公路,中国人民解放军第十八军将士承担了这一艰巨任务。这里的商家联合起来,向解放军赠送了一万双布鞋,表达了他们的拳拳爱心,至今传为佳话。

燕京大学的成都温暖

燕京大学是20世纪初,由四所美国及英国基督教教会联合于北京开办的综合大学,是当时中国教学品质、校园环境优秀的大学之一,也是当时中国教会学校之首。创办于1919年,曾与美国哈佛大学合作成立哈佛燕京学社。1952

年，中国高等学校进行院系调整，学校被撤销，其文科、理科多并入北京大学，工科并入清华大学，法学院、社会学系并入今中国政法大学，校舍由北京大学接收。1941年12月7日珍珠港事变发生，美国对日宣战，日本人立即接管燕大，驱赶师生员工，外籍教师和部分师生被拘捕。学校师生谋求复校。次年2月8日，学校召开临时校董事会，决定前往大后方实施复校，开始想的是投奔华西协和大学"挤一挤"，但师生来到成都才清楚，华西协和大学已经慷慨接纳了南京的金陵大学、金陵女子文理学院、原在济南的齐鲁大学，完全"客满"。恰逢此时，为了更好地躲避日军轰炸，地方政府下令各公立中等学校尽快迁到市区外寻找庙宇或租住房屋。基督教美以美会于1912年创办的华美女中（位于陕西街29号）师生很快腾空校舍，疏散到成都北郊崇义桥张姓住宅，燕大师生大喜过望，遂向业主卫理公会商定租用华美女中和启化小学，两校毗邻，十分方便。校长梅贻宝十分感慨说："天助我也！"就这样，10月2日，学校正式开学行课，在成都人民的关心、支持下，维持了充满生机与活力的四年办学，留下了许多动人的薪火相传的故事。比如梅贻宝聘请了陈寅恪（1890—1969）、萧公权（1897—1981）、吴宓（1894—1978）、李方桂（1902—1987）这些外校学术大师来校任教，崇尚学术的燕大学子敬称他们是"四大名旦"。陈寅恪先生尤其博学，被称为"教授中的教授"，听他的讲课者，还有诸如川大名教授、因辈分情谊属于父执、见面时陈寅恪得执弟子礼节的林思进（1873—1953，字山腴，他是陈寅恪之父陈三立的诗友）这样的学者、诗人；金陵大学中文系主任高文先生，他每次听课都要做详细的笔记。充满人文精神和伯乐情怀的梅贻宝先生说："这些位大师肯在燕大讲学，不但燕大学生受益，学校生辉，即是成都文风，亦且为之一新。"1944年冬天，陈寅恪的左眼视力剧降，住进学校旁边存仁医院，实施视网膜剥离手术，燕大师生极为关切，学生轮流为先生守护病榻，陈寅恪十分感动，后来给梅贻宝校长专门致谢说："未料你们教会学校，倒还师道犹存。"当然，梅贻宝校长更加谦逊——几十年后，他回忆此事时写道：

> 至今认为能请动陈公来成都燕京大学讲学，是一杰作，而能得陈公这样一语评鉴，更是我从事大学教育五十年的最高奖赏！

真是一代人杰之惺惺相惜，风流俊雅，温暖中国教育史册。正是因为成都留给陈寅恪的印象十分温馨，所以他于1945年9月受牛津大学的邀请去伦敦治理眼疾（但同样治疗效果不佳）离开成都后，还经常挂怀这座城市。1951年1月12日，他致信友人闻在宥：

> 弟离成都已逾五年，不知当时旧友尚留蜀中者为何人？又弟去后，到川中诸人，有弟之旧友否？晤面均祈代为致意。近日华西情形有无变动？想与其余教会大学同一办法也……

可见成都成了国学大师陈寅恪念兹在兹的温暖回忆。惜先生命途坎坷，视力无可救药，未能再来蜀地拜望父亲的挚友林思进，寻找他敬重的刘咸炘的文章，以及探望那些使他不能忘怀的同侪、朋友。

5·12地震中的成都

2008年5月12日下午，以四川汶川为震中，爆发了罕见的大地震，引发全球关注和后来的参与救援。灾区道路中断，在通往灾区的公路入口，很快出现了川A车牌的大量私家车，有轿车、越野车和货车，车上装着灾区人民需要的各种以食品为主的救援物资。这些驾驶员没有任何组织事先发动。这个场景感动了无数人，因为他们是先于政府、军队、干警赶到灾区或试图进入灾区的。随后，在党中央、国务院的坚强领导下，救援行动可歌可泣地展开，而整个成都成为了灾区人民最可靠的后方，无数次的献血和捐款捐物。许多人回忆，每天悠闲度日，还爱打麻将的成都人，在帮助灾区人民度过这次地震时爆发的是惊人的大爱、慷慨与勇敢，不分贫富，遑论老幼。其实，对于我这样的研究成都有所心得的人来讲，友善公益底蕴深厚的成都，出现那么多义举、义士并不奇怪，只是遗憾为何平时我们的社会没有给这些真善大爱更多彰显的空间与机会。笔者当时在北京国家教育行政学院学习，每天和同学们一起看报道，经常是潸然泪下，那时候，我也很骄傲！

成都传

The Biography of Chengdu

第五章　何谓『天府』

独一无二的水利

成都平原在远古时期一直是沼泽地，不适合人类居住，因此成都最早的祖先蜀山氏是生活在岷江上游的山地里。尧的时代天下发生大洪水，其灾害延续的时间应该很长，舜先后任用鲧和禹父子治水，最后大禹以疏导的方略为主，先治理岷江，然后以其成功经验治理黄河，平治各地水土，最早一次划定中国疆域，成为天下归心的大英雄和宗主。他的儿子启因此建立了夏朝，中华民族跨入文明时代。

岷江得到疏浚，减少了成都平原的洪涝灾害，因此成都平原的环境有所改善，蜀山氏逐渐向下游迁徙，并开始进入成都平原。但在蜀王杜宇统治时期，成都平原又遇上了大洪水，而且他本人无法有效治理，只能向天下求贤。历史和传说交织的古代文献记载，此间，湖北某地一个叫鳖灵的人去世后尸体不见了，而且其尸体沿着江水向上漂流，直到来到蜀地复活，并登岸来见杜宇，愿意接受委任治理洪水。杜宇答应了。鳖灵继续相地之宜，以疏导为基本方略，主要创举是打穿成都平原西南今金堂县境内的"玉山"，形成一个泄洪通道，使平原里淤积的洪水能较快汇入沱江（鳖灵开山治水的准确地点史学家尚有分歧，但开山形成泄洪通道则是共识），从而使成都平原朝适合人居又迈进了一步。正是在这样的背景下，他在杜宇禅让后所建立的开明王朝才能将都城从广都（今双流）进一步迁到今天成都的中心区域之内。

但是，成都平原的水患问题还是没有彻底解决。直到战国末年，秦国兼并蜀国，派来华人妇孺皆知的大英雄李冰做郡守，在大禹、鳖灵治水的基础上，他带领人民实施治水以后，成都平原才从根本上解决了水患，而尽得避洪、灌溉、航运三大好处。前已述及，都江堰的治水理念十分超前、高度环保、策略、方法巧夺天工，提供的是成都平原永续发展的可靠保障。历代子孙借鉴其经验，发展其技艺，综合各种生产生活要素，不仅使都江堰的灌溉面积增长了10倍以上（比如改革开放以来，都江堰灌区积极实施渠系扩改建工程及节水改造工程，灌溉面积从1986年的914万亩发展到2006年的1026万亩，灌溉范围覆盖四川省7市、37县区。如今，都江堰灌区内丘陵灌区112万亩农田也有了稳定的输水保障），而且其治水智慧也在四川各地被借鉴、运用，天府之国的物质基础有了可靠保障。

1909年4月，来自芝加哥大学的罗林·夏柏林（Rollin T. Chamberlin，1881—1948）和他的父亲Thomas Chrowder Chamberlin（1843—1928）来到中国，他们一行在成都及附近考察，并留下了为数不少的摄影作品。

两年后，罗林·夏柏林的文章《美丽而人口众多的四川》（*Populous and beautiful Szechuan*）出现在美国国家地理杂志（*National Geographic*）上，文章包含27张照片。

文章中写道：

> 肥沃的冲积土使成都平原享有得天独厚的优势，很多个世纪以前，甚至在它形成的初期，便成为移民们所向往的鱼米之乡。而且自从形成以来，富于天赋的中国人便已开始进一步完善它，提高作物的产量。最主要的完善工程就是创造了一整套精密的水利灌溉系统，通过这一水利工程，就将岷江水牵引到整个平原。这个工程体系设计精妙，令人称奇，其实施效果也非常好。尽管地理环境等等客观困难非常多，且难以处理，即使从当今工程学角度看，这也是个非比寻常的难以完成的工程，但就在2100年前，李冰父子却克服了这种种困难完美无缺地完成了。……
>
> 最先设计该工程的李冰并未能活着看到工程的完成，但他的儿子接过了工程，将它继续下去，并对工程原计划进行了扩展。李冰父子用心良苦的劳作和工程为成百万自古以来就依靠成都平原维持生存的大众带来了无尽福祉，因而，人们为了纪念这两位伟大的水利专家，就在灌县城墙之外，正对他们宏大工程的地方，修建了一座美丽的庙。

世界上没有任何一座城市像成都这样,两千年的时光,有一座母亲堰确保其和平年代没有大的水患,而尽得水所能提供给人类的各种滋养、便利,而且再过两千年,母亲堰仍然会温暖地静静地提供这座城市的活力之源。岂不美哉壮哉令人手舞足蹈哉! 所以余秋雨先生在《都江堰》一文中的由衷赞美能够引起我们深深的共鸣或感动:

我认为,中国历史上最激动人心的工程不是长城,而是都江堰。

长城当然也非常伟大,不管孟姜女们如何痛哭流涕,站远了看,这个苦难的民族用人力在野山荒漠间修了一条万里屏障,为我们生存的星球留下了一种人类意志力的骄傲。……

但是,就在秦始皇下令修长城的数十年前,四川平原上已经完成了一个了不起的工程。它的规模从表面上看远不如长城宏大,却注定要稳稳当当地造福千年。如果说长城占据了辽阔的空间,那么,它却实实在在地占据了邈远的时间。长城的社会功用早已废弛,而它至今还在为无数民众输送汩汩清流,有了它,旱涝无常的四川平原成了天府之国,每当我们民族有了重大灾难,天府之国总是沉着地提供庇护和濡养。因此,可以毫不夸张地说,它永久性地灌溉了中华民族。

有了它,才有诸葛亮、刘备的雄才大略,才有李白、杜甫、陆游的川行华章。说得近一点,有了它,抗日战争中的中国才有了一个比较安定的后方。

我喜欢余先生的深情笔墨,我更自豪自己是四川省李冰研究会的副会长,因为研究、传播成都的天府文化,能够经常与都江堰见面,欣赏它来自大美岷山之雪域的滔滔山泉,跳跃着、欢唱着奔向如画的成都平原。

感谢李冰和历代祖先的丰功伟业,成都不仅最大限度消弭了水患,尽得水利,而且从都江堰欢歌而来的是青藏高原顶天群峦之冰雪所化的圣水,当它们通过河道沟渠进入千家万户时,呈现的依然是十分洁净的水质。在近代工业文明作为一柄双刃剑来到成都平原,形成工厂林立、人烟空前稠密的状态之前,它带给人们的显著好处有三:以其灌溉所产生的各类食品、药品所含有害物质很少；蜀锦之美，很大程度上因为必用来自天然的锦江之水漂洗；成都人民可以不饮用挖地三尺就能变成水井的地下水（因为其水质比锦江差），而用河水煮饭饮茶（在自来水于20世纪50年代来到成都以前，成都一直有一个行业，就是为公私需要在锦江中去挑水，挣生活费，人数成百上千）。当时的一些店铺，为了招揽顾客，专门挂有"河水豆花""河水香茶"之类招牌。这样的优美环境，世界上很少有城市能够具备。近代化、现代化以来，各种污染难以避免进入生产生活，但成都一直在努力保护环境，保护青山绿水，尤其保护生活和饮用水的来源和安全。比如近年来城市发展的"西控"——城市西部严厉控制有污染的实体和房地产进入，因为成都水源从该方向而来。比较而言，成都的水质优良的个性特征，没有改变。

立体多彩的环境

古今成都城市这一级政权直接进行行政管辖、与其都市区的物质和精神文化生活密切关联，既受成都的管辖和文化教育浸溉，也对成都作为一座伟大都市提供地域性文化滋养的地区，大致相当于今天成都市的行政区域加德阳、眉山、资阳以及甘孜、阿坝地区。我们可以把以蜀文化中心为标签的成都略等于这个区域，距今越近，越是如此。

说成都的地理、经济、人文自古与今四川省的甘孜、阿坝地区有紧密、深刻联系，毫不牵强，因为古蜀族就是羌氐部族，主要生活在从陕西汉中到岷江上游地区；藏羌自古也密不可分。中原黄帝族与古蜀联姻，民族早就开始融合。大禹出自西羌，以其平治大洪水、划定九州和其间"三过家门而不入"的伟大功德，后来成为号令天下的各个族群的共主。秦汉以来的成都（蜀郡），曾设立北部校尉，管理原来属于汶山郡的岷江上游地区。东汉时，汶山郡也几度置而复省。《华阳国志·蜀志》记载：秦汉时期，蜀郡制作的铁器大量销往岷江上游地区，土地贫瘠的此地，则"有咸石，煎之成盐"。盐可能销往成都。因为冬寒夏凉，"故夷人冬则避寒入蜀，庸赁自食，夏则避暑返落（部落），岁以为常。故蜀人谓之氐白石子也。"其实，岷江地区的少数民族随季节不同产生的这种谋生、居住地点的重复性改变，在非战乱的时代，一直延续，今天的成都与甘孜、阿坝地区，联系更加紧密，不仅藏羌同胞多在成都居家置业，而且随着旅游和康养产业的发展，人数越来越多的汉族来到这两个州投资置业、购房、租房，夏季及前后居住山区，冬季前后回成都居住。在精准扶贫事业中，成都对口援助二州最多，笔者所在的成都大学，就与九寨沟县、雅江县保持了长期的对口帮扶关系。这一地区，也因此成为成都城市文化的直接辐射、外围区域。

天府文化区域海拔落差五千米以上，从大的地理景观的视觉印象来讲，成都是青藏高原雪山上能够看得见的第一座生机勃勃的迷人大都市，倒过来讲，成都是地球上所有城市中最方便、最清晰观赏、游览地球屋脊之壮美的城市。杜甫那句"窗含西岭千秋雪，门泊东吴万里船"中的西岭雪山，不过是青藏高原东缘之一亚区川藏高山峡谷区（在四川省西部、西藏自治区东部和云南省西北部。为青藏高原东南部，山河相间。自东向西，有九顶山、岷江、邛崃山、大渡河、大雪山、雅砻江、沙鲁里山、金沙江、宁静山、澜沧江、怒山、怒江等。海拔3000—4500米）里一个区域小高峰而已，海拔5353米，是今日成都市辖区第一高峰。但已经给杜甫留下绝美的视觉享受了。往西部走，青藏高原能给你呈现地球上无比神秘壮美的"比天空还辽阔"的连绵画卷。

生活在古今天府文化区域立体多彩的环境里，人们会始终得到下列滋养。

在地球陆地上除了沙漠和海洋以外的所有美景（高山、峡谷、冰川、草原、冰清玉洁的湖、丘陵、森林、平原、盆地、各类溶洞、天坑、温泉、瀑布……）都能轻松进入你的眼帘，满足你就近旅行、游览的五官愉悦和身心放松的需求。自然之美层出不穷，心灵还会寂寞吗？

丰富无比的动植物资源，最多最自由的大熊猫等前已述及。如果是景观，那就美丽生动无比；如果是衣食和医药之源，那就源源不尽。这块土地，连盐都能完全满足自身需求，甚至还能作为商品销往其他区域。

山水落差和江河奔涌，造成了古代以水磨、水车、水碓为标志的自然能源供给，尤其是准备了近代以来可以利用的极为丰富的水力资源和水利设施，而水电是公认的绿色电源，可以帮助城乡大大减少资源问题上的环境污染。岷江千万年喷玉吐珠，是来自雪域高原神山的圣水，是地球上最美最洁净的清流，李冰治水以后，它化为锦江来到成都市区，《水经注·江水》载："夷里道西（之）城，故锦官也，言锦江织锦，则濯之江流而锦至鲜明，濯之他江则锦色弱矣，遂名之为锦里也。"《太平寰宇记》也有同样记载："濯锦江即蜀江，水至此濯锦，锦彩鲜于他水，故曰濯锦江。"所以，蜀锦名扬天下，原来还有青藏高原助力！

为佛教、道教据点的滋生、成长准备了优良的地理空间，为隐士、侠客和大自然的粉丝们准备了逍遥自在生活和探奇寻妙的辽阔空间。

青藏高原一直生活着同为炎黄子孙的藏族和羌族同胞，他们的豪迈和热情奔放，他们对财富、对生死的豁达，对信仰的执着，对歌舞的水乳交融，以及他们崇尚鲜艳的建筑、服饰和用品，其中包含的有关真善美的正能量，一直是生活在成都的汉民族和其他民族的精神营养之一。生活在藏羌区域的汉人和生活在成都的众多藏羌同胞一样，都是民族团结、和谐交流的桥梁。成都市武侯区武侯祠横街，是藏羌同胞聚集最集中的地方，洋溢着浓浓的文化风情。

当自然的绝美和丰富成为一座城市的坚实支撑后，它不浪漫多姿都不可能。

平和温润的气候

成都是一座十分温润的城市。夏无酷暑，冬无严寒，只是对它的粗浅勾勒，不仅没有应有的美感，而且没有神韵。因为世界上有这八个字的城市并不少见。我们说成都温润，除了指温度和湿度给人的总体生理感受（位于东经104.1°、北纬30.6°的成都，不仅处于世界公认的黄金维度上，而且因为特殊的地理环境，属于中亚热带湿润季风气候，一月均温5.6°，七月均温25.8°，年均降雨量976mm，正常情况下能够保证生产、生活所需水源，不容易发生大的洪涝灾害。成都几乎没有极端的气候现象对人类生产、生活的破坏，天灾很少）舒适外，还指成都的气候与诗词歌赋的关联之紧密，以至于许多人认为的缺点在艺术家们敏感细腻的笔触下也可以很美妙，比如前面讲到的杜甫在《春夜喜雨》中说雨水湿润了鲜花，增重了鲜花的喜悦，贾平凹先生对见不到太阳的细雨天的成都的卿卿我我，就是明证。这里气候导致的物象，在诗歌中往往充满美好情调。

另外我必须指出的是，成都的气候的缺点同时本身就是优点——阴天过多和空气潮湿是成都最被一些挑剔者诟病之处。也正是因为如此，古蜀人进入成都今天的中心城区最早的十二桥文化（部分史家认为它的族群和文化应该是三星堆文化的承接者，相当于商周时期的一个方国），就出土了1200多平方米的规模宏大，有完整的宫殿和人口聚居区域格局的木结构干栏式房屋建筑遗址，体现潮湿的生存环境。李冰治水以后的成都，地表泥泞潮湿情况有很大改善，但在空气流动少而弱的盆地里，春夏有雨时节、下雨前后难免潮湿，可是正是因为如此，成都人，尤其是女孩子皮肤特别好，资深美女们也可以尽享自带水分的空气对皮肤的滋润，依然比其他城市的同龄人皮肤耐看。笔者走过一些国家和城市，坐地铁时没事可欣赏各类秀色，最后得出上述结论。

成都温和的气候，人都可以如此怡然自得，那些生命力更强的动植物们呢？所以成都为什么聚集了那么多幸福的大熊猫，原因也就不用解释了。

丰富齐备的物产

关于这个话题，前面谈四川的章节已经有一些陈述，不过侧重于自然资源和特产意义上的介绍。此处补充一点，因为自己的政治地理和经济地理优势，成都所能轻松聚集非产自本地的物产或贸易周转而来的物产，应该是唐代以前的西南第一和唐代以后（关中衰落）的西部魁首。

这些物产，有的来自异国他乡（比如三星堆和金沙遗址出土的海贝，就肯定来自靠海的南亚或西亚，成吨的象牙，也大有可能来自南亚）；前述张骞出使西域在大夏看见蜀布、邛杖出售，而且还是从古代印度（身毒）转卖过去的，那些商人来成都不可能空手而来。东汉蜀锦极品"五星出东方利中国"出现在新疆境内的丝绸之路上，那些商人入蜀，也不可能不带来丝绸之路上的异国异地商品。

这些物产，更多的来自四川盆地各地以及全国各地，促使成都能在历史上和平年代，长期低价保持优越的物质生活水准。即使到了晚清，成都的富饶也令入华的西方人过目难忘。兹举一例。

谢立山（Alexander Hosie，1853—1925），英国人，1876年进入驻华领事界，历任英国驻重庆领事，驻成都、天津总领事。多次在华旅行，收集关于商业和博物学方面的信息。在其所著的《华西三年：三入四川、贵州与云南行记》的"序言"中，他介绍了在他之前游历中国的德国人李希霍芬（M. V. Richthofen，1833—1905）在1872年对成都的观感：

> 假如同等面积进行比较，在财富与繁荣、人口密度与生产能力、适宜的气候与灌溉的完善程度上，在中国，几乎没有哪个区域可以和成都平原匹敌；目前，没有任何地方像这里一样，其优雅和文明这样普遍的在居民中传播。

显然，成都的财富不仅仅是物质和物产的。

在第五章中，他就自己的亲身观察写道：

> 成都是大清帝国最大、可能也是最富裕的省会城市。这是一座繁华绚丽的城市，海拔在1500英尺，城墙总长度12英里，修建得十分精美，驻成都的四川总督只负责管辖四川一省，这是除直隶以外唯一一个获此特殊待遇的省份。……毫无疑问，成都是我在中国见过的最好的一座城市；北京与广州都无法与之媲美。汉人区的街道非常宽敞，街道整洁，维护完善……在成都停留的两天，我在城中许多大街小巷穿行，尽管当时一直在下大雨，但大街上行人依然熙熙攘攘，到处都是衣着艳丽和生

活富足的人群，随处都可看见坐轿或骑马出行的人。

大雨也无法阻断都市生活的节奏和人们外出购物交友，而且他们的服饰、交通工具都绝不苟且。这样的大雨看上去更像画面背景，而非画面的主宰。可这就是晚清成都闹市区的平凡生活。在这本书的第十二章，他以总结的语气继续写道：

> 在中国，从产品丰富与产品多样方面，没有其他省份可以和四川媲美……

所以，四川、成都是物华天宝的天府之国，当时行走于中国各地的老外也是没有争议的。

流播均衡的三教

纵观人类历史，事实上，任何文明都难逃这三个问题的叩问：我们（或"我"）是谁？从哪里来？到哪里去？因为人类是群居动物，基于生物学和社会学意义上的相互关系的优劣决定人类的现在和未来。人类若欲幸福和睦，必须解决好三个关系，那就是人与自然、人与人、人与自身（即自己的心灵）的关系，这三个关系的任何一个遭遇严重失败，人类（不论个体、群体还是整体）都无法幸福和睦，甚至走向衰落、毁灭。中国文化由儒释道三种思想文化（后两者从东汉起还是宗教）组成，刚好由道家、儒家、佛家分别较好地回答了人与自然、人与人、人与自身（即自己的心灵）的关系的问题，这些回答经过唐宋的思想变革成了彼此兼容的精神家园。

但是，任何思想流派，尤其是宗教，都是有某种程度的排他性的，除了思想本身基于智慧的高下、认识论方法论的差异而必然产生分歧外，更重要的是任何思想，尤其是宗教都有对社会甚至政权取得话语权或影响力的内在逻辑与内在需求，因为这决定其盛衰存亡。所以儒释道在中国历史上的竞争和融合总是同时存在的，幸运的是经过先贤和无数高僧大德的共同努力，融合在南宋以后成为了主流。

从中国各地来看，成都及其直接控制、影响下的蜀地对儒释道的开源滥觞、历代发展演变做出了杰出的贡献，几乎难有城市望其项背。比如对儒家、道家哲学和伦理学、政治学、管理学处于开源位置的五行学说，实际上起源于大禹治水。孔子弟子商瞿（前522—？，成都双流人）直接传承了"易学"，经六代传人，至齐人田何，再二传至汉武帝时杨何，而杨何为西汉五经博士之首位易学博士，故其开汉代易学宗派。商瞿因此在历史上受到很高推崇——在唐玄宗时被封为"蒙伯"，宋真宗封其为"须昌侯"，明世宗改其为"先贤商子"。汉代成都的儒学水平就已经比肩齐鲁，"汉代孔子"是成都人扬雄；蜀地的经史之学和儒家学说教育传播平台府学经常秀冠华夏，有诸多开创。道家创始人老子（约前571—前471）最后的归隐地应该是在成都或成都附近——扬雄《蜀王本纪》记载道："老子为关令尹喜著《道德经》，临别曰：'子行道千日后，于成都青羊肆寻吾。'"时隔三年，老君降临此地，尹喜如约前来，老君显现法相，端坐莲台，尹喜敷演道法。自此以后，青羊宫观便成为成都神仙聚会、老君传道的圣地。到了唐代，青羊观的规模已相当大。现在依然是成都的重要名胜。而道教（天师道）最早就诞生在成都大邑。

青羊宫是道教圣地。为了借助道教治理天下，李唐王朝尊老子为李氏祖宗，令天下普建道观，于是成都创建了有老子塑像的紫极宫，不久又设玄中观，但均地盘逼仄。唐僖宗（862—888）逃难入蜀，曾将此作为行宫。待他重返长安后，拨钱增扩建，并下诏改为今名。至明朝，唐朝所建殿宇毁于兵灾。现存建筑为清代康熙六年至十年（1667—1671）陆续重建。

成都道教，长期高度生活化、世俗化，与儒家、佛教和平共处（要求道士像佛教和尚一样不婚姻、过寺观生活的全真道是清代才在成都道教占据主导地位的）。五代至宋朝，青羊宫这座规模宏大的道观及其周围，尤其是从青羊宫到浣花溪这条线路，便已经成为成都官民的娱乐中心，成为官民同乐政治实践的主要舞台。《蜀梼杌》记载，前蜀后主王衍（899—926）喜欢聚众娱乐，有文献云：

> 王衍出游浣花溪，龙舟彩舫十里绵亘，自浣花溪至万里桥。

后蜀后主孟昶（919—965）虽然比王衍治国理政有作为得多，但也好美女好游玩，他"御龙观水嬉，上下十里"，好像故意从规模上不输于王衍。宋代庄季裕《鸡肋编》记载：

> 成都浣花溪自城去僧寺凡十八里，太守乘彩舟泛江而下。两岸皆民家，绞络水阁，饰以锦绣。

可见这些父母官在节庆时不仅与民同乐融洽了官民情感，而且制造了不少就业岗位，增添了消费，提振了民生。至于陆游留下的"当年走马锦城西，曾为梅花醉似泥。二十里路香不断，青羊宫到浣花溪"，更是生动形象地体现了这里的快乐指数有多么高。总之青羊宫作为道观，与儒家主导的城市治理行为、百姓的衣食住行的耦合，可谓天衣无缝。

成都地区道教名胜富集，天下罕有其匹。历史上著名的景观有：二仙庵（位于青羊宫东侧。二仙指八仙中的吕洞宾、韩湘子。是全真道著名十方丛林、全真龙门派碧洞宗祖庭，也是全西南唯一具有传戒条件的十方丛林。现为成都市文化公园）、三学寺（在金堂，有众多奇景胜迹和名人文章、诗歌）、上清宫（在青城山）、天师观（在双流区）、天师洞（在青城山）、太清宫（在青城山）、玉局观（唐宋著名道观，相传为张道陵得道之地。唐宋时期亦为游玩场所。据杜光庭《洞天福地岳渎名山记》载，位置在"成都府南一里，一名玉女化"）、仙居观（隋唐著名道观，在广汉）、至真观（隋唐名观，在今金牛区。相传晋武帝时，蜀人张佰子在凤凰山得道飞仙，遂建此观）、建福宫（在青城山，唐宋名观，宋孝宗时改此名，取古谣"帝以会昌，神以建福"之意）、祖师殿（在青城山）、真武宫（在青城前山）、圆明宫（在青城山）、常道观（在青城山，著名道观，张道陵传道和降妖伏魔之处）、鸿都观（在青城山，著名道观）等。众多宫观的存在和兴盛，说明此地此城的价值观和生活方式需要其作为支撑。

青城山作为隐居圣地，在中国名列前茅，有记载的唐、五代时期，这些经常出现在文献上的高道赵昱、朱桃椎、王柯、罗公远、傅仙宗、孙思邈、徐佐卿、李班、杜光庭等，都是在成都附近隐居，而且基本都在青城山上。

关于青城山的魅力，可以唐朝两位公主的选择来证明。唐睿宗李旦（662—716）有女儿金仙长公主，与其同母妹妹玉真公主在京出家为女道士，两人出游名山后，选定青城山为修炼之所，因此修建了"楼阁层层冠此山，雕轩朱槛一跻攀"的储福宫，其地址在今青城山祖师殿之南。两位公主最后都死于、葬于此山。她们烧香所用的飞龙鼎出土于清代，现存于都江堰伏龙观。惜睿宗第三子李隆基（唐玄宗）为两位姐姐亲书的《唐金仙长公主碑》，已经不见了。

此外，作为道教圣地，成都市新津县的老君山也不可忽略。此山位于县城之南2.5公里处，林木葳蕤，其状貌是五山合一、俯瞰五山形如莲花，外围群山拱卫，雄踞于岷江水系之间，保留有明清古柏二百余株，镶嵌有道教建筑、宫观殿宇群落。创自汉代，唐代有增修，宋元更加宏阔，明末毁于火灾，清代又大规模重修。民国经历火灾，仿青羊宫重建。此地和平年代宗教活动绵延不绝，每年有固定的庙会、法会，大年三十烧子时香，以及老君会、药王会、中元会、九皇会、下元会。特别是每年农历二月十五的老君会，聚集的香客、游客可达十万人，真可谓把对老子的崇敬，和各种消灾纳福以及花前月下的愿望，都变成了一幅千年不绝的风俗画。老子离开洛阳，除了在青羊肆活动过以外，这里可能是他隐居并最终驾鹤成仙的地方吗？

出自古印度的佛学、佛教，至少在东汉中后期，就来到了成都平原。从佛教流播到中国所走路线来看，可能最早进入的大城市是成都（不要忘记南方丝绸之路应该早于其他丝绸之路存在；文献记载的中国和南亚的贸易往来最早的商品出自成都平原），成都的佛教史与中华佛教、佛学的历史几乎完全同步。在前禅宗时代，成都寺庙和高僧大德之多，影响之大，有陈玄奘在成都大慈寺求学并在此受具足戒（前已述及）和唐代大慈寺作为华夏最盛大的佛教艺术殿堂可以为证。不仅如此，从汉代以来，因为成都本土的信仰体系主要是昆仑信仰为主，其说法是，人死后要到昆仑仙境去当神仙，四川出土的摇钱树多，其功能就是死者可以顺着这个树上到西王母那里去成仙。但当时它有个缺陷，人生前不论好坏，死后都可以当神仙的话，那这个信仰的道德引导功能就很弱了。所以佛教到来以后，蜀地先民发现佛教的六道轮回的地狱建构很精致，于是将它和昆仑信仰加以组合，把释迦牟尼请来镇守摇钱树，而且随着时代推移，佛祖在摇钱树上的位置从底部逐渐上移，甚至到达顶端端坐，手持人的生死之轮，决定顺着摇钱树往上走的死者是下地狱还是去见西王母当神仙。据四川大学段玉明教授的研究，中国的地狱文化出自巴蜀（比如丰都的鬼城），其中十王信仰就出在成都。他在《"佛化"成都》一文中说：

> 到唐代时，成都的地狱文化进一步发展出了十王信仰。十王，就是掌管地狱的十殿阎君。十个王一殿一殿地审判鬼魂，好的人可以到上三道去，不好的人则转世为畜生、恶鬼等等。……因为《佛说十王经》这一套最早关于十殿阎王的经文，在其中有具款的地方就写了：成都府大慈寺沙门藏川述……

这样看来，成都人在佛教地狱系统的构件中的影响就很大了——它不仅是成都人造出来的，而且变成了现在全国人关于地狱的唯一一种理解。可以认为，人死了要过奈何桥、要喝孟婆汤、要过十殿等这一系列传说，全部是成都人把它搞出来的。

隋唐时期，因为成都平原接纳了多次因战乱逃难来此的华夏轴心文化区域的人才（包括大量高僧），成都成为了全国佛学佛教理论和教义的阐释、传播中心，这也是玄奘来此的真正原因。唐朝中期以后，禅宗崛起，并分裂为以神秀为代表的主张渐修渐悟的北宗和以慧能为代表的主张明心见性、直指本心、"顿悟"成佛的南宗（其中来自成都平原什邡的马祖道一提出的"平常心是道"，为南宗解决了把顿悟落地的问题，也就是人的行、住、坐、卧都可以修禅悟禅）。而成都出现了禅宗的本土派——净众保唐禅派，而且也是从禅宗五祖这里发源的，它的主张是既渐又顿——先渐修，但最后开悟那一下则要顿悟。传说武则天后来把本来赐予慧能的达摩袈裟收回，转赐予成都的智诜，这是《历代三宝记》中的记载。至少可见成都本土净众保唐禅派是不能忽视的存在。

关于禅宗产生以后，四川僧人之贡献，识者有言："言蜀者不可不知禅，而言禅者尤不可不知蜀。"德山宣鉴、马祖道一、圭峰宗密、五祖法演、佛眼清远、雪窦重显（文字禅祖师）、圆悟克勤（文字禅集大成者）、无准师范、破庵祖先、兰溪道隆、真歇清了、楚山绍琦、聚云吹万、破山海明等，或创新禅风，或开山立派，或发明禅法，或开创丛林，或中兴佛教，或播教异国，均彪炳史册。有趣的是，成都是个"来了就不想走"的城市对高僧大德同样适用。很多外省、外国的僧人定居蓉城。前蜀时，著名诗僧禅月大师贯休（832—912）在成都进入创作旺盛期，他是浙江人。瓦屋能光禅师，是日本国人，孟蜀时入蜀，居成都碧鸡坊三十余年。唐朝，来自新罗国王族的"金太子"无相（648—742）浮海西渡到中国，入蜀资州（今四川资中）德纯寺礼"唐和尚"处寂禅师学南宗禅法，后居成都净众寺创净众派。

唐宋时期，佛教、佛学实现了汉化。成都人对于禅宗的理论贡献突出表现在涌现出了圆悟克勤（1063—1135，成都彭州人）及其撰写的文字禅经典《碧岩录》（在佛教中，中国人创作、被认可为经书的只有两部：《坛经》和《碧岩录》。禅宗本来主张不立文字，所以不要求信徒读经书，说"道不在经中，道在悟中"；但文字禅用诗赋说禅，属于一种成都"创造"）和张商英（1043—1121，成都新津人）及其撰写的《护法论》。

圆悟克勤是才华横溢、妙语如珠的高僧大德，在《碧岩录》中，介绍了精心搜集的100个"公案"以教示学禅者，每一案例，先加"垂示"以作说明，然后著语评论，简介公案提出者略历，并就其警句加以评唱，自作颂语。大师离世后，此书历经坎坷，得以刊行于世，被誉为"宗门第一书"。此书是文字禅主要理论经典，也是禅宗临济宗的权威经典，对日本禅宗也有不可忽略的影响。

张商英是宋代著名政治家，英宗治平二年（1065）进士，因反对王安石新法和拒绝阿附奸臣蔡京，仕途坎坷，晚年历官至宰相。他的《护法论》，驳斥韩愈、欧阳修、程颐等人佛法无用的偏见，指出"三教之书，各以其道善世砺俗，犹鼎足之不可缺也"，但三教各有长短，儒者"治皮肤之疾"，道书"治血脉之疾"，而佛学"治骨髓之疾"。针对一些佛门败类而导致的对佛教的怀疑，他指出败类是败类，佛法是佛法，不可混淆。最后他归纳说，佛教的现实意义就是教人"简静息心"，总之有益于世道人心，所以称"护法"。此书在思想史上有独到的价值。张商英还是居士禅的代表人物，有重要的影响力。

成都现存佛教大庙无一不是声名显赫。比如，大圣慈寺（简称"大慈寺"）曾号称"震旦第一丛林"，唐宋时以寺区96院、阁殿塔厅堂廊房8524间而傲视神州（关于"大圣慈寺"之名的来历，宋志磐《佛祖统纪》卷四十"肃宗"条的记载是：唐玄宗避难成都时，内侍高力士报告"城南市，有僧英干，于广衢施粥以救贫馁，愿国运再清，克复疆土。欲于府东立寺为国崇福。"上皇悦，御书"大圣慈寺"额，赐田一千亩，敕新罗金禅师为立规制，凡九十六院八千五百区。唐武宗灭佛，此寺因为有玄宗题额，所以幸免于难。昭觉寺是"川西第一丛林"，是大禅师圆悟克勤弘扬临济宗杨岐禅法的基地，至今仍被日本临济宗视为祖庭。成都龙泉驿石经寺是明初传播禅宗临济断桥禅法的中心，当代也同时成为金刚道场，成显密兼弘的圣地。文殊院、宝光寺雄踞长江流域四大禅林之列，备受推崇。其中文殊院因为拥有玄奘的顶骨和释迦牟尼的舍利而地位尤其显赫。邛崃天台山全盛时有100多座寺院，"宗教法庭"更是引人侧目。铁像寺是近代能海上师开创的七个金刚道场中唯一的尼众道场，设有中国唯一的四川尼众佛学院。爱道堂是当代著名的比丘尼十方丛林，也是川西平原的佛教女信徒进行法事活动的中心。位处成都南方的峨眉山更是普贤道场，中国四大佛教名山之一，有"银峨眉"之美称[段玉明教授认为，成都佛教（净众保唐派）的特点是重行轻理，即对行动的重视高于对义理的重视，因为普贤菩萨在四大菩萨里就是讲"行"，而且主张"大行"的]。

也许是成都对于儒释道来讲，都是开宗立派之地，彼此接受早已成为习惯；因为从来没有成为过"中国"的首都，来自中央政权的权力和财富角逐发散到宗教领域引发的诸如"三武一宗"灭佛事件在此地此城没有诱因；蜀中名山秀峰众多，足以容下各家所要修建的标志性建筑、拓展修炼朝圣空间的各种欲望；人口众多，好娱乐，寺庙本身就是娱乐和物资、信息，甚至爱情交流空间之一，信众可以笃信某一家，也可以见庙就拜，因此香火都容易维持；资源丰富，物价和人力资源价格低廉，以庙宇为主要据点的各家没有必要恶性竞争……成都，成为中国所有城市中儒释道两千年并行不悖、和谐共处、相得益彰的典范城市，以此建构的文化包容性也一以贯之，不可动摇，以此强化的成都人的进退有据的精神家园也特别丰满（后面将详述），以此缔造的城乡景观也特别和谐。

近代以来，西学东渐，西风劲吹，成都也不例外，在精神、信仰领域，就是三教变成了五教（即儒释道加基督教天主教和回教），成都除了因文化隔阂和一度时局充满暴戾之气，有个发生于1895年的，后来被研究者称为结局"没有赢家"的市民与天主教会发生冲突的教案，和1902年，一个受义和团思潮影响、信奉红灯教的叫廖观音（1886—1903）的奇女子发动的以"反清灭洋"为口号，对教堂和洋人有攻击行为，但很快被清军平定的事变以外，总体来讲，五教的关系是比较融洽的，所以成都的民族英雄尹昌衡脱离凶险的官场隐居后，致力于论述"五教共和"的社会蓝图，他以独创的"白学"思想体系，诠释儒、道、释、耶、回五教同德，是一个开宗立派但被思想史长期遗忘的思想家。笔者家有将军后人馈赠的厚厚的《尹昌衡文集》，其思想的睿智精深令人叹为观止；其文化胸怀与气度恢弘而博大。

此外，这种五教各自并行不悖的情况，在傅崇矩1909年出版的《成都通览》中也有记载——当时成都五教从业人员为：僧人597，道士266，天主教基督教教士3979，伊斯兰教民2594。

以成都为中心的西蜀，佛道并行不悖，与好神秘浪漫的地域文化个性相结合，使以峨眉山、青城山和各寺庙为主要阵地的川西地区多神秘传奇故事，并在历代津津有味的口耳相传中进入典籍，让后人奇想联翩。比如：

宁封子的传说

相传黄帝在做天下宗主的时候，他本人、妻子和身旁臣工有很多发明创造。其中一个负责烧制陶器的职位叫陶正,宁封子正是担任此职的一个能臣。后来有神仙下凡,教他用好火候,就成仙了。这个传说和养生修行的丹道有关。后来宁封子在青城山传道,被称作龙桥真人。现在青城山还有些景点叫"龙桥"。清代彭洵辑《青城山记》云:

> 昔宁封先生,栖于北岩之上,黄帝筑坛,拜为五岳丈人,晋代置观。

因此,他后来在列仙中负责掌管五岳,所以又叫"五岳丈人"。所以现在青城山还有一个别名"丈人山"。

养生先驱彭祖

彭祖,一作彭铿,今成都平原南部眉山市彭山区人,相传活了八百年,是我国养生先驱或始祖。《华阳国志》说,孔子有言"……窃比于我老彭",则彭祖本生蜀,为殷太史,一生外出游历多,晚年再回到故乡,并葬于今眉山市彭山区。孔子、庄子、荀子、吕不韦都曾提到他,西汉刘向编《列仙传》载:"彭祖者,殷大夫也,姓钱名铿,帝颛顼之孙、陆终氏之中子,历夏至殷末寿八百余岁。常食桂芝,善导引行气。历阳有彭祖仙室,前世祷请风雨,莫不辄应。常有两虎在祠左右,祠讫,地即有虎迹云。后升仙而去。"这样,彭祖进入仙界,成为神话人物。而晋代医学家、道士葛洪之的《神仙传》也专门为他立传,谓君王派人求养生之道于彭祖,他说:

> 仆遗腹而生,三岁失母,遇犬戎之乱,流离西域,百有余年。加以少枯,丧四十九妻,失五十四子,数遭忧患,和气折伤,令肌肤不泽,荣卫焦枯,恐不得度世。所闻素又浅薄,不足宣传。

这里的彭祖,谦恭有加。而其他文献对他的养生实践的记载有:《庄子》说他是导引养行之高人,《楚辞》认为他善食疗等。

胡安跨鹤升仙

西汉初,蜀郡临邛县(今成都邛崃市)出了一个著名的教育家胡安。他是汉代第一大才子司马相如的老师,著名隐士,而且文献记载他最后成仙,跨鹤离开人间。至今在成都地区关于他的故事有:

胡安博学多识,通晓天文历法、阴阳五行,品德出众,朝廷闻其名,多次征召,请他入庙堂,造福黎民,胡安不愿做官,隐居在城外的西山上。胡安应该是像孔子、孟子一样,以教授门徒的束脩生活。弟子众多,其中就有司马相如。西晋史学家,三国文化的鼻祖陈寿(233—297)在其《三国志》之外的另一部著作《益部耆旧传》中说:"胡安,临邛人,聚徒白鹤山,相如从之受经。"西山山顶有一个很大的山洞,胡安平时讲学也在这里,被称为点易洞(蜀学历来重易学,且水平极高)。民国初年,点易洞外尚有胡安祠,并存一副对联:"心在河图洛书上,托迹山林泉石间。"

胡安年寿渐高,住在山洞,学生中有人不安,某日遂带着一些礼物,上山探望恩师。到了点易洞,胡安却不在。他在洞中等候,直到半夜,只得下山回家。次日,学生们上山,看到胡安精神饱满坐在洞中,并给弟子们讲课。下课后,学生问恩师昨晚行踪,胡安笑而不答。放学后,有好奇的学生没有回家,偷偷躲在点易洞附近,傍晚,只见一只巨大的丹顶鹤从天而降,他们的恩师从容跨上鹤背,消失在云海。次日凌晨,胡安又驾鹤而归。事情传出,人人诧异,留下来"偷看"者更多。傍晚时分,丹顶鹤再来,学生们瞠目结舌。胡安知道尘缘已尽,乘鹤而去,再无音信。

为怀念胡安,邛崃人把西山改名为白鹤山,修建了一座寺庙纪念他,叫作白鹤寺,后来易名鹤林寺。

陆游好游赏,在蜀地为官数年,曾至白鹤山,写了一首《次韵宇文使君山行》,最后两句是:"安能学胡公,危苦寄鹤翅。"他怕后人不解,专门注:"仙人胡安学道西岩,跨鹤升仙,山以此得名。"

宝掌千岁和尚(前414—657),中印度人。出生婆罗门,世称宝掌千岁和尚、千岁宝掌。据《五灯会元》卷二、《嘉泰普灯录》卷二十四、《佛祖统纪》卷四十、《大明一统志》卷三十八等文献记载:

他出生时，左手握拳，至七岁剃发始展掌，故取名宝掌。据传魏晋间东游中土，入蜀地参礼普贤（普贤菩萨的道场在峨眉山）。他秉性大慈，常不食，日诵般若等经千余卷。曾令大将军何进（？—189）大为感动并写诗赞美他。一日向大众道："吾有愿住世千岁，今年六百二十有六。"故有千岁之称。其后，参访五台、庐山等地，未久，适逢达摩来华，他即向之请益，而得开悟。贞观十五年(641)后，居止浙江浦江之宝严寺。与朗禅师交游甚笃，每遣白犬通问，朗禅师则遣青猿回复，故有"白犬衔书至，青猿洗钵回"之语。于唐朝高宗显庆二年（657）去世，传言世寿达千余岁。此外，也有人说他，是于隋代开皇十七年(597)来华，并创建天宁永祚寺，还有人认为他于贞观十五年创立永祚寺。今峨眉山上的"宝掌峰"因他而得名。全国各地与他有关的地方数十处，但进入中国第一站是在西蜀。

释增生，俗姓袁，西晋郫都郫县人。受邀担任三贤寺住持，向世人传授《法华经》，练习禅定。每当他诵经时，常感动老虎前来倾听，等诵读完才离开。他晚年更加努力精心读经书。后来生了点小病，但他对侍者说："我将离去了。死后请给我火化了。"弟子遵命而行。

杨通幽，唐时人。北宋《太平广记》卷二〇引五代时杜光庭所著《仙传拾遗》：通幽本名什伍，广汉什邡(今德阳什邡)人。幼遇道士，教以檄召之术，受三皇天文，役使鬼神，无不立应，能禳水旱，致风雨，而木讷疏傲，不拘于俗。唐玄宗逃难来到成都，思念贵妃，召通幽行术，上天入地，遍加搜访。第一夜，通幽遍行九地之下，第二夜，又升于九天之上，均无贵妃。第三日至九洲三岛，于蓬莱见贵妃。贵妃乃取金钗钿盒为信物。通幽归见上皇，上皇叹为真神仙，赐号通幽。问其受道之由，通幽曰："臣师为西城王君青城真人。"

绿毛龟与人祸

成都人和平年代幸福指数高，所以对于乱世尤其深恶痛绝，对于制造了乱世或乱世中杀人放火者也视作魔鬼。而魔鬼的出现，难免会有不祥的预兆，于是历史上便有了绿毛龟与成都历史上最惨的人祸相关的文献记载。

乌龟在中国文化中以其生命力强、长寿、低调被视为一种吉祥物，尤其是绿毛龟，更被视为乌龟中的寿星。它们意外的出现总是带有某种有利于人的寓意，比如，张仪张若初筑成都城墙时那只水塘里爬出来的乌龟，就描绘了成都城墙的位置。而大的人祸将至时，绿毛龟会出来向人类示警——清代四川通江的李馥荣在康熙末年著有《滟滪囊》，在叙述清末造成成都生灵涂炭的流寇摇天动、黄龙等十三家（史家有时简称"摇黄"）和张献忠将要屠杀四川、成都时，他倒叙道：

  崇祯十七年，成都濯锦桥下绿毛龟出，约五丈为圆，小龟数百相随，三日后入水不见。

同样，在叙述到吴三桂（1612—1678）将要举兵反叛清朝，并派兵入川时，也专门增添一笔：

  康熙十二年癸丑，成都濯锦桥下绿毛龟现，大如车轮，见背不见首；有小龟数百，浮于水面，三日后乃不见。

这是绿毛龟在向世人示警，旷世魔鬼即将来临，世间即将腥风血雨，该早做准备啊。可惜绿毛龟走了，人们并没有引起重视，从而天府一度变成人间地狱。这种故事，与天人感应、万物有灵的观念均有关系。谁要觉得这是"封建迷信"，一定要从科学的角度去论证其是非，显示其高明，那就去吧，反正多数成都人不会关心你那"科学论证"的结果。

吐故纳新的丝路

  古代巴蜀文化的起源从文字学来讲饶有意趣。文献记载，"巴"是一条蛇，可以吞噬大象，而且要三年才能消化掉，实在消化不了的骨头三年后才能排出体外，这种残骨可以入药，治疗"君子心腹之疾"。而"蜀"字则是桑蚕，象形字，从甲骨文到金文、大篆、小篆、隶书清清楚楚。古代巴人属于南蛮（现在学术上尚有分歧），蜀人属于羌族（炎帝的后裔），可以想象，巴蜀二族曾经分别以巨蛇和桑蚕作为自己的图腾。这两种生物，虽然巨细悬殊，各有神通，但桑蚕被养殖后，无疑更加深刻地引领和影响了人类文明的进程。

中国是栽桑养蚕的原乡，是丝绸文明的发祥地。成都及其直接管辖、影响的区域就是这样的原乡和发祥地。史书记载黄帝（大约存在于公元前30—前28世纪。因为他是半人半神的偶像，所以生平事迹成为"箭剁"，丛集了中国跨入文明门槛前夕的许多发明创造和重要变革）派遣自己的正妃嫘祖赴蜀地（早期蜀地部族本来就与黄帝族联姻）教导民众栽桑养蚕，至少从那个时候开始，成都的先民们的丝织业就应该有了。到了两周交替之际，古蜀五祖之一的蚕丛（具体生卒年不详，大约活动于公元前8世纪），又称蚕丛氏，为了扩大栽桑养蚕事业，率领部族从岷山地区迁徙到成都平原，后来成为蜀地古代神话传说中的蚕神。他也因此成为蜀国首位称王的人。这个蚕丛氏，长相、外貌非同寻常，据说他的眼睛跟螃蟹一样是向前突起（所谓"纵目"），头发在脑后梳成"椎髻"，衣服样式的左边是斜着分了叉的。总之，先秦的成都先民，毫无疑问已经有了栽桑养蚕和丝织业。

从两汉开始，至少三条丝绸之路（南方、北方、海上）出现，构成人类几大主要文明圈的首次以丝绸贸易为主要内涵的陆海大通道。成都长期以其丝织产品的强大生产能力，体现在产品中的一流工艺技术水平（老官山汉墓出土的西汉斜织机具有领先世界的丝织机械技术，其模型已经复制出来，在今日成都博物馆，人们是可以亲自开动这台织机以检验其精妙的），本地和异地商人的坚韧不拔精神，而成为北方、海上丝绸之路不可或缺的重要参与者，成为南方丝绸之路的起点城市和主要供给地。

我们仔细阅读丝路地图，可以发现，在古代的交通版图上，没有一座城市像成都这样，处于三条丝绸之路的最佳参与位置，所以，尽管古代存在蜀道难、长江航运险等诸多难题，但有中外商民艰苦卓绝的万里跋涉，成都依然通过丝绸之路，对外代言了自己的风雅，传递了中国的富丽繁华，也接受了丝绸之路沿线国家和城市通过商品和人员来往送来的异域风情和他国文明。这样的吐故纳新和开放传统，增添着成都这座城市的内在活力，缔造了成都自古的世界意义上的文化名城地位。

成都优秀丝织品的古今代表是蜀锦。它的精致和绝美除了已经提到的老官山汉墓出土织机和"五星出东方利中国"护臂这样的禁止出境展览的顶级国宝可以佐证外，还有一个有关北宋"灯笼锦"的真实历史故事可以诠释。

北宋仁宗皇帝（1010—1063）深得臣民厚爱、敌国（辽、西夏）敬佩。在位期间，派著名政治家文彦博（1006—1097）以枢密直学士来成都当太守。据梅尧臣（1002—1060）所作《碧云騢》记载：宋仁宗最宠爱张贵妃，张贵妃父亲曾是文家门客。张贵妃知道皇帝信任文彦博，为了固宠，主动结交文彦博，对他以伯父相称。有一次，临近上元节（即正月十五元宵节），张贵妃示意文彦博进献灯笼锦。蜀锦天下闻名，灯笼锦是其极品，此锦以喜庆的红色为基调，纹样以灯笼为主体，配饰流苏和蜜蜂，寓意"五谷丰登"。文彦博马上安排人把灯笼锦制成，并送达京师。

到了上元节那天，张贵妃特意穿着灯笼锦做的衣服，去见宋仁宗，宋仁宗看得眼花缭乱，高兴地问："何处有此锦？"张贵妃回答说："这是要成都文彦博织来的，他曾与我父亲有旧，所以以伯父相称。不过，我怎能指派朝廷大臣呢？是文彦博主动织来献给陛下您的。"宋仁宗颇高兴，不久就把文彦博从成都调回，任枢密副使，随后任为参知政事（副宰相）。

不料此事惊动了一个奇人，姓唐名介（1010—1069），此人当时司职监察，名侔包拯（999—1062），以衣冠简陋、眼里揉不得沙子著称，他听说了张贵妃身上华服的来历以后，觉得监察官出彩的时候到了，上奏说文彦博送礼贵妃，是为了讨皇上欢心，以谋取自己的政治前程，必须严惩。一石激起千层浪，大臣们意见不一，有人觉得此风不可长，有人觉得小题大做，最后皇上下旨，文、唐二人先后都降职贬官去外地。第二年的上元节，内臣有人作诗说："无人更进灯笼锦，红粉宫中忆佞臣。"仁宗听到这诗后也笑了。所以后来，文彦博又得到起复重用，而且在文的要求下，监察官也回到了首都，直到60岁时因反对王安石变法受挫（被王安石驳斥得哑口无言）被气死。

天南海北的移民

前已述及，四川盆地在历史上至少有九次大规模地接受各类移民（包括外国人），其中的精英多数去了或后来流徙到了成都。虽然也有移出，很多人还基于各种原因客死他乡，子孙在异地绵延（包括一些名人也是如此）。但移出总量是大大少于移入的，成都尤其如此，这也是天府之国的优越性决定了的。所谓"少不入川，老不离蜀"，看站在什么样的视角去解读，意涵会有很大不同。也许陆游对成都、四川的终身眷念是最具有说服力的案例之一。我作为一个在成都生活了40余年的成都市民，觉得"少不入川"存在偏见，主要来自一些对四川了解不多、存有某种文化偏见或误会的人，且只对少数人和事业适用，比如那些极其愿意自己被格式化，然后依靠这种格式化去当很高的官，拥有顶级的财富者，他们会觉得四川、成都的舞台和人们普遍的志向与享受生活的风气等，会使人失去坚定追求上述目标的勇气和毅力。又比如那些自幼希望在大漠边关保家卫国，愿意以马革裹尸之志封侯取相的人，也会觉得成都和平年代的富丽悠闲温润要消磨钢铁般的意志。其实这些看法虽然不能说全是偏见，至少也是对成都拥有涵育任何一种人才类型的丰富性和多元性知之甚少的结果。在笔者任副主编的2018年年底出版的165万字的《成都历史文化大辞典》的人物词条里，成都什么样的人才没有涌现过？而"老不离蜀"则毫无疑问没有丝毫夸张——在哪里去找比成都幸福指数更高的城市？这里养老敬老的传统和日益改善的硬件和软件条件（山水、美食、公园城市示范区建设、平等对待一切奉公守法的外来者的风气等）毕竟是罕见的。

关于明末清初以"湖广填四川"为标签的大移民所滥觞的清代以来的成都、四川人文个性，有一段史料的价值是被人忽略的——那就是清代相关著述中关于其时死难的人太多，从而形成千里邱墟榛莽之上的超级虎患问题。

最早伴随张献忠来到四川的意大利传教士利类思（1606—1682）、葡萄牙传教士安文思（1609—1677）这样描述清初的成都：

  真是尸积如山，血流成河，逐处皆尸，河为之塞，不能行船。锦绣

> 蓉城顿成旷野，无人居住。一片荒凉惨象，非笔舌所能形容！

人类大量的、不断的死伤、逃亡，给食肉类猛兽的生存、繁衍创造了一处惊人的"天堂"。一段时期，包括成都在内的四川盆地，出现了人类城市历史上的超级虎患，文献多有记载，如：

明末清初著名学者、诗人和思想家费密（1625—1701，新都新繁人）记载道：

当时有一些身体稍强壮的歹人，专门去用"闷棒"（突然棒击）杀人，然后做成干腊肉以当食粮。"是后虎出为害，渡水登楼，州县皆虎"，食人无数。

明末成都华阳县县令沈云祚的儿子沈荀蔚在1657年于逃难后回到成都，他的文章回忆道：

从顺治八年（1651）春天后，"川南虎豹大为民害"，而川东、西、北，则从1648年便已经虎患成灾。残存的老百姓不敢独居，只能"数十家聚于高楼，外列大木栅，极其坚厚"，尽管如此，猛虎仍然能够破屋而入，或者"自屋顶穿重楼而下"，可见人类在其眼中，已经是不需要畏惧的猎物而已。百姓若外出取水，必须全体出动，还要手持兵器，点火击鼓而出，就这样回到原始状态的对抗群兽，仍然不时会有人死于虎口；甚至连营中全副武装的士兵，也有葬身虎口者。他记录道：常听某州、某县残民百姓被老虎吃光的报告，所以哀叹：

> 遗民之得免于刀兵、饥馑、疫疠者，又尽于虎矣！

四川广安州渠县人欧阳直（1620—1698）说，蜀中升平时期，从无虎患，但至张献忠1646年屠蜀以后：

> 遍地皆虎，或一二十成群，或七八只同路，逾墙上物，浮水登楼爬船……此皆古所未闻，人所不信者！

残存的土著遗民本来就少得可怜，很多还葬身虎口，跋涉千山万水，历经千辛万苦来自全国18个省的移民到达四川、成都后自然也是老虎捕食的目标，而且他们人生地不熟，死伤也不可忽略。顺治七年（1650），四川巡抚张瑃（1624—1665）给皇帝上了一个报告虎患的"揭帖"——

早期移民刚到的时候，"城市鞠为茂草，村畦尽变丛林，虎种滋生"。老虎有多么凶狂："有耕田行路，被老虎白昼吞食者；有乡居散处，被老虎深夜入食者。"

张巡抚担心圣上不相信四川的惨状，呈上了南充知县黄梦卜的告急文书，其中曰：他不久前从陕西、甘肃招来的移民506名，被虎吞噬者228人，病死55人；他又千辛万苦招了74名，又被老虎吃掉42名。具体情况，有此县令"造册具申"！

成都比之南充，同样凄惨。比如清初文坛领袖王士祯（1634—1711）于康熙十一年（1672）来到成都双流，此县因人烟罕见，"虎迹纵横"，已经并入新津县。经过新都，但见状元杨慎故居已经毁于"瓦砾之间"，仅剩两棵桂花树兀立于凄凉秋风中……

虎患持续时间约半个世纪。对于巴蜀和成都人文性格的养成也刻上了深刻的印迹，那就是早期四川移民在对付、解除共同的巨大生命威胁——虎患的过程中，大大增强了相亲相爱、互相帮扶的命运共同体意识，这种意识，涵盖并超越了一般的文化包容心理，塑造了天府文化不看重人"从哪里来"，而低调、友善笑迎新老宾朋，并平等相处的人文性格。这种篇章，可能没有第二个城市可以相提并论。至今成都、四川地名很少与虎相关，毕竟那是一个让人极其痛苦的记忆中的主角，所以其来有自矣。

承天地之赐和祖先余烈，以及其他条件，成都形成悠久的移民传统，为其因历史上的各种天灾人祸而造成的人口耗损带来及时补充，为其物质文明和精神文明甚至生态文明的生生不息不断增添必须的新的眼界、思想、技艺、风气，为其族群基因的优化和丰富创造优良的条件，为其城池一次次地光复和拓展带来新的景观和感动。可以说，在成都人文精神最优良的组成部分里，既能尊重、包容、采纳移民之"新"，也不放弃主要出自历代原住民的生存、发展智慧和文脉之间形成的平衡,是弥足珍贵、不可完全复制和替代的组成部分,这并不是所有移民城市都可以轻易做到的。有人把成都的这种文化生态,描绘为一盆由拥有独家秘籍绝活的厨师调制的成都火锅底料制作的原汤,不管什么食物放进去,它都会成为无比鲜美的成都美食,而不是其他任何地方的同类的味道。

成都,既因移民而"移动",而日新月异,也因文脉绵延而"沉淀",而风韵自成,后者始终能够在吐故纳新中实现新的超越。这就是成都作为移民城市的卓越之处。

从未更改的城名

在人类历史上,一个有两千年以上岁月的城市,城市名字从未改变,非常罕见;而这个城市自建成以后,中心城址也从未移动,所有剧烈变革、兴替前后城市依然围绕它收缩或扩张,因此越是靠近城市中心的区域,后人能够通过考古发掘发现的文物和历史遗迹就越多越丰富,此一特征,那就更属于凤毛麟角了。成都说,它就是我。

说到成都之城池的前世今生,有太多传说和故事可以述说,可以咏叹。这座城市最早的有大致脉络可循的祖先,是来自岷江上游的蜀山氏,为了在原先的渔猎经济之外,更好地发展农桑事业,大约是在距今4500年以前,进入成都平原。改革开放以来,成都平原发现了除位于广汉的三星堆和位于今成都市青羊区的金沙遗址(处于商末至西周)以外的史前城址六个,包括位于成都市新津县龙马乡的宝墩古城址、位于郫都区古城乡的郫县古城址、位于温江区万春镇的鱼凫古城址、位于都江堰市青城乡的芒城古城址、位于崇州市上元乡的双河古城址及燎原乡的紫竹古城址等,是迄今所知我国西南地区发现年代最早、规模最大、分布最密集的史前城址群,年代距今约4500—4000年。对应古蜀国的话,应该属于蚕丛、柏灌时期。因为宝墩遗址显示的城池规模最大(有外城和多处大型建筑遗址),号称中国第四大新石器时代城址,最有代表性，所以又统称为"宝墩文化"。短短500年，竟然有六座（只是因为基建等原因在面积很小的地域所发现）人类大型聚居点被发现，只能说明，要么是因为当时的成都平原已经有包括其他未知族群（含土著）在内的若干部落或酋邦同时存在，要么就是蜀山氏进入成都平原以后，因为洪水冲击或与土著发生剧烈冲突等原因，多次发生治理中心的迁移。后一种可能性应该更大，因为战争最容易成为族群记忆，可是这一时期没有留下。但这些城址都是金沙遗址代表的政权及其城池的前身或源流应该没有问题。

三星堆遗址及其文化（尚未公布所有发掘报告）神秘浪漫、壮丽辉煌，文物的时间跨度两千年（距今5000—3000年），其大型青铜器和玉器、金器、成吨的象牙和大量陶器为代表的当时世界一流的青铜冶铸技术和神人合一的政权形态，足以令任何参观者留下深刻印象。这个文化高潮阶段的主人应该是擅长渔猎，也开始进入了农耕文明状态的鱼凫王朝。其主要族群同样应该属于蜀山氏，而且是一个早期王国的形态，它也是成都这座城市的前身之一。

金沙遗址位于今成都市的核心区域青羊区，以出土的太阳神鸟金箔（已经成为中国历史文化遗产的标志）和其他金器、玉器、海贝、成吨的象牙等，显示了它是一个以太阳和鸟为图腾崇拜的族群建立的政权和中心城池。它对应的古蜀王朝应该是望帝杜宇和鳖灵建立的开明王朝。开明王朝的统治中心也有迁徙过程，其时间，文献记载还有不同——常璩《华阳国志·蜀志》有"开明王自梦郭移，乃徙治成都"的记载，那就是开明王朝第九代国王时发生的事情。后来的《路史·余论》卷一也沿袭了这一说法："开明子孙八代都郫，九世至开明尚，始去帝号称王，治成都。"不过扬雄《蜀王本纪》说"开明帝下至五代有开明尚，始去帝号，复称王也""本治广都樊乡，徙居成都"。时间大约在公元前5世纪中叶。不管是几世迁到今成都市区，成都的古蜀国都城史都是成都城市史的滥觞部分。

公元前316年，利用开明十三世缺乏对外部世界认识，纵情享乐（此人还是一个音乐家和诗人）和爱美人甚于爱江山的秉性，擅长欺诈和偷袭的秦国派张仪（？—前309）、司马错（生卒年不详）率领秦军攻入成都平原，蜀王战败，蜀地纳入秦国的政治版图（随后也灭巴国），成为蜀郡。在秦国雄心万丈的统一中国的谋划中,巴蜀地区是作为提供人力物力资源保障的战略基地,所以秦国派最好的官员前来治理(包括半个世纪以后莅临的李冰),由张仪(及随后的张若)负责重新选择中心城址建立新的郡守统治中心,这就是以今天成都市的天府广场、省展览馆一带为中心的新城市,而且是仿大秦国的首都咸阳的形制……文献记载,张仪开始下令筑的城墙经不起雨水冲击,很快坍塌,后来一个池塘中爬出来一只乌龟,当地巫师告诉张仪,派人尾随这只龟,记录其爬行线路,然后在其上修城墙。张仪迅速采纳,果然所筑城墙再也不垮塌了。为了纪念这只神龟,所以成都也有一个别名叫龟城。

成都能够两千多年城名不改(中国只有江苏苏州、河北邯郸如此)、中心城址不移动(笔者见识寡陋,未闻有同类),对于其子孙后代传承其文化和延续其文化性格,无疑是一种独到的优势和资源。它为何能够是这样的一座幸运之城呢?

成都之得名,尚未有统一结论。第一,据北宋文学家、地理学家乐史所撰之《太平环宇记》言,是借用周太王得到民心归附建都顺利的比喻,"以周太王从梁山止岐山,一年成邑,二年成都,因之名曰成都"。这是比较流行的一种说法。第二,已故著名巴蜀文化学者任乃强教授(1894—1989)认为是杜宇定名成都,昭示建国功成,可垂久远。第三,当代学者、四川大学刘琳教授的观点是,春秋末年,蜀国迁到成,改名成都;温少峰先生则认为,这是成侯部落居住过的地方,成族人的都城叫成都。第四,中原人对蜀语的音译,蜀人称自己的都城为 dudu,也即蜀都的意思,蜀方音 du,中原汉人把蜀都音译作成都;第五,蜀地蚕丛氏发明了城埠,因而部落叫崇埠,到开明王朝部族仍称崇庸或庸成,简称成,所以就称开明王朝的首都为成都了。其他议论不一一列举。先秦成都历史的云遮雾绕,主要原因是蜀山氏或像温少峰先生所言之成族人没有留下可以作为准确历史信息的文字,所以我们还期待更准确可靠的记载、证据出土。

成都两千年城名未改,原因如下:

在汉语中,成都这个词既可以是动词,也可以是名词,可以是进行时,也可以是完成时,总之都是吉祥的含义。

历史上与成都级别、分量相当的城市，很多时候的改名都发生在其身不由己卷入了中国中央政权改朝换代的矛盾旋涡的中心，新的征服者为了自己的统治需要甚至个人好恶而强行更改城市原来的名称，成都很幸运，它从来没有成为统一中国的正式首都，所以逃过了这样的厄运。

"成都"承载了太多辉煌壮丽、温暖动人的记忆和无数优美篇章与艺术的表达，以及不可改变的自己的节奏、气度与风韵，它是独到的不可替代的风景，名字为什么要改变？

至于为什么2300年中心城址能够屹立不改，那我们只能感谢张仪、张若和那只神龟了。

The
Biography
of
Chengdu

成都 传

第六章

古今魅力

忠孝成都

前已述及，成都自古与儒家文化保持了理论和实践的血肉关联。此处，举例说说忠孝之道在成都的体现。

熟悉中国文化者均知，儒家的忠孝观念，致力于培育和强化人类共有的最高尚的情感——起于爱父母、爱故乡并得到升华的爱国主义。成都几千年始终力挺中华文明，做家、国两个层面的"孝子贤孙"。

成都文化具有强烈的面对中国轴心文化的整体性。所谓整体性，其一是指从其诞生起，就逐步开始了向大一统的华夏政权、国家轴心文化的凝聚和集结，实现中华民族最广泛的文化认同和文化自觉。在神话传说与历史记录交织的文献中，蜀人的早期发展脉络与黄帝、昌意、颛顼一系降居江水、若水紧密关联；夏禹兴于西羌，当他在会稽号令天下时，巴、蜀均是其追随者；大禹治水，勘定九州疆界后，巴蜀即归梁州范围。巴蜀还十分勇敢积极地参与了周武王的联军，助周灭商。孔子请教过的音乐老师是东周贤大夫苌弘，来自蜀地。蜀人、蜀文化自古即是华夏族和中原文化的紧密关联者。其二是指自秦以来，这里的官民向往、维护、支持国家统一的情感和意识特别强烈，而对于在此地形成、崛起的割据分裂势力、政权，除非它能在一定时期内有统一中国的希望（实际上这种情况只是三国时期，刘备、诸葛亮治蜀阶段存在过）或起到保境安民的作用，一般都绝不会倾力支持其坐大和与国家统一趋势顽抗到底。主要原因除了儒家仁义礼智信和忠孝廉耻的核心价值观在天府大地的深入人心外，生活在这块罕有其匹的人间乐土里的人民对于国家统一的好处领会最深，对于国家因为腐败、衰落或被强敌入侵，陷入分裂战乱后带给本地区的祸患与灾难（如宋末元初、明末清初成都平原承受了两次原住民几乎全体被灭绝的巨大人祸，这在中国的同级别城市的历史上是十分罕见的）有着刻骨铭心的记忆和理性认识。这也加速、巩固了地域文化在主流价值观和生活方式上对国家轴心文化的力挺和融汇。

众所周知，中华文化的主干是儒家文化，儒家的忠孝节义伦理和大一统意识是中国爱国主义传统的核心和灵魂。释、道是中华文化的重要组成部分，尤其是在理学崛起以后，三教都把爱国作为了核心价值。有积淀深厚、个性鲜明的优秀地域文化滋养，天府成都的众多先贤都具备以坚定的爱国爱乡为底色，在和平年代深谋远虑，先天下之忧而忧，敢作敢为，在天灾人祸到来时，面对家国盛衰、天下沉浮，追逐仁义、勇敢豪迈的人生格调；普通人民也能够在和平年代奉公守法，积极创造，在灾难降临时与国家和民族风雨同舟、生死与共。而每当国家走向统一或出现统一前景时，他们能做出基于民族大义的理性取舍，其不支持地方分裂割据的传统尤其体现天府文化的强烈的统一意识和更高层面的家国情怀。兹举数例。

文豪

代表天府成都文化整体性的历史人物不胜枚举。文豪中的典型者如下。

强大汉朝的代言人司马相如（约前179—前118），凭借其才华，不仅与富家千金卓文君月下私奔成功，喜结连理，而且受到武帝信任，助益其实现文治武功。当然他主要的历史地位是彪炳史册、荣耀乡邦的文学家，分析其汪洋恣肆的作品，《上林赋》既铺陈渲染了大汉天子上林苑的壮丽以及汉天子率众臣游猎的盛大规模，但也鲜明讽谏了汉武帝的纵欲奢靡，表达了他对汉帝国鼎盛时期存在的严重问题的忧患意识；《哀二世赋》是我国赋史上第一篇涉及秦朝暴政的作品，借哀悼二世委婉议政，通过此借前车之鉴委婉讽谏汉武帝。而他的说理散文《难蜀父老》，不仅留下"盖世必有非常之人，然后有非常之事；有非常之事，然后有非常之功。夫非常者，固常人之所异也"的名句，更是高瞻远瞩，以其如椽之笔，引领家乡百姓积极支持朝廷开拓西南夷。司马相如以中郎将身份，奉武帝之命，持节出使西南夷。当时，蜀地长官多言打通西南夷没有用处，朝中大臣也以为如此，司马相如遂创作《难蜀父老》，假借驳诘蜀父老的形式为现行政策辩护，对开发西南地区、沟通汉族与西南少数民族的关系，起了积极的作用。《难蜀父老》首先概括了西汉的国势和"西征"的形势，假托蜀中父老对开发西南的异议，以使臣的名义阐明开通西南夷乃天子之急务，百姓虽劳而不能停止，并以大禹治洪水为例，说明凡举大事必极劳苦，开始时"黎民惧焉""及臻厥成，天下晏如也"。文章论点集中、语言锋利、气势充沛、说理透辟，具有咄咄逼人的艺术效果，凸显了他强烈的家国情怀。显然，司马相如不仅是大文豪，也是主动积极为国分忧、深谋远虑、不避艰险的政治家与外交家。

西汉后期的扬雄（前53—18），家贫但不慕富贵，博学多识，奇才旷世，学跨儒道，论兼史文，气度恢弘，拟《易经》而作《太玄》，拟《论语》而作《法言》，坚定传承、捍卫孔孟的学说，为儒学在汉代健康发展开辟道路；他在《法言》中还主张文学也应当宗经、征圣，以儒家经书为典范，对后世文艺理论有重要影响。虽然生在成哀新莽之世，曲高和寡，但绝不随波逐流、为了自己的富贵屈己迎合当道，终得青史流芳，后世敬重。唐代大文豪刘禹锡（772—842）特别敬佩他的安贫乐道，在其著名的散文《陋室铭》中以"南阳诸葛庐，西蜀子云亭"双褒并美，激励自己坚守高洁傲岸的情操。作为汉赋四大家之一，扬雄留下的璀璨名篇《甘泉赋》《河东赋》《羽猎赋》《长杨赋》同样以忧患意识对君主的虚骄奢靡、劳民伤财进行了讽劝。班固赞美他的高洁："实好古而乐道，其意欲求文章成名于后世，以为经莫大于《易》，故作《太玄》；传莫大于《论语》，作《法言》；史篇莫善于《仓颉》，作《训纂》；箴莫善于《虞箴》，作《州箴》；赋莫深于《离骚》，反而广之；辞莫丽于相如，作四赋；皆斟酌其本，相与放依而驰骋云。用心于内，不求于外，于时人皆曶之；唯刘歆及范逡敬焉，而桓谭以为绝伦。"显然，班固对扬雄好古而乐道，关心天下兴衰，传承、弘扬圣贤的学术、志向的人格，卓尔不群的才华十分敬佩。

历史上蜀地不计功名富贵、直道而行、对国家竭尽忠诚的极品文豪数不胜数，典型如苏轼、杨慎，虽然天纵英才，但都命途多舛，然而不论遭遇多少人生坎坷，其对天下兴亡、国家安危、苍生休戚的关怀都不会改变，其人生灾难形成的巨大压力都能在儒释道的共同作用下得到消解，使其人格始终不会沉沦，其文学创作还能够继续产生家喻户晓的千古名篇。关于儒家忠孝伦理对苏轼的影响，一翻开他的列传，就赫然在目："苏轼，字子瞻，眉州眉山人。生十年，父洵游学四方，母程氏亲授以书，闻古今成败，辄能语其要。程氏读东汉《范滂传》，慨然太息，轼请曰：'轼若为滂，母许之否乎？'程氏曰：'汝能为滂，吾顾不能为滂母邪？'"事实上，苏轼忠君爱民，直道而行，历尽坎坷，终身未改。所以宋史在其本传中给予了罕有其匹的高度评价："自为举子至出入侍从，必以爱君为本，忠规谠论，挺挺大节，群臣无出其右。但为小人忌恶排挤，不使安于朝廷之上。"苏轼生活在北宋中晚期，对于朝廷面对辽和西夏的懦弱无能，他的强烈郁闷和希望都寄托在了像《念奴娇·赤壁怀古》这样的咏叹中："大江东去，浪淘尽，千古风流人物。故垒西边，人道是，三国周郎赤壁。乱石穿空，惊涛拍岸，卷起千堆雪。江山如画，一时多少豪杰。遥想公瑾当年，小乔初嫁了，雄姿英发，羽扇纶巾。谈笑间，樯橹灰飞烟灭。故国神游，多情应笑我，早生华发。人生如梦，一樽还酹江月。"苏轼多么希望宋朝振作起来，有像周瑜（175—210）这样的英雄来对付来自北方强邻的威胁，赢得国家的优势地位与尊严。这首洋溢着英雄主义情结的名篇不知激励了多少炎黄子孙不畏强敌保家卫国。而杨慎，践行理学的"得君行道""致君泽民"理想，为了阻止明世宗出自私欲而破坏国家正统礼制，奋不顾身争"大礼"，换来被终身流放云南边陲的结局。可是在36年的流放生涯中，他并没有自暴自弃，而是克服众多艰辛，不仅成为在学术和文教上开化云南、受到云南官民世代崇拜的伟大先贤，成为有明一代文人中百科全书似的泰山北斗。纵观杨慎一生，除了对云南的巨大贡献外，他还对天府家乡也尽可能做出贡献——曾10余次因省亲、奔丧或其他特殊原因回到新都，其中8次以上发生在他26岁被流放以后，所以虽然从经济上、聚集资源上帮扶家乡他能力有限，但他发挥了他作为大作家、大学问家和书法家的优势，有求必应地为家乡编撰典籍、撰写碑铭。比如正德十年（1515），杨慎应新都知县韩奕之请，撰写《新都县八阵图记》。次年，其碑立于县北弥牟镇之武侯祠。今藏新都桂湖碑林内。嘉靖二十年，杨慎为父亲省墓，经成都回到新都，居家半年，其间两次到成都，完成《全蜀艺文志》，应四川巡抚刘大谟延聘，与杨名、王元正纂修《四川总志》，书成，为其作序。他做出的这类贡献，虽然不能与他对于他的第二故乡云南的贡献相比，但应该说已经做到了极致。杨慎还身体力行了"位卑未敢忘忧国"、坚决反对地方势力叛乱的堪称英雄的事迹：嘉靖五年（1526）十一月至十二月，流放云南边地永昌的杨慎获悉寻甸府土舍安铨、武定土舍凤朝文叛乱，攻掠城堡为患，升庵叹曰："此吾效国之日也。"遂身穿戎服，率旅僮及步卒百余，往授木密所守御，入城与副使张峨共谋固守之策，至叛军败退而复归会城。读到这样的记载，对这位伟大先辈，一种特殊的敬意便油然而生。

将帅

古语说巴出将，蜀出相，这只是两地比较而言的笼统总结。其实，在清代此话就并不适用。与历朝历代相比，清朝在中国历史上的卓越贡献是运用软硬实力，在辽阔边疆地区建立的文治武功，对于近代以来中国疆域历经西方列强怀着狼子野心和万丈凶焰，运用坚船利炮进行鲸吞蚕食、巧取豪夺的严酷冲击，至20世纪中国重新统一，依然是拥有辽阔疆域的东方大国，奠定了较好的基础。在清朝对付西部巨大的内忧外患、维护国家统一、安宁方面，出自天府成都的将帅起了很重要甚至无可替代的作用，他们中的杰出代表是岳钟琪和杨遇春。

岳钟琪(1686—1754)，字东美，号容斋，成都人，四川提督岳升龙之子。岳飞第21世孙。康熙四十八年（1709）捐官做了候补知府，后历任松潘镇中军游击、四川永宁（今四川叙永）协副将等职。康熙五十八年（1719），以准噶尔部入扰西藏，奉命率兵入川。次年挥师入藏，夺桥渡江，直抵拉萨。雍正元年(1723)，以参赞大臣随年羹尧征青海和硕特部首领罗卜藏丹津，出归德堡(今青海贵德)，断敌退路。次年正月，授奋威将军。二月，袭破罗卜藏丹津大营，平定青海。雍正三年(1725)，授川陕总督，加兵部尚书衔。次年，奉命主持云贵两地"改土归流"。雍正七年(1729)，以宁远大将军率师西征，会北路靖远大将军傅尔丹，镇压声势浩大的噶尔丹策零叛乱，历经艰辛占领乌鲁木齐，给叛军沉重打击。雍正十年(1732)十月哈密之战，岳钟琪派出的负责断敌退路的部下石云倬因迟一日发兵，延误了战机，又没有及时追歼逃敌，雍正大怒，石云倬被斩首，岳钟琪以"误国负恩"等罪被夺官拘禁，几乎被定成死罪。乾隆十三年(1738)，初以总兵启用，复授四川提督。参与大小金川之战，献南北夹击、直捣中坚之策，被经略傅恒采纳，并以13骑入勒乌围(今四川金川东)大营，劝导大金川土司莎罗奔父子归降。乾隆十五年(1750)，西藏珠尔默特那木札勒叛乱，64岁的岳钟琪奉命出兵康定，会同总督策楞，讨平叛乱。乾隆十九年（1754），岳钟琪抱重病出征重庆陈琨暴动，返回时病逝于资州，年68岁。乾隆帝赐谥襄勤，称赞他是"三朝武臣巨擘"。纵观岳钟琪一生，尽管智勇兼备、文武双全、赤胆忠心、战功罕有其匹，但却身不由己卷入清朝的政治旋涡，被不识时务的书生曾静的策反活动置于险境，被雄猜之君主雍正和妒贤之满汉权臣合力贬黜，甚至雍正十二年由兵部小题大做罗织了"斩决"（后雍正改为"斩监候"的罪名）入狱两年之久。乾隆二年出狱后贬为庶人达11年之久。但不管宠辱，他都表现了良好的道德情操，忠君爱国爱兵从未改变。岳钟琪是清代唯一统领过满洲八旗将士保家卫国的汉族军事家，也是一代儒将，著作有《姜园集》《蛩吟集》等。他与妻子琴瑟相和、伉俪情深也传为佳话。此外，打虎亲兄弟，上阵父子兵，其弟岳钟璜自青年起便在其麾下一起征战，参加了征讨青海罗卜藏丹津和"庄浪王"的战役、讨伐噶尔丹策零战役，立下大功，历任副将、总兵、提督。时大小金川互斗不宁，乾隆三十一年，岳钟璜率兵出讨，依靠其威信，以招抚为主，使大小金川归于安宁。岳钟璜奏准，朝廷在大金川设阿尔古通判厅，在小金川设梅诺通判厅，加强了朝廷对这一地区的管控。岳钟璜在川任职十余年，威震西南，对地方经济发展和民族团结、国家统一做出了贡献。乾隆三十一年(1766)，岳钟璜病逝于任所，谥"庄恪"，葬成都。岳钟琪长子岳濬也是一代名臣。

杨遇春（1760—1837），字时斋，成都崇州人，清朝名将。生活在清朝逐渐衰落，各种社会矛盾汇聚并转化成严重社会动荡，以及边疆出现严重危机时期。乾隆四十四年（1779），"以武举效用督标，为福康安所识拔。从征甘肃石峰堡、台湾、廓尔喀，咸有功，累擢守备"。为国家南征北讨，平息各地动荡、叛乱。道光六年（1826），以代理陕甘总督之职率军讨平张格尔叛乱，收复南疆西四城。《清史稿》其列传载这场大战，惊心动魄："七年二月，连败贼于洋阿尔巴特、沙布都尔、阿瓦巴特，擒斩数万，追至浑河，距喀什噶尔十馀里，贼悉众抗拒，列阵二十馀里。会大风霾，前队迷道，未即至，将军欲退屯十馀里，须霁而进，遇春不可，曰：'天赞我也，贼不知我兵多少，又虞我即渡，时不可失！且客军利速战，难持久。'乃遣千骑绕趋下游牵贼势，自率大兵乘晦雾骤渡上游，炮声与风沙相并，乘势冲入贼阵，贼大奔。三月朔，遂复喀什噶尔，甫旬日，英吉沙尔、叶尔羌、和阗以次复，加太子太保。张格尔远遁，诏遇春先入关。八年正月，杨芳擒张格尔于铁盖山，遇春入觐，捷音适至，帝大悦，赐紫缰，实授陕甘总督，图形紫光阁。"道光十五年（1835），以年老辞官返乡，进封一等昭勇侯。道光十七年（1837），病逝，年78岁。追赠太子太傅、兵部尚书，入祀贤良祠，谥号"忠武"，故后世称其"杨忠武侯"。著有《武备制胜编》十三卷。杨遇春历仕乾隆、嘉庆、道光三朝，一生交战数百次，临战常顶石冒矢冲锋陷阵，未曾受伤，被嘉庆帝称为"福将"。史载其人品和威望是："遇春结发从戎，大小数百战，皆陷阵冒矢石，未尝受毫发伤。仁宗询及，叹为'福将'。治军善于训练，疲卒归部下即胆壮，或精锐改隶他人，仍不用命。将战，步伐从容，虽猝遇伏，不至失措。俘虏必入贼三月以外始诛，老稚皆赦免。驭降众有恩，尤得其死力。操守廉洁，治家严整，子弟皆谨守其家风。"杨遇春是帮助清朝在衰落时期平息内忧外患的大功臣，尤其是舍生忘死平息声势浩大的张格尔叛乱，收复南疆，确保了辽阔的新疆不被分裂出去，这是中国近代史上可与左宗棠收复新疆相提并论的伟大功勋。

近现代表达

四川大学舒大刚教授论述蜀学流变时指出："经研究表明，巴蜀的学术文化在上古时代几乎与中原同步孕育、平行发展，随着历史上的民族迁徙、经济交往、文化交流、军事活动和政治统一等过程的推进，巴蜀的文化和学术又与其他地区，特别是中原甚至中央王朝，彼此影响，互相充实，共同丰富和发展了中华文化宝库。"自古天府成都爱国爱乡，勇于承担各种苦难，克服各种艰险，开拓创新，创造各种财富，留下众多名篇、义举、伟业的先贤、忠烈、名流、大师巨匠辈出，有十分深厚的思想文化积淀。除了前述案例外，尤其是在近代保路运动、抗战大后方建设、川军出川抗战、抗美援朝、三线建设、改革开放以后崛起两座国家中心城市等方面，我们都能感受到天府儿女强烈的国家、民族使命意识和责任担当意识。先看一个叫彭家珍的志士如何效力革命。

彭家珍（1888—1912），字席儒，近代四川金堂（今青白江区城厢镇）人。辛亥革命烈士。年轻时受文天祥、黄宗羲思想影响，具有强烈的民族主义观念。1906年毕业于四川武备学堂，后赴日本考察军事，又入四川高等军事研究所。1911年任天津兵站司令部副官，加入同盟会。武昌起义后，爱新觉罗·良弼(1877—1912))为首的满洲贵族组织宗社党，反对共和。他即于1912年1月26日暗藏炸弹，炸死良弼，彭家珍壮烈牺牲。

烈士的鲜血不会白流。在暗杀行动十多天后，满清宣统帝被迫下诏宣布退位，中国两千多年的帝制从此终结。孙中山（1866—1925）大总统称赞彭家珍"诛除大憝，以收统一速效之功"，并为彭家珍题词"我老彭收功弹丸"，追赠彭家珍为陆军大将军。中华人民共和国成立后，毛泽东签发给彭家珍家属《革命牺牲军人家属光荣纪念证》，表彰他"丰功伟绩，永垂不朽"。

1931—1945年，中国军民以局部和全面抵抗的方式，对穷凶极恶、骄焰万丈的日本侵略者进行了长达14年的抗日战争，战争的最终胜利，不仅为人类反法西斯战争作出了不可替代的重大贡献，而且奠基了"二战"以后中国作为联合国五大国之一的国际地位。川军和四川人民在抗战中的表现，是天府文化里爱国主义最生动的写照。以成都为中心的四川军民，不仅给艰难曲折的卫国战争提供了最多的兵源和牺牲，最多的军需物资，最大的中国空军培养、生存、进退基地，而且以华西坝五大学（时西人简称Big Five，即"华西五大"）为中心，形成中华民族在抗战中足以与昆明以西南联合大学为中心、战时陪都重庆以众多高校与学术机构为中心相媲美的不屈不挠、勇敢精进的教育、学术与精神高地，书写了天府成都璀璨的华章。

川军和抗战空军机场建设

这些事实和数据，值得天府成都和人类良知永远铭记。

抗战14年，川军将士以最窳劣简陋的装备和后勤保障，为了战胜穷凶极恶的日本侵略者，实现伟大的民族解放，浴血奋战，参加了正面战场大多数重大战役，包括淞沪会战、南京保卫战、徐州会战、太原会战、武汉会战、南昌会战、四次随枣会战、三次长沙会战、浙赣战役、常德会战、豫中会战、豫西鄂北会战等，以及远征印缅的作战。伤亡共计64.6万人（其中成都地区占20%以上），阵前牺牲将领5人；四川总共担负了大后方粮食征收总数的三分之一；生产了国统区大部分机器，以及化工、造纸等工业产品；以华西五大为核心，事实上成为战时中国规模最大、学科设置最完备的大学集团，华西坝学府毗连、学子如云，许多海内外知名学者都曾在此任教、治学；而抗战进入相持阶段以后，成都曾是中国空军指挥中枢所在地，更是中国空军最大的前进基地和后方基地，集结了中国空军的主要攻击力量，在对日空中作战，特别是对日军战争基地和设施的轰炸中发挥了重要作用；成都是抗战时期中国空军最重要的人才培养和训练基地。从1938年开始，中国空军军士学校、机械学校、通信学校、参谋学校、防空学校和空军幼年学校等先后迁来或在成都创建。抗战中后期，成都一地占中国空军全部作战力量和后勤力量的比重常常在50%以上，美国驻华空军的主力，也有相当部分驻扎成都。成都军民含辛茹苦，为抗战时期中国空军的建设和发展作出了重大贡献（据解密的档案显示，抗战期间，四川省政府先后从全省29个县市，共计征调119万名以上的民工参加了76项国防工程建设，共计新建和扩建空军基地33处），仅仅是主要靠人力修建或扩建出的军用机场的清单，就足以让子孙后代为之敬佩——广汉机场、彭山机场、新津机场、邛崃桑园机场、华阳太平寺机场、双流双桂寺机场、双流彭镇机场、成都凤凰山机场、灌县机场、蒲江寿安方坝机场、崇庆县王场猴子坝机场……没有这些众志成城、血汗铸就的基础工程，哪来中国战场盟国空军抗战的由弱到强，由被动到主动，直至支持抗战到最后胜利。1944年6月，盟军第一批执行对日本本土战略轰炸的63架B-29轰炸机队就是从新津、彭山、广汉的机场起飞的。

当时从这些战场起飞的飞机的战史节选如下：

抗战后期，四川建有33个军用机场，以成都平原为核心有4个轰炸机机场和5个战斗机机场，是盟军在中国大陆的战略空军基地，控制着南至越南西贡，北至东北沈阳，东到日本九州、长崎、中国台湾和菲律宾的广大扇形区域。从这些机场起飞的战机，对日军目标进行多次战略和战术轰炸，为抗战的胜利立下不朽功勋。

1944年6月15日，执行"马特霍恩行动"的92架B-29轰炸机从印度加尔各答起飞，越过喜马拉雅山，在成都附近的广汉、新津、邛崃和彭山机场降落。63架B-29于当晚加油挂弹后，第二天从成都各机场起飞，远程奔袭日本本土。由于缺少有效的地面导航体系，仅有47架B-29飞抵八幡制铁厂上空。

6月16日，当美国轰炸机群突然飞临八幡市上空时，日本毫无防备，直到美机第三批轰炸机飞抵轰炸时，日机才仓促应战。美国轰炸机共投下约200吨炸弹，一枚重磅炸弹击中了八幡制铁厂主厂房1公里外的动力站。轰炸了本州造船厂、八幡钢铁厂，紧接着又轰炸了东京、名古屋、大阪、神户等城市。空袭在日本引起很大恐慌。首次对日本的空袭中，盟军有8架B-29损毁。

由于首次轰炸效果不太理想，空军少将勒梅接任美国第20航空队司令后，决定改变战术，让轰炸机以密集队形飞行，以避免机群失散，同时改为白天轰炸，从高空对目标进行精确投弹。因B-29航程的限制，决定把轰炸重点转向较近的中国大陆东北和中国台湾等沦陷区的日军基地。

其后不久，从成都各机场起飞的美国空军第20航空队的强大轰炸机群，对沦陷区的辽宁鞍山"满洲钢铁中心"，本溪、洛阳的日军炮兵基地，长沙的日军军火基地，尤其是日本西九州海军所属的大村航空厂进行轰炸，大村航空厂在反复的轰炸下变成一片废墟。到1944年底，从成都附近各机场起飞的B-29"超级堡垒"远程轰炸机，对日本本土及其占领地共计投下炸弹3623吨，沉重地打击了日军的气焰。

空袭日本占领区，中苏空军也曾多次合作。

此前，驻成都的中国空军还和苏联援华志愿航空队联手对日军在华军事设施进行了空袭。10月3日9时，苏联志愿航空队9架DB-3型轰炸机由成都太平寺机场起飞，每机携带100公斤炸弹10枚，前往袭击武汉日据王家墩机场。日军没有估计到中苏空军会长途奔袭，机场上停放了逾百架飞机，毫无防备。12时35分，机群飞抵汉口，此时，日本海军木更津航空队的6架96陆攻轰炸机刚在机场降落。日本第一联空司令官冢原二四三少将等军官正在指挥所门前迎接。中苏轰炸机群飞临上空，立即投下炸弹。

由于事先对机场有详细了解，轰炸机一次飞过机场上空，即投放了全部炸弹，机场成为一片火海。日海军木更津航空队副队长石河中佐、鹿屋航空队副队长小川中佐和士官5名当场被炸死，冢原二四三被炸掉左臂。轰炸炸毁了40多架日军飞机和部分油库和航运器材库。日军估计损失在两千万日元以上，苏联飞机仅一架受损。下午4时前后，苏联志愿航空队9架DB-3轰炸机悉数降落在成都太平寺机场，安然返航。

1942年1月22日，驻太平寺机场的中国空军第2大队27架轰炸机，第1大队15架驱逐机和"美国志愿航空队"15架驱逐机，在第2大队邵瑞麟少校的带领下，奔袭越南河内日本空军基地，投弹20余吨，炸毁日机数十架。①

著名美国作家海明威（Ernest Miller Hemingway，1899—1961）于1941年4月来到中国，亲眼目睹八万名成都地区为主的民工喊着劳动号子，以血肉之躯的力量为主，修建美国志愿队和中国空军所需要的机场的壮观场面，十分感动，他后来在文集中写道：

> 八万名民工在修飞机场。没有现代化的工具，主要靠肩挑背驮。我相信中国人具有移山填海、创造奇迹的能力……他们的夯歌响彻整个机

---

① 搜狐网：十点历史：https://www.sohu.com/a/122580646_450813。

场上空，宛若大海的浪涛，冲击岩岸礁石，发出巨大声响……

其后，海明威应邀到华西坝五所大学演讲。那时的华西坝，除了五所基督教会合办的华西协和大学外，还有内迁的金陵大学、金陵女子大学、燕京大学、中央大学医学院和齐鲁大学。

海明威演讲的地方，是在一排大树掩映的华西体育馆里。体育馆被热情的师生挤得水泄不通，连窗台上都坐满了人。

据听过海明威演讲的老人回忆，这位美国作家完全不像中国文人那般斯文，他身体壮实，吼叫一般讲演时长满汗毛的手臂不断挥舞，倒像个杀猪的黑汉，不时获得暴风雨般的掌声……

当时的《大公报》报道说：如果海明威能"上前线，则吾国士兵英勇，抗战的伟大，当可扬名海外，长垂不朽"。事实证明，海明威返美后所写访华见闻在海外引起极大反响。后来在"一寸山河一寸血，十万青年十万军"的感召下，成都许多大学生报名从军，开赴前线杀敌报国，与海明威的演讲也是有一定关系的。

建川博物馆聚落

在当代成都，体现家国情怀的人和事数不胜数。限于篇幅，以建川博物馆聚落的崛起为例。出生宜宾、定居成都的民营企业家樊建川先生，以高远的志向和独到的眼光，把一生积攒的财富，从事收藏数十年，殚精竭虑，搜集各种历史文化珍品，在成都市大邑县安仁古镇，建成占地500亩，建筑面积10万余平方米，拥有藏品一千万余件，其中国家一级文物404件的宏伟博物馆聚落。他以"为了和平，收藏战争；为了未来，收藏教训；为了安宁，收藏灾难；为了传承，收藏民俗"为主题，建设抗战、民俗、红色年代、抗震救灾四大系列30余座分馆，已建成开放30座场馆，是目前国内民间资本投入最多、建设规模和展览面积最大，收藏内容最丰富的民间博物馆。人们在其中参观，能感受到处处洋溢的家国情怀、桑梓忠诚，众多展品和展馆震撼人心、教益后人。而且他在2010年就已经成功说服家人并向媒体公开宣布，身后全部捐献给国家。2018年1月，樊建川成为《成都商报》策划的有广大网民参与推荐、专家最后庄重投票产生的"天府成都·十大文化名人"之一，在2月9日接受记者专访时，他豪情满怀地告诉记者，他要在生前争取建100座博物馆，去世后全部捐给国家，"我很愿意为国家为社会承担责任"。在樊先生身上，彰显了巴蜀儿女对故土和国家的忠诚，以及强烈的历史使命感，成为体现当代天府文化整体性的亮丽名片之一。

水化成都

四川盆地，江河纵横，神山圣水，清澈甘洌。比较而言，有都江堰灌溉的成都平原多水，而以重庆为中心的东部地区多山，所谓巴山蜀水是也。纵观人类城市史，很少有城市像成都这样，与江河之水保持如此亲密的良性互动关系。

水是向下走并随其所处变动不居的，与水亲近的族群，容易变得低调从容；水是柔弱的，但集中的水、自然或人工赋能的水又无坚不摧，所谓柔弱胜刚强，所以亲近水、理解"水性"的人便更容易理解道家的知雄守雌；"上善若水"；"江海之所以能为百谷王者，以其善下之，故能为百谷王"；"天下莫柔弱于水，而攻坚强者莫之能胜，其无以易之"的深邃智慧，明白"水至清则无鱼，人至察则无徒"的儒家处世告诫。水可以为大害，也可以为大利，一切全看人们如何面对。成都这座都江堰怀抱中的幸福之都，濡染、理解、运用上述智慧，构建了自己自在从容、平衡协调、张弛有度的人文个性。道家、道教在这座城市，也因此拥有最适宜的土壤，它的正能量和智慧，特别是珍视和包容个性，把身心健康愉悦和心灵的自由视为人生最高价值的价值观，以及崇尚自然的审美意识，也最充足地注入了城市的灵魂。

成都因为取水、用水十分方便，自古城市建设注重水面与生产、生活环境的巧妙搭配，河、湖、塘、堰、池的星罗棋布、有机点缀，形成水面与楼、台、亭、阁以及城墙、桥梁、道路、房舍、植物、花卉的无比生动的各种组合，实现人文景观与自然元素的如画镶嵌，城市各种景观设施的功能性与美学属性完美融合——如果要找一座自古便像近现代公园城市或园林城市的典范，成都一定是强劲有力的候选者。

1978年改革开放以后，成都的建设成就很多，先进而适合本地的城市规划一直是其重要亮点之一，加上城乡统筹伴生的中国最早出现的乡村大面积的花团锦簇、有机栽培、莲荷送爽、美食飘香的农家乐，世界一流水平的府南河和沙河整治工程（获联合国人居奖），利用充沛的山水资源打造一流人居环境和形成可持续发展的文旅格局，一直是城市建设的重点之一。尤其是近年简阳市纳入成都后，成都市确立把南北纵向的龙泉山（龙泉山是成都市的花木、水果生产基地，也是我国三大水蜜桃生产基地之一，因此有"花果山"的美名，现为成都市级风景名胜区。龙泉山景区南北长18千米，东西宽13千米，面积230多平方千米，成渝高速公路隧道横穿中部而过）作为城市中央的森林公园，实行"一山带两翼"的城市生态布局，山区森林公园以花果业和生态农业为主，保留完善美化了原有塘堰，两侧连缀以旅游设施完善的龙泉湖、青龙湖、三岔湖、东安湖等万亩以上大型水面，成都正在呈现以东部新城崛起为代表的山水最佳组合的新姿态。此外，成都正在建设一万公里以上长度的、花草树木繁茂葳蕤的城市绿道，各种水面像珍珠一样有机布满两侧。按照习近平总书记要求的"公园城市示范区"建设，正在将成都变成世界级的公园城市。而这一切，就是成都人民对都江堰这一母亲堰永不枯竭的汩汩乳汁和她的伟大缔造者李冰的最好纪念。

诗化成都

诗歌是人类文学艺术的瑰宝，在中国文化中，尤其是皇冠上最耀眼的明珠。孔子说诗歌的重要性是"不学礼，无以立，不学诗，无以言"，对于周代的贵族和士大夫来讲，社会交往是必须要互相应答酬唱诗歌的，一个不会诗歌创作的人，连开口说话的资格都没有。可见这是一个怎样的诗意盎然的时代。

他总结诗歌的社会功能用了兴、观、群、怨（《论语》："子曰：'小子，何莫学夫《诗》？《诗》可以兴，可以观，可以群，可以怨；迩之事父，远之事君；多识于鸟兽草木之名。'"这是孔子对诗的社会作用的高度概括，是对诗的美学作用和社会教育作用的深刻认识，开创了中国文学批评史的源头。对后世很有影响），中国的诗歌不仅是诗人个体感受的抒发，更是社会教化不可替代的强大存在，所谓"诗教"是也，其目的是传递真善美，鞭挞假恶丑，并体现世道人心，可以是观风察俗的依据。诗教的价值之一就是培养温柔敦厚的君子人格，这是像春风一般的存在。而成都，从汉代以来两千多年，一直是中国顶级的诗歌殿堂，开诗歌之繁花，成诗人之美名，享诗教之恩泽，耀诗诚之光芒。一句话，如果要找一座城市，两千年以上一以贯之地站在中国诗歌的顶级殿堂里，并经常是中国"天降之木铎"，那这个城市只能是成都，这个省只能是四川。

汉赋四大家，四川占三个，其中两个最顶尖者属于成都；唐诗，浪漫主义的巅峰是诗仙李白，他的粉丝杜甫后来以现实主义、人文主义风格被称为诗圣，但其最温暖岁月和创作巅峰期以及纪念圣地在成都和四川；"自古诗人例到蜀"，中国历史上伟大诗人几乎无一不到成都，祭奠诗歌的泰山北斗，感受如画江山和人文胜景，寻找灵感并留下璀璨诗作；词，最早的创作团队在成都，中国第一部词集《花间集》出自成都；宋词，最伟大的代表当然少不了苏东坡；明清，中国成就最大的诗人应该是成都府新都县人杨慎，他是明朝三大才子之首。此外，即使是经历了明末清初的血腥毁灭，然后由社会底层为主的各省移民，来艰难重建的成都和四川，涌现的诗人如"三大才子"张问陶（1764—1814）、彭端淑（1699—1799）、李调元（1734—1803），其诗歌造诣和影响，又何尝不是中国诗人中的佼佼者！至于近代以来，从郭沫若（1892—1978）到吴芳吉（1896—1932）、梁平、翟永明、吉狄马加，也都是中国诗人中的顶级风景。

历史上，外地诗人在成都几乎无一例外都留下了美好回忆，以及表达这种观感、记忆的作品。比如王维（701—761）的《入蜀纪行诗》中，有"优游之天府，宇宙之绝观"；杜甫有《成都府》《春夜喜雨》《蜀相》《客至》《泛溪》众多名篇和诸如"晓看红湿处,花重锦官城""两个黄鹂鸣翠柳,一行白鹭上青天。窗含西岭千秋雪,门泊东吴万里船""出师未捷身先死,长使英雄泪满襟"大量金句;高适、岑参也留下"古迹使人感,琴台空寂寥。静然顾遗尘,千载如昨朝""先主与武侯,相逢云雷际。感通君臣分,义激鱼水契。遗庙空萧然,英灵贯千岁"等厚重情怀。前蜀、后蜀时期,四川相对安宁,于是永陵(前蜀皇帝王建墓)用24个浮雕美女显示的乐队(她们演唱的都是诗词),后蜀士大夫们用《花间集》,显示了他们在成都的诗酒美女相伴的生活是无与伦比的。宋代外地士大夫在成都,更是自己积极带头努力提高官民幸福指数,也带头积极享受这幸福指数,他们的诗词更多的是快乐、幸福以及离去后的眷念。

朱自清先生抗战时期就职于西南联合大学。1940年夏至1941年夏,按西南联合大学规定的教师"轮休"制度,在该校任教的朱自清可以带薪离校休假一年。朱自清可以有一段完整的时间,从事早已酝酿成熟的对中国经典文献的学术研究。但昆明物价高得惊人,身为知名教授,亦难养家糊口。计议再三,终于决定迁家到夫人陈竹隐的故乡成都。1940年8月4日,到达在四川成都租得的、夫人及孩子已搬至此处的家——成都市东门外宋公桥报恩寺内的旁院三间没有地板的小瓦房。其间与成都官民、学界、文艺界保持着和谐的关系。次年9月21日朱自清回昆明西南联大。1944年8月31日,带着对成都的温暖记忆,他写了《外东消夏录》,包括"引子""夜大学""人和书""诗境的成都""蛇尾"五个部分,在他"持中"而细致入微的描述中,他指出成都是与北京很相似的古城,且气候温润,物产丰饶,最宜家居,但对成都的诗意生活最为留恋。他还说了这么几句话让成都不经意间得了一个不知所出的"第四城"之名:

据说成都是中国第四大城。城太大了,要指出它的特色倒不容易。

朱自清先生的"据说"至今待考,但今日的成都,是乐于接受这样的"据说"的——它已经成了一个地标。

关于诗歌与成都的相互成就，相得益彰，本书前面已有论述，不宜赘言。此处，还是用地道的成都女诗人翟永明的名篇和她的切身感受结束我们的介绍——

翟永明，1955年生于成都，毕业于成都电讯工程学院（现电子科技大学），曾供职某物理研究所。1981年开始发表诗作，三年后其组诗《女人》以独特奇诡的语言与惊世骇俗的女性立场震撼文坛。1998年于成都开设"白夜"酒吧文化沙龙，策划举办了一系列文学、艺术及民间影像活动。

代表作品有《女人》《在一切玫瑰之上》《纽约，纽约以西》等诗歌、散文集10多部。2005年入选"中国魅力50人"，2010年入选"中国十佳女诗人"，2007年获"中坤国际诗歌奖·A奖"；2011年获意大利Ceppo Pistoia国际文学奖，该奖评委会主席称翟永明为"当今国际最伟大的诗人之一"。她的作品的气息、韵味总是非同凡响，给人以冲击和人性的感动，如：

《渴望》
今晚所有的光只为你照亮
今晚你是一小块殖民地久久停留，忧郁从你身体内
渗出，带着细腻的水滴
月亮像一团光洁芬芳的肉体
酣睡，发出诱人的气息
两个白昼夹着一个夜晚
在它们之间，你黑色眼圈
保持着欣喜
怎样的喧嚣堆积成我的身体
无法安慰，感到有某种物体将形成
梦中的墙壁发黑
使你看见三角形泛滥的影子
全身每个毛孔都张开
不可捉摸的意义

星星在夜空毫无人性地闪耀

而你的眼睛装满

来自远古的悲哀和快意

带着心满意足的创痛

你优美的注视中，有着恶魔的力量

使这一刻，成为无法抹掉的记忆

《母亲》

无力到达的地方太多了，脚在疼痛，母亲，你没有
教会我在贪婪的朝霞中染上古老的哀愁。我的心只像你
你是我的母亲，我甚至是你的血液在黎明流出的
血泊中使你惊讶地看到你自己，你使我醒来
听到这世界的声音，你让我生下来，你让我与不幸构成
这世界的可怕的双胞胎。多年来，我已记不得今夜的哭声
那使你受孕的光芒，来得多么遥远，多么可疑，站在生与死
之间，你的眼睛拥有黑暗而进入脚底的阴影何等沉重
在你怀抱之中，我曾露出谜底似的笑容，有谁知道
你让我以童贞方式领悟一切，但我却无动于衷
我把这世界当作处女，难道我对着你发出的
爽朗的笑声没有燃烧起足够的夏季吗？没有？
我被遗弃在世上，只身一人，太阳的光线悲哀地
笼罩着我，当你俯身世界时是否知道你遗落了什么？
岁月把我放在磨子里，让我亲眼看见自己被碾碎
呵，母亲，当我终于变得沉默，你是否为之欣喜
没有人知道我是怎样不着边际地爱你，这秘密
来自你的一部分，我的眼睛像两个伤口痛苦地望着你
活着为了活着，我自取灭亡，以对抗亘古已久的爱
一块石头被抛弃，直到像骨髓一样风干，这世界

有了孤儿，使一切祝福暴露无遗，然而谁最清楚
凡在母亲手上站过的人，终会因诞生而死去

翟永明在《以自己的慢来对抗世界的快》一文中说：

> 成都的气场对我个人有重要影响。要说滋养吧，成都的生活绝对提供滋养。生活节奏缓慢，气候舒适、温和，有更多的时间来体会生活，不是匆匆忙忙对生活的浮光掠影，可以慢慢品味生活，比较接近古代的生活方式。此外，成都生活便利，生活成本相对其他城市低廉，这也是一个诗人理想的寄居地。

近代德国诗人荷尔德林（Johann Christian Friedrich Hölderlin，1770—1843）憧憬的理想世界是："人，诗意地栖居在大地上。"他如果来过成都，并能像20世纪的瑞典人马悦然（Goran Malmqvist，1924—2019）一样学会汉语写作和交流，一定会流连忘返，成都的诗歌心灵和诗歌生态，定会让他如鱼得水。

乐化成都

自古以来，山水绮丽、风光梦幻、人文神秘浪漫、经济丰衣足食、社会包容大度、文教深入民间、生活张弛有度、雅俗文化和谐共生并行不悖、人的个性和合理的欲望受到尊重的成都，始终是中国音乐的顶级殿堂。音乐与此城，同样互相成就，互相彰显。如果要挑选一座在两千年岁月里，只要非分裂战乱阶段，便能呈现丝竹管弦动天地、笙歌琴曲耀华夏的城市，那一定非成都莫属。而且从庙堂黄钟大吕，到市井巷陌民谣；从音乐理论建构，到公私演艺创新；从儒家庄重之人伦演绎，到释道放松、温暖身心之抚慰，应有尽有，满足所有人的听觉和抒怀。音乐，就这样水银泄地般成为这座城市的优雅底蕴。

先说乐器。考古发掘显示，成都平原有自己独创的音乐滥觞阶段的乐器——三星堆铜挂饰、铜铃、石磬，以及五代时期前后蜀在成都地区生产的一种吹管乐器凤笙。铜挂饰出土于1986年三星堆二号祭祀坑，包括圆形30件、龟背形32件、扇贝形48件、箕形2件，共112件小型铜制乐器。表面还有纹饰。其外形与其他已知古代乐器有明显不同，但仍具有音乐声学性能，可与同时出土的铜铃、铃架配合使用。石磬出土于1929年三星堆玉石礼器坑，是一种打击乐器，其质料是灰黑色玉石，两面平整，两侧平直，形制规整，状如曲尺。表面都经过了精密打磨，光滑细腻，展示了先进的工艺。该石磬音量不大，发声清脆优美，余音袅袅。其制作工艺较中原商代晚期同类器物复杂，生产年代应该在商周之际（距今至少3000年），从其形制和埋藏情况看，此器物不是中原或楚地输入，也非复制中原器物，而是巴蜀地区自行创制的器物。五代时，流行中国的凤笙一般只装有19簧，吹奏出4清声、3浊声、12正声，形成高低音变化，而成都的凤笙装有36簧，可以演奏出12低音、12中音和12高音，形成半音连续关系。其制作工艺更加复杂、音乐性能更强。前后蜀时，凤笙在蜀地流传极广，宫廷乐舞也常用其伴奏。《花蕊夫人宫词》有这样的诗句：

离宫别院绕宫城，金版轻敲合凤笙。夜夜月明花树底，傍池常有按歌声。

宋灭蜀后，孟昶将此器物进献朝廷，显然是拿得出手的好东西，但陈旸《乐书》载：

凤笙，孟蜀主所进，乐工不能吹，虽存而不用。

从花蕊夫人这样的超级美女加才女加皇妃对凤笙之美的诗词记忆，到孟昶专门将它作为进献之物，可见凤笙一定十分悦耳动听。可惜宋初政权还是赳赳武夫的气质为主，竟然因为汴梁的宫廷乐队无人能吹（孟蜀原来的小宫廷乐队应该有人会吹奏啊），让它被弃置，最终失传。中国音乐史的这一页，令人叹息。

除了上述独创乐器外，成都古典乐器还有雷琴（本书有专门介绍）、成都文庙编磬、金沙石磬、金沙巷战国铜磬、金沙铜铃、蜀王甬钟、诸葛鼓（此鼓相传由诸葛亮创制，用于征战，后转为民用，影响西南地区许多少数民族上千年，主要用于节庆乐舞表演）等值得音乐史工作者关注。

先秦的四川和成都（或蜀地），音乐已经成为显著的精神生活的一部分，并留下动人故事。典型案例如周武王伐纣，巴蜀都派出军队参加了这场正义的战争，尤其是属于川东的巴国军队，以音乐歌舞为节奏和气势，率先杀向暴君的军队。成都崇庆人常璩（约291—361）所著之中国第一部地方志《华阳国志》记载，战斗打响后：

  巴师勇锐，歌舞以凌殷人，殷人前徒倒戈。

这是怎样的一幅画面！熟悉这段历史的人均知，牧野之战，商纣王拼凑的军队的人数数倍于武王联军，尽管之前武王在原野上集合仁义之师发表了著名的战争动员令《牧誓》以激励士气，将士们都已经摩拳擦掌、同仇敌忾，但敌人的阵形显然更加庞大，更加人多势众、烟尘漫天，是巴国军队率先跃出联军阵形，冲向黑压压的敌人，而且摇着鼓、唱着歌、跳着舞蹈杀向敌人，联军应该士气大振，战鼓动地，金属撞击声、人与战马的咆哮嘶鸣声鼎沸，旌旗、战马卷起烟尘，弓弩齐射，箭镞如雨，敌人是暴君蹂躏下的人群组成的军队，他们很快选择了倒戈，于是天崩地坼，兵败如山倒。今人去川东巴中、广元等城市和重庆市旅游，可以看到他们都在创作、展演气吞山河、阳刚矫健的巴渝舞，那音乐，的确堪称天地之勇锐、将士之跳荡、族群之呐喊、世间之绝响！当然，它们也会作为精品在成都呈现。

春秋时期，学识渊博的蜀人苌弘，是音乐上的一位大师。公元前518年，孔子自曲阜西行至洛邑，向老子请教礼制，特意去拜访苌弘，向其请教"乐"的知识，足见苌弘的学识和地位。

古蜀五祖时期，蜀国因没有书面语言所以其历史扑朔迷离，音乐活动更是难觅踪迹。但开明十三世对爱妃表达的生死绝唱还是透露了一个信息：至少开明王朝的王室有很好的文化与音乐修养——我们来看成都武担山的故事。

武担山位于成都市老城区西北角的北较场（清朝成都驻军有东、西、南、北操练军队的四个较场，但除军队操练时间以外，也是民众活动的公共空间）内，相传为古蜀王开明王妃的墓冢。常璩所著《华阳国志》载："武都有一丈夫，化为女子，美而艳，盖山精也。蜀王纳为妃。不习水土，欲去。王必留之，乃为《东平之歌》以乐之。无几，物故。蜀王哀念之，乃遣五丁之武都担土为妃作冢，盖地数亩，高七丈，上有石镜，今成都北角武担是也。"这里的武都，是指今甘肃省陇南市武都区。也就是说武担山是因为"武都担土"的典故而得名的；武担山上还有一石镜，因此又名"石镜山"。这位蜀王是个音乐家，也是个典型的爱美人高于爱江山的情种，他的流风遗韵颇多。史载为了讨好爱妃，他造七宝楼，以珍珠为帘，他还有用于玩乐的鹦鹉舟；宋代治蜀名臣赵忭著《成都古今记》，其中曰：

望妃楼在子城西北隅，亦名西楼。开明氏以妃墓在武担山，为此楼以望之。

也就是说，根据其爱情故事，宋代成都，还有望妃楼这样的建筑以资纪念。武担山也建有寺庙，据南宋怪才罗泌（1131—1189）《路史》载："梁武陵王萧纪曾发掘得玉石棺，中有美女如生，掩之而建寺其上。"若此条记载可靠，则552年，武担山上就有官方建立的寺庙了。此外，还有很多名人、大事与之关联，是成都的一个规模不大的名胜。诗人们怀古留下的名篇如：

武担山寺
唐·苏颋（670—727）

武担独苍然，坟山下玉泉。鳖灵时共尽，龙女事同迁。松柏衔哀处，幡花种福田。讵知留镜石，长与法轮圆。

武担山感事
宋·孙应时（1154—1206）

客里愁如积，朝来意亦欣。鸣阶无宿雨，度隙有归云。且免泥盈尺，犹祈岁十分。中原念淮浙，不忍话传闻。

今天的武担山，位于中国人民解放军成都军区大院内。熟悉历史者登临其上，可以俯瞰附近茂林修竹掩映的市区，更可以对这位来自遥远异地、山精化生的美女与蜀王的凄美爱情故事和音乐作品浮想联翩。

两汉的成都，依靠都江堰和文翁化蜀，成为中国一流的大都市，所谓"列备五都"是也。除了司马相如依仗好友王吉的策划、掩护，得以成功进入钢铁大王卓王孙府邸，在聚会期间弹奏自己创作的优美古琴曲《凤求凰》，挑逗美女千金卓文君成功，两人私奔成都，成就后人欣羡无比的爱情传奇的故事显示成都音乐的浪漫生态，大量东汉画像砖告诉我们，音乐及其伴生的歌舞如何流淌在这座城市的生产、生活之中。而造成洛阳纸贵的西晋左思的《三都赋》更是生动描绘成都的都市生活：

> 侈侈隆富，卓郑埒名。公擅山川，货殖私庭。藏镪巨万，鈲揽兼呈。亦以财雄，翕习边城。三蜀之豪，时来时往。养交都邑，结俦附党。剧谈戏论，扼腕抵掌。出则连骑，归从百两。若其旧俗，终冬始春。吉日良辰，置酒高堂，以御嘉宾。金罍中坐，肴烟四陈。觞以清醥，鲜以紫鳞。羽爵执竞，丝竹乃发。巴姬弹弦，汉女击节。起西音于促柱，歌江上之飔厉。纤长袖而屡舞，翩跹跹以裔裔。合樽促席，引满相罚。乐饮今夕，一醉累月。

显然，富豪们在吉日良辰的酒宴上，必有各司其职的乐队演奏、歌手的如江风一样豪迈的演唱、服装华丽令人眼花缭乱的舞蹈，有音乐舞蹈助兴的酒会，人们活在今朝，可以一醉累月。成都的足以让诗人"腐朽"的生活画面扑面而来。

出自四川的汉赋大家王褒（蜀郡资中，即今资阳市雁江区人），写有《洞箫赋》，这是现存最早的、以音乐为题材的汉赋作品，后人评价为"诸音乐赋之祖"。叙述了箫的制作材料及产地，描写了工匠的精工制作与调试、高超的演奏，还写了音乐的效果。其"生材、制器、发声、声之妙、声之感、总赞"的写作规制，成为典范，后世的东汉马融（79—166）之《长笛赋》、晋代嵇康（224—263）之《琴赋》，都受到他的影响。

唐朝成都作为音乐名城的记录，只需要记住杜甫的感受就行了：

《成都府》（作于759）
翳翳桑榆日，照我征衣裳。我行山川异，忽在天一方。但逢新人民，未卜见故乡。大江东流去，游子日月长。曾城填华屋，季冬树木苍。喧然名都会，吹箫间笙簧。信美无与适，侧身望川梁。……

《赠花卿》（作于761）
锦城丝管日纷纷，半入江风半入云。此曲只应天上有，人间能得几回闻？

这两首诗歌，前者作于杜甫初到成都时，描绘的是一个迎接他到来的新城市的整体感受，四川、成都与他熟悉的河南、陕西是山川迥异的新天地新人民，它显然比家乡和首都的风物更美，比如它冬天的树木依然苍劲而有生机，更重要的是这是一座丝竹管弦不绝于耳的"喧然名都会"。这是整体印象中的音乐成都。后一首则是他已经在成都住了两年以后，静心倾听了一处音乐活动密集之处的众多乐曲中的一首极品以后的赞叹——太妙了，这应该是神仙们的享受啊。

"雷琴"

唐代的成都，还拥有古琴最高端的制作业——这就是以雷威为代表的家族传承的"雷琴"。在中国古典乐器中，七弦古琴无疑最具有代表性。隋文帝

(541—604)时，其第四子杨秀（573—618）被封为蜀王。杨秀爱琴，曾"造琴千面，散在人间"。因其喜爱和提倡，蜀地制琴名匠辈出。唐代音乐需求和音乐市场非常庞大，因此许多大户人家参与制琴，古琴日趋精良。而音乐需求旺盛的成都成为了制琴的主要基地，雷氏家族世代传承、发展技艺，延续了一个多世纪，他们所制的琴被尊称为"雷琴""雷公琴""雷氏琴"。

传说雷氏技艺得到了神人指点，又传说他常在大风雪天，去深山老林，狂风震树，听树之发声而选良材，这些传说说明了雷家选材的精良。苏轼（1037—1101）《杂书琴事》记载："其声出于两池间。其背微隆，若薤叶然。声欲出而溢，徘徊不去，乃有余韵，其精妙如此。"雷家有名者众，在雷威之前，有雷俨，曾做过唐玄宗（685—762）待诏；雷威以后，有雷珏、雷文、雷会、雷迟、雷霄等。今故宫博物院仍藏有唐代雷琴"九霄环佩""大圣遗音"等，都是音乐史上的无价之宝。

《南诏奉圣乐》

在中国音乐史上，唐朝的成都，还出现了具有高度文化融通自觉性的靓丽作品《南诏奉圣乐》。

南诏是唐朝活跃于云南一带的一个少数民族政权，它周旋在唐朝与吐蕃的战和之中，有时桀骜不驯，甚至举兵入侵，更多的时候是与唐朝维持和平的局面，双方见面时，南诏使节的鼻孔朝天还是朝地，取决于唐朝的盛衰以及上一次唐朝与南诏争持的结果。韦皋（746—805）是胆识过人的唐朝名将，堪称文武全才，他做剑南西川节度使时，对吐蕃取得决定性的多次大捷，对南诏也具有压倒性优势。深谋远虑的他为了更好地处理南诏问题，利用南诏在贞元九年（793）归顺唐朝的契机，在成都举办了一所专供南诏王室及其大臣子弟读书的学校，"教以书数，欲以慰悦羁縻之，业成则去，复以他子弟继之。如是50年，群蛮子弟学于成都者殆以千数"。办学经费来自唐朝军府廪给。这是中国历史上第一所国家举办的少数民族专门学校。在这样的过程中，韦皋发现南诏的乐舞华丽动人，而当时的南诏王异牟寻（754—808）也愿意努力密切与朝廷的关系，欲通过韦皋向朝廷进献"夷中歌曲"，具有远见卓识的韦皋当然同意。于是他把原来的歌舞加以改编，形成表演时众舞者执羽而动，通过快速的服饰转换和队形变化，组成"南诏奉圣乐"字样，每舞一字，伴唱一曲。五曲分别是《圣主无为化》《天南滇越俗》《海宇修文化》《雨露覃无外》《辟士丁零塞》，还对应宫、商、角、徵、羽。曲调变化繁复，有很高的旋宫技巧。《南诏奉圣乐》规模宏大，仅伴奏人员就有200余人，使用乐器30多种，气势恢弘，场面华丽壮观，表达了蜜月期的双方关系中，南诏鼻孔朝地地"供奉唐朝""誓为汉臣""永不离贰"的美好心愿。贞元十六年（800），韦皋进献他改编的作品，唐德宗李适（742—805）龙颜大悦，"以之授太常宫人，殿庭宴则立奏，宫中则坐奏"。由此成为唐朝十四部国乐之一。如果传到今天，中国举办的所有体育和节庆大典、盛事，必多一个荡气回肠的皇皇华章。

五代时期，成都相对安宁，音乐活动的水平远超中国其他地区，如前蜀开国皇帝王建（847—918）的永陵（位于成都市金牛区）出土的24伎乐浮雕（24个美女演奏着21种乐器），生动再现了小朝廷的皇家乐队的生动曼妙，已经成为音乐史上的又一珍品。至于后蜀政权的音乐生活，诗词多有记载，而且中国第一部反映宫廷生活的词集《花间集》本身就是拿来唱的！

两宋时期的成都，娱乐活动成为城市官民共同的建构，音乐更加世俗化、商业化、生活化，除了少量雅乐，大部分是"流行音乐"。大概当时超过成都的音乐城市只有首都地区，这有大量记载和诗词可以为证，譬如：

名臣京镗（1138—1200，淳熙十五年即1188年，授四川安抚制置使，知成都府。后曾任宰相）之《木兰花慢（重九）》记载成都：

算秋来景物，皆胜赏、况重阳。正露冷欲霜，烟轻不雨，玉宇开张。蜀人从来好事，遇良辰、不肯负时光。药市家家帘幕，酒楼处处丝簧。婆娑老子兴难忘。

这是药市附近，酒楼生意火爆，且为了伴酒，处处都有音乐演奏。

陆游《成都书事》记载：

> 大城少城柳已青，东台西台雪正晴。莺花又作新年梦，丝竹常闻静夜声。

新年将至的日子，夜深人静时，悠悠的音乐声常常进入我老陆的耳朵，那是怎样的成都之夜啊！

南宋成都诗词繁盛、笙歌缭绕，促使常住成都碧鸡坊、博学而娴熟于音乐的王灼（生卒年不详）给我们留下了内容首述古初至唐宋声歌递变之由，次列凉州、伊州等28曲，追述其得名之由来，与渐变宋词之沿革过程的名著《碧鸡漫志》，系统探讨了音乐与词学发展演变及其理论问题，对后世有重要影响。

元明清时期，成都虽然不是发展的高潮期，但在战乱过去，逐步恢复后，音乐也逐渐回归生活，但与唐宋比，明清时期成都官方的音乐活动明显减少，而民间的靠近草根、与移民文化有关的通俗音乐比如川剧、秦腔等戏剧音乐、四川清音（早期称"唱小曲""唱小调"，通常艺人自弹月琴或琵琶，被称为"唱月琴"或"唱琵琶"。20世纪50年代以后才定名为"四川清音"，多在简陋的茶馆、书场表演，但受众很多）、竹枝词演唱等。这一时期，如果要找雅乐的存在，也没有问题，如明代中叶的新都状元杨慎，就不仅是大文豪和百科全书式的学者，而且也是文艺明星，史载他中状元以后，曾在北京通衢与好友弹琴唱歌，尽显风流。而晚清蜀派古琴代表人物、青城山高道张孔山的《七十二滚拂流水》入选"旅行者一号"光碟，前已介绍。

民国时期，成都的音乐成就除了延续清朝音乐传统、引入西方音乐以外，突出体现在音乐史的编撰上。两个学术先驱彪炳史册。

王光祈

王光祈（1891—1936），成都市温江区人。音乐家、社会活动家。王家本属官宦，但在光祁出生前数月，父亲病故，家道中落，靠母亲做手工维持生活。(1909年)，他进入四川高等学堂学习，与郭沫若、李劼人、周太玄、魏时珍、曾琦、李璜为同窗知己。1914年到北京，入中国大学攻读法律，同时任职于清史馆，并先后担任成都《四川群报》驻京记者和北京《京华日报》编辑。1920年赴德国柏林留学，先学德文和政治经济学。此间，他常常"悄然自悲，若有所失，终日独向"，因为他的志趣不在此。他自小喜爱川剧昆曲，吹笛弄箫，于是工读之余便重操旧日之好，聘请私人，学起西式乐器小提琴和音乐理论来。1927年入柏林大学攻读音乐学，师从E.M.霍恩博斯特尔、A·舍尔林、H.沃尔夫和C.萨克斯等教授，1932年起任波恩大学中文讲师。1934年以论文《中国古代之歌剧》（今译《论中国古典歌剧》）获波恩大学博士学位。

王光祈平生刻苦勤奋，有强烈的民族尊严。之所以改学音乐，并进行东西方音乐比较研究，是因为他敏锐地观察到，德国人"对音乐一道，涵养甚深，而且极为普遍，几无人不懂音乐。故世人尝呼德人为'听的民族'，盖谓其两耳较他种民族为灵敏也"。他希望吾国也能通过音乐改良社会，改善国民素质，达成那个充满朝气的"少年中国"。所以短短45年的生命，他留下了《东西乐制之研究》《东方民族之音乐》《欧洲音乐进化论》《中国音乐史》《西洋音乐史纲要》《论中国古典歌剧》等著作16种。他是以用音乐拯救中国的意愿，从事其艰辛而堪称伟大的创造的。可惜天妒英才，1936年1月12日因脑溢血病逝于德国波恩。

中外音乐大师评价王光祈：

冼星海（1905—1945）："我们不能忘记这位音乐理论家王光祈，他推动了新音乐的发展，他的刻苦耐劳是我们从事中国新音乐的模范。"

德国波恩大学东方学院院长、教授卡勒博士："他努力介绍西方音乐的精华到中国去，并且应用西洋的方法去整理那至今还未有人碰过的材料；在这一方面，他可以算是第一个前驱者。"又说，"他在研究院无时不以最大的努力和确定的态度来工作，他是一个静默稳重的人，只有很接近地去细细认识他，方可以了解他的伟大"。

日本著名音乐学家岸边成雄："把柏林学派的比较音乐学观点第一个介绍到东方来的，是中国人王光祈。"

波恩大学音乐学院院长、教授希德玛博士："他把握了西欧，特别是德国方面研究音乐的科学方法与途径，由此设法与他的故乡的音乐与戏剧的艺术相接近，这居然给他做到了！他已是一位受有严格教育的音乐学家。"

叶伯和

叶伯和(1889—1945)，先世由粤迁蜀，遂为成都人（生长于锦江区指挥街）。叶伯和从小随母诵读经典，年少即通《诗经》及《春秋》三传。13岁中秀才，亲朋呼为神童。15岁考入四川高等学堂普通科。1908年秋，叶伯和同13岁的弟弟叶仲甫，随父亲叶大丰离家别亲赴日本留学，本拟让他考入日本法政大学（那个时代最被看好的学校），他却自作主张私下报考了日本的最高音乐学府——东京音乐学院，为此曾惹恼父亲。但是他与王光祈一样，坚信改造中国，音乐的力量必不可少。一生开创甚多，略举一二。

1915年，叶伯和任四川高等师范学校音乐科主任，主持开办了我国大学中第一个音乐专业"乐歌专修班"，并在成都大学等多所学校任教，是中国西南地区第一个教授西方音乐理论、五线谱、钢琴与小提琴演奏的音乐家，我国西南地区当之无愧的新音乐启蒙者与奠基人。

1924年，他出任著名爱国实业家卢作孚（1893—1952）创办的成都通俗教育馆音乐室主任，开展各种群众性的音乐活动。除中西乐演奏外，还举办昆曲、京戏、川剧演唱会等，十分活跃。并开办了钢琴、风琴、提琴、胡琴、昆曲、唱歌六个补习班，组建了成都第一支中西乐混合乐队，举办了成都最早的声乐演出。

1927年在我国西南地区第一次举办了"德国音乐家贝多芬音乐会"，1932年他发起成立了成都第一家民间乐社"海灯乐社"（"海灯"二字系谐奥地利音乐家"海顿"名字之音——弗朗茨·约瑟夫·海顿 Franz Joseph Haydn，1732—1809，维也纳古典乐派的奠基人），每个周末在他家中排练，平时在学校与电台演奏贝多芬、海顿、柴可夫斯基等大师的名曲。

叶伯和兴趣广泛，才华横溢。1915年前后就开始了汉语新诗创作，早于另一位中国名人胡适（1891—1962），是我国用白话文写诗的第一人。

此外，"五四"前后，各种境内外思想潮来潮去，但全盘西化和欧美中心论甚嚣尘上,西方的标准就是一切,月亮也比中国的圆。音乐领域更不乏崇洋媚外。叶伯和虽然在中国大力介绍西方音乐,但他并不因此而数典忘祖、邯郸学步、东施效颦,而是毅然撰写出密切联系我国人文特色又突出时代精神的《中国音乐史》,以此纪念贝多芬逝世一百周年。

可以说,从历史的角度,实现近现代中西方音乐的健康的交流融汇,王光祈和叶伯和做出了独创性的贡献。

改革开放以后,伴随成都各项事业飞速发展,音乐事业也是生机勃勃、硕果累累,这座城市重新进入了中国音乐的顶级殿堂,重新焕发了音乐的巨大活力。如:

音乐教育

这里有以四川音乐学院为代表的众多艺术院校,专业选拔、培养音乐人才,仅是四川音乐学院,就涌现了作曲家高为杰、何训田、贾达群,歌唱家范竞马、霍勇,表演艺术家刘晓庆,钢琴教育家但昭义,钢琴演奏家李云迪、陈萨,小提琴演奏家宁峰、文薇等一批杰出校友,在国际国内享有很高声誉。近年来,学校还培养了李宇春、谭维维、何洁、王铮亮、魏晨等一批流行音乐歌手,活跃在各类舞台上,为该校争得了荣誉。成都的音乐人才培养能力,在全国名列前茅。属于成都人或成都院校培养的重量级音乐人还有:廖昌永、韩红、张靓颖、降央卓玛、张杰等,都是当代中国家喻户晓的美声或流行达人。

音乐设施

成都有不断出现的成都韵、世界范的一流音乐设施,包括城市音乐厅、云端音乐厅、四川大剧院、成都大魔方演艺中心、露天音乐公园、金融城演艺中心,正在建设的交子文化艺术中心、东安湖体育公园、凤凰山体育公园等音乐演艺载体设施。成都市利用东郊工业老区的建筑和空间,打造了国家音乐产业基地东郊记忆,此外还有少城视井、城市音乐坊等4个音乐园区,彭州白鹿、大邑安仁等5个特色音乐小镇。

成都不断优化音乐事业发展空间，引进了知名音乐影视企业124家，培育咪咕音乐等音乐企业42家，创办中国—东盟艺术学院。全市音乐艺术院校或设有音乐艺术专业的学院达13所，在校音乐影视艺术人才超过7万人。

音乐活动

成都历来是各种音乐活动的天堂，包括最顶尖的音乐盛事青睐并落户成都，如：2019年10月19日至28日，第12届中国音乐最高奖金钟奖在成都举办。本届金钟奖以"放歌十月·盛世金钟"为主题，设立了表演奖四项，展开声乐（民族、美声）、器乐（小提琴、二胡）共计42场高水准的音乐比赛，参与决赛选手共计270名。比赛之外，金钟奖还推出系列活动。开幕式音乐会在成都大魔方演艺中心进行，颁奖典礼暨闭幕式音乐会在成都城市音乐厅举行。28日举行了颁奖盛典和闭幕式，20位选手获奖，曹鹏、郑秋枫获"终身成就音乐艺术家"称号。

发展愿景

2018年9月，根据自身历史积淀、资源禀赋和未来追求，成都市委市政府提出，打造世界文创名城、旅游名城、赛事名城和国际美食之都、音乐之都、会展之都"三城三都"的目标。音乐重新成为这座城市的建设发展和魅力彰显的主旋律。天时、地利、人和齐备矣。

精神富足的成都，历来多少男少女追星现象，尤其是在流行音乐方面。不时会见到一些接近狂惑的年轻粉丝（多为女性）在媒体上被"曝光"，于机场、高铁出入口为心中的偶像狂飙热泪、大声呐喊。自然，时不时也会有一些人作愤世嫉俗或忧国忧民状加以叱责。在笔者看来，大可不必。只要她（他）没有影响和损害社会和第三者，纯属个人的事。政府和社会必须管住明星们的做人做事底线，媒体不要去报道这种极端追星现象，不就好了？我想这也是开明包容的成都很多人的想法。

书香成都

书籍是人类发展进步的阶梯。作为文明礼仪之邦的中国，因为珍视知识和智慧，崇尚文教，在人类最早拥有造纸术和印刷术（之前有甲骨、金属、竹木、布帛作为图书载体），拥有以"有教无类"为理想的各级各类学校，有着读书是人最高洁的雅趣，是修身、养性、齐家、治国、平天下之逻辑起点和过程必备支撑的观念，有着爱书皇帝宋真宗（968—1022）亲自写下的"书中自有黄金屋，书中自有颜如玉"的美妙激励，有着"士农工商"的社会阶层排列，所以社会的主流价值观对于读书的推崇无以复加。孟母三迁、凿壁偷光、画荻教子这些故事强化着读书的光荣，而通过读书参加科举考试，实现自己朝为田舍郎、暮登天子堂，鲤鱼跃龙门、富贵吉祥、建功立业、光宗耀祖、留名青史的理想（成都在历史上所产生的状元到目前为止尚没有准确的统计。据笔者有限的视野，见于清代《成都县志》和《四川通志》记载者，至少在目前已知信息的基础上要加上：李余，成都人，唐朝太和八年状元；杨寘，成都人，北宋庆历二年壬午科状元；张曙，唐朝咸通年间状元。此人或说巴州人）。其他人即使名落孙山，但也至少读了很多书籍，保证了中国历史上的人才供给和社会文明程度。如果要找一座最优秀的古今始终弥漫着书香的城市，成都一定是最强有力的候选者之一。

除了本书前述之"耕读传家""诗书传家""诗礼传家"是写满了成都历史文献中记录地方风土人情的根本标志以外，成都的"书香"，突出表现在以下方面。

地方官学

成都是中国地方官办学校的首创城市，府学、县学为代表的地方政府出资举办的学校兴盛，是书声琅琅的主要阵地，尤其以汉代和宋代，在全国独领风骚。古代庙学一体，也促成成都拥有众多金碧辉煌的文庙（孔庙）。从今日成都地区幸存下来的崇州文庙和德阳文庙，还能管窥昔日读书圣地的文雅和庄重。近代以来，成都始终是中国的文化教育高地之一，因众多学校和学生而书声琅琅、弦歌不辍。

书院

中国古代教育的昌明，突出表现在多种学校并存，官、民都热衷于举办这项事业。作为官办教育的重要辅助力量，官办和民间力量能够共同参与的书院，起自唐朝，发展于宋代，作用最为凸显是在元朝，它集藏书、供祭儒家宗师和讲学于一体。如清代乾隆皇帝所言："书院之制，所以导进人才，广学校所不及。"为了方便安心著书立说、因材施教，多处于城乡、山林僻静之处，一直延续至今，是中华文明优雅气质的组成部分。

历史上的四川，一直是中国书院教育较为发达的地区之一。据著名历史学家、四川大学历史文化学院胡昭曦教授之《四川书院史》介绍：四川的书院同样起自唐朝（至迟在唐德宗时已经出现），当时主要是文人学者个人的读书场所。宋代四川书院制度逐渐完备，具备了社会教育功能，也就是为普通民众优秀子弟敞开了大门。从此，四川书院在全国占据了重要地位。其数量在全国排位是：唐、五代居第四，宋代居全国第六，元、明居十名之后，但清代跃居全国第二。清末全国学习西方教育，只剩下少量非制度性地方书院。抗战中有国学大师马一孚（1883—1967）和梁漱溟（1893—1988）分别在乐山、重庆举办过复性书院和勉仁书院。改革开放以后，尤其是21世纪以来，书院又在四川、成都各地兴起，虽然其社会影响力和全国其他地区一样，不足与历史上的盛况相提并论，但崇文重教之风，并无二致。

成都除了历来在中国地方官学中举足轻重以外，也是古代书院教育最发达的城市之一。笔者好友，四川省文博研究院黄剑华先生研究指出：四川的书院兴起较早，大约肇始于唐代，两宋时期已形成了相当的规模并确立了书院制度。南宋开禧二年（1206），大儒魏了翁（1178—1237）思念家乡，辞官回到邛崃，其间又三辞聘召，遂得迁延岁月，丘园之乐者累年，并在县城东南十里的隈支山（今玉支山）先筑书屋，接着创办了鹤山书院，宁宗嘉定三年（1210），书院落成，四方求学弟子"褴属不绝"，了翁以及他请的"以明经教授乡里"的邛州乡先生李坤臣（1168—1221）得以在家乡培养人才。"其秋试于有司，士自首选而下，拔十而得八，书室俄空焉，人竞传为美谈。"也就是说参加举人级别的考试，大部分人都金榜题名走了，名声大振。鹤山书院的办学成绩，加上藏书天下第一，皇帝亲自题写学校匾额，学子从省内外络绎而至。了翁和同道又加以扩建，在"广二百尺，纵数里"的全县最高峰上的平坦之地，形成有水面、花草树木簇拥，堂廊、楼台、亭阁齐备的巍巍校园。引起一些名人关注，著名思想家、诗人叶适（1150—1223）还专门写有赞美诗《魏华甫鹤山书院》。了翁并不愿意学子们变成功利之徒，而是勉励他们不要仅仅满足于追求文词、取得利禄，而要有远大抱负与追求。了翁办学，是中国教育史、思想史（推动了洛学、理学入蜀）不可忽略的篇章。在元朝统辖全国后，对儒学和教育也颇为注重，《元史·选举志》就记载了元朝鼓励发展书院教育的若干规定，比如把书院的山长、直学等列为学官，纳入官员的铨选、考核、任免，有利于提高这些人的办学荣誉感和积极性，当然也增添了官学色彩。元成宗（1265—1307）时，曾任四川等处行中书省平章政事的纽璘坐镇成都时，就曾请准以文翁石室、扬雄墨池、杜甫草堂皆列为学宫，并"以私财作三书院"，并派人到东南各地收购了大量图书来充实四川的书院。由于宋末元初战争的屠戮，造成四川原住民绝大部分消失，残存的一些世家大族也逃亡到长江中下游，文化教育水准一落千丈，明代始终没有恢复到宋代的水平，包括书院教育，虽然前后共举办了95所书院（元朝只有11所），不过元、明均非成都文教兴旺时期。清代四川经济、人口恢复以后，书院数量达到顶峰（552所，全国第二），那时成都城区内，四大书院（锦江书院、墨池书院、芙蓉书院、潜溪书院）与尊经书院称雄，成都郊县著名的有绣川书院（金堂）、崇阳书院（崇州）、万春书院（温江）、九峰书院（彭州）、唐昌书院（郫县）等，遍地开花。其中，以锦江书院为代表的传统书院和以尊经书院（这两所书院是四川大学的前身）为代表的近代书院，是两个时代教育的典范，在中国教育史上写下浓墨重彩的一笔。

此外还必须指出的是，在清代成都的21所书院（其实力和水平全省最高）中，其举办和维持资金全部都有官员和绅商的捐资，有的甚至占了主要部分，如少城书院，1871年四川总督吴棠建于满城内，专为八旗子弟而建，吴捐资800两（此人还是尊经书院的举办者之一），并司、道、府、州、县各官捐银5200两，交商生利息，以年息624两作为束脩膏火。芙蓉书院，1801年由成都知县张人龙首倡，发起捐资办学，他本人捐俸银200两，集绅商募捐而来的7000两，与县儒学教喻王子诏悉心筹划，在成都拐枣树购得民房一所而建立。墨池书院，建于道光初年（1821），学生科考多金榜题名，咸丰三年（1853），学政何绍基和成都、华阳两知县决定"资产重组"——把芙蓉书院合并，于是以押银400两和两县绅商捐助的1600余两先修葺校园，然后完成并校。金堂濂溪书院，建于乾隆四十七年（1782），由本县布衣蒋兰芳、诸生唐国弼、监生曹子英等8人捐资建于淮口镇杨家坝。崇宁唐昌书院，建于乾隆十五年（1750）冬，是在县令张维翰倡议下，由邑绅捐资建于崇宁县（今唐昌镇）西街。

藏书高地

成都人自古珍惜爱护图书，喜欢收藏书籍。除前述严雁峰的贲园书屋成为抗战时期中外名流云集的精神殿堂之外，再看两例。

宋代大儒魏了翁（1178—1237）在故乡蒲江县建立的鹤山书院，拥有天下无匹的书院藏书——它建于1210年，是魏了翁在蒲江老家守丧时所建，他曾两度在此授业，时间长达十余年，其中除了亲自讲学四五年外，还延请当时著名学者讲授其间。所教生徒参加省试，"十而得八"。鹤山书院以巨量藏书著称，竟然超过10万卷，比宋初崇文院国家藏书8万卷还多。据学者考证，在整个宋代中国，尽管书院不少，但藏书上万卷的书院仅4所，鹤山书院的藏书量为宋代全国各书院之首。

清代四川罗江县（此地明朝归成都府直接管辖）出了一位顶级学者、文豪李调元（1734—1803），其父李化楠，进士出身，清正廉明，先后担任知县、知府等，李调元自幼饱览经史子集、天文地理，5岁即读《四书》《尔雅》等经文、史书，他记忆力过人，几乎过目不忘。李调元7岁即能属对吟诗。所作《疏雨滴梧桐》云："浮云来万里，窗外雨霖霖。滴在梧桐上，高低各自吟。"一时传抄乡里，被誉为"神童"。李父曾指着屋檐上织网的蜘蛛出对："蜘蛛有网难罗雀",李调元便信口对道:"蚯蚓无鳞欲变龙"。乾隆二十八年(1763)会试置为第二,殿试中二甲十一名,入翰林院,为庶吉士入庶常馆,后历任吏部考功司主事兼文选司、翰林院编修,文选司员外郎、广东副考官。李调元为人耿直,不畏权势,为权贵所忌惮。后任吏部员外郎、广东学政、直隶通永兵备道等。乾隆四十七年(1782),他奉旨护送一部《四库全书》去盛京(今沈阳),因途中遇雨,沾湿黄箱而获罪,被流放新疆伊犁效力。旋经袁守侗搭救,从流放途中召回,发回原籍,削职为民。他深感仕途坎坷,吉凶莫测,于是绝意仕进。在生命的最后20余年里,他倾力著述和藏书,一生手不释卷,著述达150余种,用愚公移山、精卫填海般的努力,完成百科全书式学术巨构《函海》。他的私人藏书达10万卷(包括大量他在吏部任职时接触后爱不释手的大内藏书的手抄本),置于自己的"万卷楼"中。此楼在其故乡南村,周围占地十余亩,建于乾隆五十年(1785),"风景擅平泉之盛,背山临水,烟霞绘辋川之图,手栽竹木渐成林"。嘉庆初,因人口过剩和其他社会矛盾,川陕接壤山区白莲教造反,并与官军"转战"多地,社会极不安稳,嘉庆五年(1800),李调元全家避难成都,他故乡心爱的藏书楼,"忽被土贼所焚"。此后的他,"意忽忽不乐",抑郁而死。这是一种怎样的高雅,又是怎样地因高雅不能失去而被击溃!

蜀纸、蜀版图书冠天下

成都历来有发达、先进的造纸业和印刷业,既独立自主支撑着其自身的阅读和教育与文化传播的需要,也在一定程度上支撑着中华文明的延续与发展。

先说蜀纸冠天下,这一标签突出体现在唐宋时期。唐代成都是著名优质纸生产区,不论是用于官方文件、文书、章奏、诏令书写的黄白麻纸,还是民间生产、生活、交往使用的"广都纸",都产量巨大,特别是制作精美的蜀笺,优雅时尚,传世的品种至少有麻面屑末、滑石金花、长麻、鱼子、十色笺、谢公笺、薛涛笺。可见唐朝成都人的品牌生活。尤其值得一提的是女诗人薛涛亲自发明制作的笺纸,色调深红,小巧精致,把成都这座城市的温润和无处不在的小情趣，体现得活泼又庄重。蜀笺是唐代诗人和雅士们挥毫泼墨、馈赠亲友的珍品，韦庄（约836—910，前蜀宰相、诗人，宋词奠基人之一）的诗句"也知价重连城璧，一纸万金尤不惜"道尽了蜀笺的知名与贵重。宋代成都造纸业更发达，尤其是产于广都（今双流）的楮纸，根据其用途，用多种专门方法制造，品种有假山南、假荣、冉村、竹丝。蜀笺的制作更加精美，尤其是谢公（出自文人兼工艺大师谢师厚）笺，色泽、样式美观、雅致，有深红、粉红、明黄、深青、浅青、深绿、浅绿、铜绿、浅云等十余种，可谓穷极工巧，神通后夔，流淌着成都的翰墨之情。此外，体现蜀纸技艺创新的还有水纹纸。宋代成都的麻纸虽然并没有在唐代基础上更加精致美观，仍然需要上贡朝廷，可知依然是全国最好的书写纸之一；而楮纸、笺纸、水纹纸大量销售，用作书写、印刷和纸币（交子）制作原料等，在全国各地都有其身影。

成都是人类雕版印刷的起源地（或之一），现存最早的雕版印刷品实物，就出土于成都。1944年，考古人员在成都市望江楼附近的唐墓发现一份印刷品《陀罗尼经咒》，约一尺见方，上刻古梵文经咒，四周和中央印有小佛像，边缘有一行汉字，依稀可辨，为"成都府成都县龙池坊卞家印卖咒本"。据考证时间当在757年之后。说明四川成都早在8世纪中叶，雕版印刷已经流行。这份世界上时间最早的雕版印刷品，现存四川博物馆。这个"龙池坊卞家"，应该是现知的世界上最早的出版家。

唐宋时期，官刻、私刻作坊遍及全川各地。官刻书籍均设校勘、监雕、印造之职，并颁之官学，供学子们使用。具有出版家性质的私刻作坊已经有很多知名品牌，如后蜀宰相母昭裔子孙，成都辛氏，临邛韩醇、李叔仪，蒲江魏了翁，均是著名刻书家；广都费氏进修堂、裴宅，西蜀崔氏书舍，都是著名刻印作坊。他们的图书，包括了龙爪本《资治通鉴》294卷；《春秋经传集雕》，字大如钱，墨光如漆，清香沁人心脾。蜀刻被后世视为珍宝，号最缮本。北宋时期，皇家有四大文化出版工程，这就是《太平御览》《文苑英华》《册府元龟》《开宝藏》，因为蜀版印刷冠绝天下，所以除了《文苑英华》外，其他三部都是在成都刊刻的。限于篇幅，只介绍佛经总汇《开宝藏》印刷的情况——宋太祖赵匡胤（927—976）开宝四年（971），派内官张从信赴成都主持《开宝藏》印刷工程，利用最新技术，费时 12 年，最初刻制佛经 5000 多卷，后来又增刻 1000 多卷，共达 13 万块雕板！

事实上，宋代的成都，其印刷和出版的力量，在全球所有城市中，都是无与伦比的。

宋末元初，四川军民因为长达半个世纪可歌可泣的的抗蒙战争，人口消耗殆尽，但即使是在四川、成都文化史最低迷的元朝，印刷、造纸在成都依然接续着薪火。诞生了元朝著名学者费著（元代史学家，成都华阳——今成都双流人，进士出身。一生十分热爱家乡风物。官至太史院都事、翰林学士，授国子助教，曾任汉中廉访使，后调重庆府任总管。编撰大量史著，撰有《岁华纪丽谱》《蜀锦谱》《笺纸谱》《楮币谱》《氏族谱》《器物谱》《蜀名画记》等）的费氏，世为成都巨族，亦喜刻书，刻有大字本《资治通鉴》，世称龙爪本，篇幅浩繁，形制雅丽。成都造纸作坊在百花潭，所造蜀笺图案花纹丰富，有布纹、绫绮、人物、花木、虫鱼、鼎彝等。各种笺纸，"皆印金银花于上"，色彩绚丽。"百韵笺""船笺""青白笺""学士笺""小学士笺""假苏笺"等，光是其名字，就足以见其形制的优雅富丽。在最艰难困苦的朝代，成都作为中国造纸、印刷殿堂的优雅，都顽强延续着它的生命力。而明代蜀刻大字本，依然堪称中国最精美的书籍印刷品之一。

诗婢家

阅读既指欣赏优秀的文字，也包括欣赏绘画（成都自古也是中国绘画的顶级殿堂之一）、雕塑和各种生产、生活所需的造型和装饰需要的作品，其是否有活力、有水平、有个性，也是城市阅读整体水平的一部分。成都的视觉阅读一直很雅致风流，因此民间能工巧匠多，高端工艺自然能匹配大师作品。在成都羊市街声名鹊起的一家装裱小店，叫"诗婢家"，开设于 1920 年，最早在仁厚街，创始人叫郑次清，擅长书画，爱好古董字画收藏，开店主要是为了结交文人，满足雅趣，若有盈余，则养家糊口。但二十世纪二三十年代四川军阀斗来打去，政局和社会都缺乏安稳气象，所以他的顾客稀少，生意清淡。1933 年，军阀们内战基本结束，郑先生将店迁到字库街。1936 年，郑次清的儿子郑伯英（中共地下党员）接管了小店，并迁到羊市街东段经营。当时社会趋于安定，加上郑伯英擅长交往，成功地与"五老七贤"建立了很好的情谊，邀请他们将作品放在店里装裱出售，声誉渐起，脱颖而出。抗日战争时期，徐悲鸿（1895—1853）、张大千（1899—1983）、丰子恺（1898—1975）等大师级画家经常光顾，该店竟然逐渐发展成全国名店，与北京荣宝斋、上海朵云轩、天津杨柳青一起，号称四大名店。1941年，日本侵略军飞机轰炸成都，店招被毁，五老七贤之一的名士赵熙（1867—1948）以七旬高龄，破例为诗婢家重新书写店招，一直用到今日。改革开放后，诗婢家搬到了琴台路仿古一条街，并拥有一栋漂亮的仿古建筑，还成立了画院和文创公司。但这个名店，实际上一直低调地存在着。尽管身价不菲，改革开放后成都人说到它，也很少眉飞色舞。

当年郑次清先生给自己的小店取名的用意，必须记载一下，以见其风雅。

南朝刘义庆（403—444）所撰写的中国最早的一部记述魏晋人物言谈逸事的笔记小说《世说新语》载：东汉大儒、教育家郑玄（127—200）学富五车，家中婢女耳濡目染，皆通《诗》《书》。有一次，一婢女工作失误被罚跪泥土中，另一个婢女经过，问她："胡为乎泥中？"答："薄言往诉，逢彼之怒。"两人对答所言，皆出自《诗经》，而且表达言简意赅。可见近朱者赤，近墨者黑。郑家诗婢显示了这个经学大家族的非同凡响。郑次清先生用以给小店取名，何等闲情雅致！

书店和市民免费阅读设施中国一流

历代成都，由出版机构或专门的店铺售卖图书，都是显著的都市景观，代表的是中国作为有物质和军事实力作为基础的文明礼仪之邦的丰满精神世界。近代以来，中国国运相比于率先跨入工业文明时代，因此坚船利炮、蛮横霸道的西方国家陷入低迷，但中国的抗争和崛起也从未停止，并最终如时代洪流不可阻挡。决定性地扭转西方人的傲慢的是两次战争（抗日战争和抗美援朝战争）。抗战期间，成都华西坝中外学者大伽云集，是中国的精神堡垒之一，发生的趣事良多。1943年，《中国科学技术史》作者李约瑟（Joseph Needham，1900—1995，英国著名生物学家、科学史家）在坝上进行了12场演讲，一直持续二十多天，观者如潮。实际上，1942年，英国驻华大使馆科学参赞李约瑟博士到重庆，就曾一度到成都，住在华西坝。每次一来成都，他都忘不了去逛书市，西御龙街、玉带桥街这些地方有很多的旧书店，他在旧书摊前来回走着，直叹成都的文化气息浓厚。李约瑟除挑选科技文化方面的书外，还挑选有关道教的书籍。他去请教道士，是不是中国都是按照书上所说的去做。他还找到一个道教专家，两人兴致勃勃地在一起讨论了几天几夜。李约瑟买来的这些书，后来都成为他在英国创建的亚东图书馆藏书的一部分。

1978年笔者到四川大学读书，喜欢逛云集中华书局、商务印书馆、世界书局的春熙路，曾有木刻书肆的学道街，古旧书肆西御龙街，翰墨飘香的文化一条街祠堂街。这些地方包括古旧书店，总是人头攒动。因为自古这里的官民有旺盛的读书需求。近代以来，公共图书馆作为一项事业，逐渐兴起，成都也不例外。改革开放以来，成都不惜重金，持续投入，建设省、市、县、乡（街道）、村（社区）、住宅小区各级公共阅读空间，比较中国其他都市，是一个普通市民免费读书条件最佳的城市。每年新增实体书店不少于100家，拥有"中国书店之都"美名，根据《2019—2020中国实体书店产业报告》显示，2019年，成都实体书店数量已达到3522家，成为中国城市书店数量排行榜第一名。这些书店和每一个社区、居民小区均有的读书屋一起，让每一位喜欢纸质阅读的市民，如鱼得水。

平民成都

自古以来，交通不够方便，但容易谋生和丰衣足食的成都，移出的人多是上流社会或有志于进入国家上流社会的人，而移入者更多是欲谋取比原地更好物质生活的一般社会阶层，甚至底层（只有首都沦陷后逃难来的人群例外，但灾难过去后，最上流社会阶层的人几乎都会离去）。比较同级别的城市而言，成都一直以来世家大族、名门望族较少，普通民众的愿望和利益比较受到关注、重视，像北宋初年的王小波、李顺起义，口号为何竟然是"均贫富"，除了由于北宋初年骄兵悍将入蜀过于嚣张跋扈让蜀人反感外，朝廷搜刮蜀中财富入京过多、随之而来的榷禁过严，搞得部分民众民不聊生等积累的仇恨以外，必须看到，习惯衣食无忧的这里的人民对贫富悬殊的承受力要小得多，原因不复杂，成都一直以来的格局是贫富悬殊不严重，主（土著）客（移民）关系不紧张的地区，所以当王小波、李顺以"吾疾贫富不均，今为汝等均之"为由动员反抗的时候，能迅速成为燎原之火，不出十天，就集中了几万人，后成为席卷四川盆地的数十万之师，最终让北宋政府劳神费力，坐卧不宁，兴师动众。宋太宗、真宗吸取教训，后来朝廷派来的主官基本都是清官循吏，任务之一就是保持社会各阶层的和睦平衡，包括允许23个官民同乐的节日兼商品展销会和狂欢节。明清时期，尤其是清代，底层人民组成的移民社会，加上清朝政府派到成都的主官也多为循吏，廉洁简朴者（许多人都有带头捐赠修路、筑桥、护堰、缮庙的义举）居多，所以眼光向下的平民化的城市个性牢固地确立起来，川菜、川剧、川酒和茶馆的绝大部分服务都是表达和满足平民的；富贵人家作为一种集体人格，并不追求另外开辟一块与之区隔的生活方式与空间。即使是四川话，也是最平民化、烟火化的地方语言。一直延续到今天，成了城市特别包容开明、尊重个性的主要底蕴。

关于成都人的身份意识的淡泊，女诗人翟永明在《以自己的慢来对抗世界的快》中生动地写道：

> 成都人喜欢吃，不讲究排场，重要的是味道，所以他们对饭馆的装修不太讲究，味道好是最重要的。所以，在成都有一些也能吸引人，卫生不怎么样，味道不错的饭馆。所以你会发现，骑自行车的和开宝马的，会挤在一起吃小餐馆。有一次，我与一位香港回来的从头到脚穿着上万元"三宅一生"品牌的成都女孩，挤在一家"苍蝇馆"吃两元一碗的凉粉，我一直担心凉粉的佐料溅到"三宅一生"衣服上。这种现象背后的心态是，在成都人看来没什么大不了的，你钱很多我也不会太关注，也不会太羡慕，也不会特别想着挤进那个阶层。成都人在这方面不会有太大的动力，他们只想过好自己的生活。

一个人，自食其力，自得其乐，自爱自尊，就会被人尊重，就能得到幸福，即使对方是一个富贵人士，只要他有教养。成都自古就是这样一座充满了这样的普通人家及尊重他们的少数"成功人士"的城市。

平民化的成都，还有一道温暖景观，那就是在节庆游赏活动最盛的成都西郊、南郊沿锦江、浣花溪一带，有长达十余里的园林区，官、私花团锦簇的美好空间，在节庆日是对所有人免费开放的，所以从五代、两宋以降，这里曾经有记载的西园、合江园、东园、中园、赵园等，都是游人的首选地。

成都 传

The
Biography
of
Chengdu

生活美学

第七章

当今成都，天府文化向纵深的创造性转化和创新性发展，需要从哲学、美学角度回答，为何古今成都，始终是一座自信满满、但又温和低调，并特别适合人居、幸福指数超高的城市；作为个性鲜明的美食之都、休闲之都、诗歌之都、音乐之都、绘画之都、花卉之都、丝绸之都，包括它优越秀冠的农耕文明，其别样风情，具有怎样的人文意蕴和当代价值；何以它能成为一座几乎所有人来到以后，就可以让自己迅速得到放松的城市；它自然天成的后现代气质应该如何理解和认识。从生活美学的角度，我们可以打开一幅宽阔的视窗，既认识、认同自己，也助力世界文化名城所需的品牌塑造。

定义及指向

关于何谓生活美学，同样众说纷纭。本书摒弃任何欲将此事玄学化的企图，认为其内涵就是：怎样的生活内涵、形式具有美感，使人从内到外拥有并洋溢轻松、愉悦、自在、幸福之美，使别人赏心悦目或能获取关于美的正向思考。科学求真，道德求善，艺术求美，因此，生活美学就是生活的艺术化，艺术的生活化。

以西方文明为基本坐标的追求现代化的社会的演变趋势是，以追求物质享受为主的个人主义、实用主义、机会主义、工具理性和人的格式化十分盛行，凌驾于其他价值观、人生观和方法论之上，因此很多人不论贫富贵贱，变得失去个性，失去发现美、理解美、创造美、享受美、追随美的内在需求和能力（包括不计其数的为了中考、高考加分或父母面子的孩子不管情趣、不惜代价、早出晚归地学习舞蹈、绘画、钢琴、小提琴、古筝、手风琴、电子琴等的伪求美行为，以及日益火爆、方兴未艾的手机短视频把人的审美扁平化、快餐化、碎片化、庸俗化），生活美学成了一种奢望，甚至还不如前现代社会那么受到珍视和传承。所以，2017年成都市提出"创新创造、优雅时尚、乐观包容、友善公益"为植根历史、观照现实、引领未来的"天府文化"内涵后，这座城市把生活美学的回归和重塑作为了最重要的价值目标之一。2018年，志在通过"天府文化"行动重新成为世界文化名城（其实也是西方坐标中的产物。成都在中华文明领先世界的漫长历史阶段，作为中国的标杆城市之一，早就是我心目中毋庸争议的世界文化名城，为此，笔者还带领同人和博士们撰写了反映我们这样的历史观的专著《成都走向世界文化名城之路》）的成都，加入了总部设在伦敦的"世界文化名城论坛"组织（迄今中国包括港澳台在内只有五个城市入选），并与该组织开展了多项合作（包括每年举行一次"世界文化名城论坛·天府论坛）。论坛组织的专家们多次往返于欧洲与成都，在对成都市的文化个性的评价中，认为成都有一种独到的生活美学，那就是成都市的休闲样态、慢节奏、诗歌与诗意、人民幸福指数高，幸福与社会阶层、收入关系不大等现象。他们建议成都应该将此生活美学发扬光大，并赋予新的时代内涵和国际传播力、表达力。这些观点和建议在成都市的相关官员、学者和民众中引起了热烈共鸣。最近几年，"有一种生活美学叫成都"开始流行，但不论成都市自己的官员、学者或百姓，还是关注成都城市建设的外地人士和国际友人，并没有成功地回答这句话的真实内涵——它的历史成因和现实依据是什么？它与城市的优秀传统文化和现代化追求的关系是什么？它如何表达给中国国境内外的其他人，才能达成理想的沟通与传播目标？

  本书认为，成都的生活美学是成都优良城市个性中最具有同理心，最具有穿透力和传播价值的"成都故事"和"中国故事"。从哲学层面来讲，它是中国人长期奉为圭臬的中庸思想在这座城市的人们的日常生活和城市管理中的极致体现。从美学来讲，它把儒家和道家的审美观完美地融合在一起，并成功地运用于天府之国的自然、人文资源的保护和与时俱进的传承、弘扬中。关于此，得作一个简要的介绍。

中庸哲学及其美学原则

中庸

  在中国哲学史上，"中庸"一词，以朱熹（1130—1200）的解释最为权威，为不偏不倚、无过无不及之意。庸，平常。中庸之道是儒家哲学的核心，外化为伦理道德准则，为常行之礼。在《论语·先进》中记载：

    子贡问："师与商也孰贤？"子曰："师也过，商也不及。"曰："然则师愈与？"子曰："过犹不及。"

孔子的两个弟子，一个为人处世有些过分，一个总是做得有所欠缺，在孔子看来，他们都差不多。显然，儒家看重的是一切都要恰到好处，符合最佳节度。这种理想状况又叫"中和"：

喜怒哀乐之未发，谓之中；发而皆中节，谓之和；中也者，天下之大本也；和也者，天下之达道也。致中和，天地位焉，万物育焉。

人行走在天地万物之间，喜怒哀乐都应该体现与天地（自然）、他人以及自身关系良性运转的最大公约数和各方皆能遂其性、得其所的节度、分寸，唯其如此，才能达成"中和"的理想境界——"天地位焉，万物育焉"。因此，从宇宙到人间再到人的内心世界，和谐、共享是人和人类生存发展的最重要价值；围绕人与自然、人与人、人与自身如何实现全面和谐（主要路径和方法是平衡、兼顾、协调、包容）进行的论述与思考，包括世界观、人生观和认识论、方法论，就是中庸哲学。面向人间治理，要求以命运共同体意识为原则，治国理政，安身立命，为人处世、洋溢个性努力做到不偏不倚、恰到好处，拒绝极端和偏执。在儒家文化中，中庸作为道德规范，受到儒家热烈追捧，如孔子说过：

中庸之为德也，其至矣乎！民鲜久矣。（《论语·雍也》）

在春秋那么一个礼崩乐坏的时期，人们不择手段、胆大妄为、冒险走极端成风，所以孔子感叹中庸已经失传久矣。而没有全体炎黄子孙命运和利益最大公约数、没有广泛价值共识和情感纽带的国家和社会，怎么可能相亲相爱，长治久安？

关于中庸、中和与人生快乐、幸福的关系，清代"川西夫子"双流人刘沅的这段话，或许是说得最精辟而又浅显的了：

本天理良心而出之，言行动静，节文其过不及，归于中庸，随时有之，即随在皆礼乐，则和治之意耳。以忠恕心，行仁义事，五伦各得其宜，天理人情，和气浃洽，一家有一家之乐，一身有一身之乐。且履中蹈和，无入而不自得，不必琴瑟钟鼓，天机洋溢，乐在是矣。心合天心，道合天道，无论穷达，皆有天然之趣，又何俟外求礼乐？

刘沅的一生，从早年的孱弱不堪几乎濒临死亡，到遇到奇人加以治疗引导，不仅恢复了健康，而且活到88岁高寿，尤其是他60岁以后竟然连得八子的奇迹；从科举考试的不顺到毅然放下这条道路，归隐家乡成为学术、教育大师和造福桑梓的义士（见后详述）；从一个普通人到成为"刘门教"教主，学派和门人弟子纵横庙堂、江湖，他的人生履历和感悟之丰富多彩，非常人（包括那些状元、进士、高官）可以相提并论。他对恪守中庸可以带给人的自由自在和快乐幸福，甚至不需要琴瑟钟鼓就有的艺术生活的表达，值得今人仔细玩味，加以品鉴。

美学原则

在自然与人文、物质与精神、个体与群体、历史与现实、感性与理性、创造与享受、男性与女性等所有重要关系的多重平衡、协调、兼顾、包容中，发现美，建构美，创造美，评价美。如：

《中庸》："故君子尊德性而道问学。致广大而尽精微。极高明而道中庸。"在尊德性和道问学、致广大和尽精微中达成和谐，这是一种智慧之美。

宋朱熹《中庸章句》题下注："中者，不偏不倚，无过不及之名。"思考、处理问题，客观、公正，这是平衡之美。

《论语·八佾》："《关雎》：乐而不淫，哀而不伤。"人的喜怒哀乐应该表达、宣泄、释放，但必须把握好度，这是分寸之美。

《诗经》毛诗序："变风发乎情，止乎礼义"。君子见了美好心仪的人和事，必有情感反应，甚至有占有它们的欲望，这并不是什么坏事，但此时的感性会止步于理性的约束，这是节度之美。孔子说的七十而从心所欲不逾矩，就是此意。

成都生活美学的核心要义

多重平衡叠加（观念形态）

平衡就是美。两千多年来，成都始终是一座其主人公能够轻松实现自然与人文、物质与精神、感性与理性、个体与群体、历史与现实、城市与乡村，甚至男性与女性、儒释道三教之间多重平衡的城市，不管是这种平衡的多元性，还是这些平衡本身的稳定性，成都都罕有其匹。两千多年来，经历众多朝代的更迭兴替，包括多次程度不等的移民对原有格局的冲击后，只要和平与统一的时期到来，成都便能够迅速重新建立与时俱进、生命力绝不衰退的新平衡。这些平衡的内涵之间有交集，所以下面选择部分予以阐释。

成都的山水梦幻绮丽，动植物和矿产资源极为丰富，气候平和温润，这种上苍赐予的环境，使之具备了成为天府之国核心区的条件。今天我们说的天府之国，既是自然的概念，也是人文的概念。所谓人文，《辞海》中这样写道："人文指人类社会的各种文化现象。"而文化的核心，就是价值观与生活方式为主的人类精神活动，它具有使人远离假恶丑、走近真善美的稳定"化人"的力量。自然与人文的平衡，应该表现为人类社会的价值观和生活方式，会注重尊从自然规律，合理利用自然，在感恩和敬畏之情感下反哺自然。成都几千年来，恰恰是把这些要求体现得很好的一座美丽城市。比如：

成都的山水之美与人文之盛从来都是良性耦合为主的一种关系，因此吸引了"道法自然"思想的创立者——道家创始人老子在最后岁月投奔它而来，并最后应该逝世于此地。道家学说在这里深深地扎下根来，历来受到学者们的推崇。蜀中道家学说的研究阐发一直在中国居于至高之境，今天的四川大学、四川省社科院的道教和道教史研究，依然雄冠华夏。不仅如此，道教于东汉也诞生于成都平原，张道陵（34—156，东汉沛郡丰县，即今江苏徐州丰县人）

跑到成都平原的大邑鹤鸣山来创生道教，绝非偶然。道家思想、道教旨趣，与这块土地的官员和人民的生活良性耦合，或者说这块土地上的人们获得的道家、道教有益于世道人心乃至于人的身心健康的正能量的水平，没有一个城市可以与之相提并论。不管是都江堰的治水理念，还是严君平淡泊逍遥人生的世代受人尊敬，不管是大熊猫在此地野生或人工饲养状态下的美好生活，还是成都人民自古以来的太阳崇拜以及以回归田园、回归山水为强烈意趣的郊游、娱乐活动，都可以证明这座城市自然和人文十分和谐的共生关系。

这种自然与人文彼此成就的平衡美，表现在城市建设中大量自然元素、景观的植入与随性镶嵌，乡村生活必备的花草林木的簇拥（比如林盘）与陪伴，画家笔下有气势恢弘、景象辽阔的山水和千姿百态、呼之欲出的花鸟，诗人笔下有对自然、人文交相辉映的赞美，音乐家把《高山流水》古琴曲演绎成了《七十二滚拂流水》，登上了旅行者一号，奔向浩渺宇宙。

人的物质生活与精神生活的关系很容易出现失衡，原因在于人的物质欲望（含生理欲望）很难彻底满足，具有传世价值的精神生活、艺术殿堂的建构、维持并不容易，因此极易出现物欲过度膨胀产生的大量丑恶现象，如贪得无厌、六亲不认、锱铢必较、尔虞我诈、醉生梦死，等等。一个城市美好温暖的人际关系将逐渐荡然无存，被丑陋冰冷所取代。此外，如果一些人群受某种主张或思想支配、左右，鄙视或不在意富足的物质生活，以清苦为荣，以简陋为风雅，作为个体选择虽无可厚非，但除了在特殊的历史时期或阶段以外，这样的思想和生活方式不具备推广价值，因为：第一，它违背普通人性（谁不愿意过舒适、富足的生活呢）；第二，许多美的产生与创造，需要物质技术手段的支撑，比如读书、写作、艺术活动、旅行，都离不开财富的积累。因此，合理合规地创造财富、追逐财富、享受财富和建构具有美感的精神家园并不矛盾，但要形成一个城市长久的传统和稳定的性格却绝非易事。纵观成都两千多年的历史，这个城市的物质生活与精神生活总体保持了很好的平衡，如先秦的青铜、黄金、玉石的生产、制作代表的物质生活水平（《山海经》《华阳国志》中都有成都平原物产丰饶的记载），对应的是强大的想象力和浪漫精神，以及对光明对未知世界的向往；秦汉的"陆海""天府"对应的是成都的汉赋独步华夏、地方官学率先创办、蜀锦秀冠丝绸之路、歌舞伴随酒宴而进入人烟、民间艺术家已经有众多粉丝（所以才有一流雕塑家为之塑像）；三国魏晋偏安一隅，尚能有英雄在此得到鼎力支持六出祁山，有孝子李密留下中国孝道第一经典《陈情表》，有雅士陈寿和常璩为了他爱的家乡留下《三国志》和《华阳国志》。唐宋"扬一益二"和"西南大都会"的物质实力，对应的是诗歌和诗人的云蒸霞蔚、壮丽辉煌，词的诞生和大师的代言华夏，史学和经学的颉颃中原、关中、江浙。蜀锦和美女、荔枝与酒家在大唐诗人刘禹锡（772—842）和张籍（766—830）的笔下被写得如此之美，恐怕画家也难以用丹青呈现。

刘禹锡《浪淘沙》：

濯锦江边两岸花，春风吹浪正淘沙。女郎剪下鸳鸯锦，将向中流匹晚霞。

张籍《成都曲》：

锦江近西烟水绿，新雨山头荔枝熟。万里桥边多酒家，游人爱向谁家宿。

在古代，哪里去找比这更美，更有人间烟火味的都市美景！不说绝无仅有，至少也堪称人间难寻。

再说因两次巨大战乱而两度中断发展、并非高潮的元明清时期，成都依然为中国贡献了历代蜀王好文雅的皇家文脉、大明第一才子杨慎和夫人女诗人黄娥、集合美的元素最多的地方戏剧川剧、色香味美俱全的伟大菜系川菜的技艺、盖碗茶和功能众多、星罗棋布的茶馆代表的无与伦比的茶文化。

1978年改革开放以来，成都依靠全方位、有特色的建设与发展，实现了物质与精神之平衡在前无古人的规模（指涵盖的人群）和水平（从未有过的以精准扶贫事业兜底的全面小康社会与现实的"三城三都"建设支撑的国家公园城市示范区和世界文化名城愿景的逐步实现）上的再次达成，成都也因此物质生活日益富足，精神家园日益丰富和完善。在这座城市，所有人，只要接受了这座城市的生活美学，便安得下肉身，留得住灵魂，静得下心情。

在人类历史上，城市与乡村，通常有强弱、文野之别，因此两者难免存在各种紧张或隔阂，城乡关系很容易失去以相互理解、尊重、互助为内核的平衡。这是一种精神的丑陋。而成都，自古却是一座城市与乡村人口关系比较平衡的城市。比如，我们读不到因为居住在城市的人群基于自己的城市人口身份而对于乡村和乡村人口持藐视、轻视态度而激发出的大的族群矛盾的文献记录。相反，我们在历史上以各种庙会、集市、节庆、民俗活动为代表的城乡人民共同参与的活动中，读到的是身份无别、情感融通和集体狂欢。在成都文人（包括旅居在此的外地人）的诗词散文中，也很难觅歧视和欺凌的身影。这种平衡与和睦，是很美的符合中华民族命运共同体意识的家国图景。究其原因，在历史上，都江堰大灌区伴随配套工程的增加，不断扩充，像数不清的大小血管，把城市乡村从水利上紧密结合在一起，不仅大大强化了城乡命运、利害一体的感情，而且促成了以水文化（前已论述）和道教文化为基调的、城乡人民的温和与低调为特征的人文性格，和近似的生活环境与方式。此外，成都的资源富裕、物价低廉、移民文化共同强化了城乡人民之间的彼此礼让和包容。所以在近代西方传教士眼里，成都就像一个"大农村"。悠久的城乡关系平衡、和睦的传统，是改革开放以后成都市在城乡统筹方面取得突出成就，中国大型农家乐发源于此城此地的必然性的历史依据。向往自然山水，向往真正的农村淳朴生活，是受现代工业文明伴生的工具理性和环境污染之苦的当代城市人民的生活美学追求之一，但发自内心深处有这一愿望，并致力于实现，还能够轻松实现的城市，放眼世界，桂冠非成都莫属。成都的生活美学，也因此自然流布城乡，温暖世道人心。

快乐无关贫富（社会生态）

经济上贫穷或富裕，与人的快乐、幸福指数的关系，一定成正比吗？答案当然是否定的。在中国主流文化中，对社会顶级精英有重精神、轻物质的价值要求。如：

> 子贡曰："贫而无谄，富而无骄，何如？"子曰："可也。未若贫而乐，富而好礼者也。"（《论语》）

清贫却能拥有快乐，富裕但恪守、尊重礼（"礼"在中国传统文化里有两层基本意思：守规矩；尊重交往对象），就是理想社会应该有的状态。孔子这样自我描述：

> 子曰："饭疏食，饮水，曲肱而枕之，乐亦在其中矣。不义而富且贵，于我如浮云。"（《论语》）

显然，儒家认为，快乐不需要很多物质财富支撑，不仅如此，他们鄙视任何不义之富贵。孔子有三千弟子，七十二高足，各种人才齐备，但他最钟爱的却是一直贫穷但依然快乐的颜回（前521—前481）：

> 子曰："贤哉回也！一箪食，一瓢饮，在陋巷，人不堪其忧，回也不改其乐。贤哉，回也！"（《论语》）

颜回这样的圣贤，的确值得永远尊敬。不过，精英永远是少数，凡事不能走极端，不能以偏概全。《管子》说：仓廪实而知礼仪，衣食足而知荣辱，这是正面讲的贫富与是否幸福的关系，成语"饱暖思淫欲，饥寒起盗心"则是从反面讲的，两者都可以找到依据和无数案例，显然，贫富只是在一定的程度上、一定的条件下才对人是否幸福、有多幸福起着决定性的作用。这个程度对于绝大多数人来讲是从温饱以上，到充足，幸福指数有了可靠的基础；再往上大富、巨富，幸福指数的增长，少数人（就是能够自觉控制巨大财富带来的诱惑及其可能产生的危害；人生重心转向精神生活或艺术生活者，把被人羡慕的人生目标转换为获得尊敬）可以继续，但空间已经有限；多数人将很难再有实质性的幸福感增长，因为完成不了人生重心转向精神生活或艺术生活，过多的物质追求、占有和炫耀性的消费不仅填补不了心灵的空虚，而且极容易树敌招灾、恶化爱情亲情友情。但这部分人如果做人做事尚知道适可而止，灾祸不至于到来。少数人则会毁于巨量财富带来的诱惑和骄狂，比如成为受法律制裁、舆论谴责、众叛亲离的贪官、奸商或其他不法不伦分子。显然，财富增长与幸福同步增长的条件只能是当事人的很高教养程度。

天府成都自古在和平、统一时期，普通百姓容易进入温饱和富足的状态，但成都自古由于不是首都所在地，能够对社会普通阶层巧取豪夺、鲸吞蚕食的权贵富豪聚集较少，加上历史上不少朝代看重成都作为国家物资保障基地和控制整个西南地区的中心城市的战略地位，因此在吏治中十分关注，派来的循吏较多等因素，成都在中国的大都市中的贫富差距比较小，尤其是宋元明清时期，成都经历了不少大灾难，多次洗牌式大移民，这里的巨富、巨室更少，这确保了能够保住幸福的人群众多。成都从文翁化蜀以后，文化教育水平和普及程度一直很高（至少相比其人均财富拥有状况来讲是如此），加上道教、佛教正能量比较充足地辅助儒家学说，培养并保持官员和人民对于物质财富与精神生活的平衡感，成都这座城市呈现出来的优美面相之一，就是这里的人民，不论相对的是贫是富，他们的幸福指数都很高。幸福不是金钱多少的响应器，除了赤贫的少数人群以外，都有机会和空间分享。改革开放初期，成都很多人买了奥拓车，但他们同样可以开上青藏高原，其兴致和快乐指数，并不一定比开悍马和奔驰、宝马者低迷，这是无数成都人已经经历、可以见证的事情。至于美食遍地的成都，那些豪华餐厅的用餐者，与街边"苍蝇馆子"（成都人对空间逼仄、卫生条件不佳的餐馆的调侃。如今一般卫生都是过关的了）的小吃就餐者，幸福指数基本没有差别。许多伺候百姓的"麻辣烫""串串香"，口感太好，难以抗拒，那些开豪车、住别墅的"大款"也会经常吃得满头大汗、不亦乐乎。这些就是成都城市生活最真实最鲜活的众生相。

翻一下川菜的主菜单，不管全部面对普通人准备的小吃，它的著名菜品有（出自《成都历史文化大辞典》）：小碗红汤牛肉、开水白菜、夫妻肺片、太和卤牛肉、水煮牛肉、东坡肘子、回锅肉、豆腐连丝、张炖肉、鱼香肉丝、怪味鸡片、治德号蒸牛肉、宫保鸡丁、麻婆豆腐、樟茶鸭子，可能只有开水白菜能算得上价格和身份"高档"的菜品（后来被选入国宴菜品）。虽然川菜受旗人影响，也有"满汉全席"、燕翅烤席等普通人难以消费的大餐，但通观成都人的聚餐习惯，执意要经常性通过这样的宴席来满足、显示自己身份地位与众不同者，的确是罕见的。

居住、服务在成都的建筑大师刘家琨（1956— ）对成都的文化个性有深度的理解，他写过一篇散文《面向未来的城市》，以私家汽车为例说道：

> 在欧洲，经过几十年的困扰，已经有一种意识，汽车的概念主要是代步工具，无端豪华是品位不佳。而在中国，汽车工业借助媒体的渲染，精准地切入久贫乍富的老百姓的内心：汽车是身份的标识和成功的象征，如果不能拥有至少一辆私家汽车，你的一生已近乎失败。成都还好，曾经满街都是以奥拓为代表的小型车辆，这表明了成都人骨子里那种"有钱就讲究，没钱就将就"的宽松心态，不同于上海那种"要不就不要，要就要好的"的攀比心态。

刘家琨是土生土长的成都人，不仅获得过众多国内外建筑设计大奖，1987年到1989年，还被借调至四川省文学院从事文学创作。主要著述包括《英雄》《高地》《灰色猫和有槐树的庭院》《明月构想》《此时此地》《叙事话语与低技策略》。他的思考，既有工科男的精准，也有才子的细腻，更有建筑大师的宽阔视野，这一番简短议论，把成都私家汽车宽松、乐观、包容的消费文化，说得十分透彻。近日看抖音，上面讲一个某地的富豪（也可能是富二代），开着一辆十分扯眼球的顶级改装豪车，招摇过市，说是去吃一道上千元的菜，真是令人哭笑不得，骨子里"穷得只剩下钱了"。我想，类似的事在成都，至少我没有听说过。

庙堂江湖自通（政治状态）

庙堂，一般指官员们履职（含祭祀）和发号施令的地方，江湖，则指包罗万象的民间社会。北宋明臣范仲淹（989—1052）在《岳阳楼记》中抒发自己的情怀时有名句："居庙堂之高则忧其民，处江湖之远则忧其君"，表达的是不论个人进退荣辱，始终要关注关心天下兴亡、民生休戚。这是古代中国士大夫高尚情感的优美宣示。前已述及，在中华民族命运共同体意识里，理想的政治必须是天下为公旗帜下的所有炎黄子孙的风雨同舟、休戚与共，因此，庙堂和江湖也必须是同心同德、同心协力的。成都在两千多年的历史进程中，庙堂与江湖，较长时间保持了这种状态，成为一种优美的政治生态格局。构成这种局面的基因应该在先秦时期就有了，蚕桑、渔猎、农耕、治水是古蜀王国的几大事业，是立国之本，都是需要政权指导、引领、保护和民众鼎力支持配合的。从三星堆和金沙文物来看，当时还有比较强有力的图腾崇拜和神权政治的存在，它们也是上通神明，下连王室、官员、民众的信仰与精神纽带。不管是五祖之结局是"仙化"，并且仙化时臣民与之俱去（三星堆的主人是不是就这样才来无影、去无踪的？）的记载，还是杜宇让位仙化后百姓闻杜鹃啼鸣，便怀念这位导民农耕的领袖，还是秦国用欺诈、武力灭蜀后，部分臣民（军队都有三万）拒绝接受灭国的现实，而追随王子蜀泮（蜀泮，越南语：Thuc Phán，开明十三世的近亲。辗转到达现在越南北部，建立瓯雒国，自称为安阳王，建都于古螺，乃今河内近郊的东英县），跋涉万里，到今天的越南北部去建立了一个瓯雒国（前257—前206），也能从一个侧面显示古蜀国的庙堂与民间是有亲密关系存在的。

李冰治水、治蜀显示了忘我的献身精神，当时的官府和成都人民应该有十分和睦的关系，所以秦汉交替之际，天下大乱，烽火四起，生灵涂炭，刘邦战胜项羽登基时，海内户口减半，但蜀地却未闻兵戈声，所以才有汉初高祖下诏，令战乱之区人民得卖子筹措路费，到成都平原来求活路。围绕李冰和儿子形成的二王庙以及川主崇拜（前已介绍，李冰后来又被道教封为一方神圣，植入神仙系列，《西游记》里的李天王、二郎神就是这对父子神仙化以后的产物），成都的庙堂和江湖，又多了一根联系的强大纽带。

再比如前已述及的北宋成都地方官员们发现此地此城民众特别好娱乐、好节庆、好山水、好晒太阳、好酒宴、好歌舞等风土人情根深蒂固以后，他们从张咏（946—1015）开始，都采取了因势利导、与民同乐的方法，老大带头，官员们也组成游乐队伍，披红挂绿、张灯结彩，加入欢乐的人群，古代负责治安的衙役们还要参与维持秩序，因此产生了当代诗人、学者流沙河先生所讲的真实历史——遨床、遨头、遨游。这种高度节庆化、民俗化并长期延续的与民同乐现象，是没有其他古典城市可以相提并论的。改革开放以后，中国政府把一年一度的全国糖酒会的举办城市固定于成都，太符合这座城市的个性和积淀了。

清代朝廷十分重视蜀地的安稳和恢复重建，所派官员多廉洁俭朴，关心民生，而且对于蜀地人文、历史名胜的重建、保护、修缮十分关注，他们中多有带头捐赠以助公益的记录。朝廷强有力约束驻成都的八旗军队，一方面保障其衣食无忧，一方面严禁其随意接触地方官民、扰乱城市管理和百姓生活，所以有清一代，不仅长期粮食价格和其他生活必需品价格低廉，民生容易，而且官民关系和睦，也正是以此为基础，成都成为了安定大西南的定海神针。才有前述英国人谢立山（此人在中国游历甚广，在成都大街小巷走了两天）对成都富庶文雅远超中国其他城市的评价。不过正是因为如此，清代四川、成都人口增速极快，非任何地区和城市可以比拟，这导致了乾隆晚年起，相对于当时的生产力，成都、四川开始人口过剩，后来问题不断加重，加上乾隆后期开始，尤其是嘉庆以后愈益严重的吏治问题（即使四川与全国其他地区比不算很严重）、西方列强入侵、欺凌中国导致的矛盾，才出现社会底层部分好乱之徒聚集成的土匪蝲噜子、白莲教和与反清复明观念和结社自保有关的哥老会（袍哥）形成的复杂亚社会"江湖"，土匪、白莲教动乱人群中，属于成都城市的人群极少。总之，清代后期，成都的庙堂与江湖的关系在此城从未有过的三大危机（人口数倍于历史高点、西方列强入侵、满汉深层次矛盾）变得空前复杂，此间的庙堂与江湖的沟通联结，可以通过双流刘沅这个家族纵横自如于政、学、教育、民间会社的活动来窥见一斑。

刘沅（1767—1855），清朝双流人，著名思想家、教育家，他及其后代的生平充满传奇色彩。嘉庆十八年（1813）刘沅在成都纯化街设馆讲学、治学42年，因宅院中有一株老槐树，故名"槐轩"。据《清史稿·刘沅传》记载，他的学生多达数千人，遍及省内外，百余人考中进士、举人，三百余人考中贡士，清末民初的蜀中国学大师刘咸炘、颜楷、钟瑞廷、刘芬等均出其门。开创了著名的"槐轩学派",门徒众多,时称"川西夫子""塾师之雄",其影响至今仍存。作为一代大师,他融合儒释道,学跨汉宋以及古今文,是集大成式的通儒,有《槐轩全书》传世。他在医学上也颇有成就,是名医郑钦安的老师,被后世尊为"火神之祖"。中国中医药出版社出版有《火神之祖——槐轩医学全书》。其学术、教育、宗教在子孙中也后继有人,如刘咸焌、刘咸荥、刘咸炘(前已述及)等。他的传奇在于,他身后形成了一个民间宗教派别即"刘门教",亦称"槐轩道",活跃于清末民初。原为学术组织,推崇陆王心学,贬斥程朱理学,认为"性"即天理,人人皆可静心养性而成圣人先贤。秘传九段功法,精于斋醮科仪,颇具教门形态。教内以刘沅《槐轩全书》为主要经典,另有《法言会纂》呈教规条章。民国年间,该教实力大增,信徒遍及四川、两湖、浙江、陕西、山西等地,川西豪强、军阀多入其门下。当然,刘沅的影响力之大,在连接庙堂和江湖中的不可替代,可以想象。1949年后,该教停止活动。

在四川、成都这块崇尚神秘、礼敬仙道,文化最包容的土地上,在乱世中,出现这种家族及其活动的历史文化内涵,很难一言以蔽之,但却像其奇幻山水一样,为后人留下丰富的思索与想象空间。

因为多方面的原因,尤其是清帝国周期性腐败加重、社会治理能力和威望持续走低,列强对中国的欺凌,人口逐渐过剩,和不可能完全清除的"反清复明"观念的作用,清代后期,四川和成都平原出现少数桀骜不驯者组成的袍哥组织,又叫哥老会,到了民国时期尤其盛行,与青帮、洪门为当时中国的三大民间帮会组织。在辛亥革命之后,伦理道德的坍塌和重建均十分艰难,加上军阀政治带来的混乱无序,具有一定的与官方博弈、在一定的地域和人群有保持秩序和安宁作用的袍哥组织坐大,它有自己的严厉手段,长期成为四川大多数(约70%)成年男性都直接加入或间接受其控制的公开性组织。民国时期四川、成都许多庙堂大人物都有袍哥背景甚至是其组织的关键人物。这种庙堂与江湖自通的格局并没有妨碍四川、成都的近代化和社会进步,包括可歌可泣的保路运动、川军抗战、各项城市变革新政和中共领导的革命活动,到了1949年新中国诞生,加以取缔,便很快烟消云散。深入了解袍哥的起源、盛衰、观念、活动方式，以及在清末和民国时期所起的沟通江湖和庙堂的作用，是一个具有四川、成都特色的文化课题。笔者的大学同窗王笛教授所撰写的《袍哥——1940年代川西乡村的暴力与秩序》可能是当前最好的一本读物，因为它具有一般史书缺乏的故事性和可读性。这一个充满神秘感的"强梁"组织，在四川、成都的出现和消退，也像潮水来去一样，自然而从容。

雅俗并行不悖（文艺形态）

任何一个历史悠久的城市，文化都必然有雅俗之分。古语说"阳春白雪，和之者寡；下里巴人，和之者众"，就从其文化的受众与影响人群的大小揭示了两者的区别与不可互相替代。

从中国文化史的角度审视，一般来讲，作为文化中心的城市，雅文化一般是指内容与国家核心价值观和上流社会生活方式及其情趣紧密关联的表达和呈现，它注重内容的高尚和优雅，形式的规范和有序，呈现的严谨和庄重，如《诗经》中的雅、颂部分，讲究格律音韵的诗词，音乐中的黄钟大吕，雕塑中的重要人文始祖巨匠、政治人物偶像化创制，绘画中的重要人物肖像画，等等，也包括庄重、规范、程序化的礼乐活动。而需要一定物质基础保证和家族、家庭文化基因作为保障的琴棋书画、诗词歌赋、收藏鉴赏等活动，也是整体上属于雅文化的一部分。

所谓俗文化，则是与之对应的除了上述内容、活动、呈现以外的，与普通民众（社会中下阶层）实际奉行的价值观和生活方式及其喜怒哀乐紧密关联的表达和呈现，它们具有自发性、简易性、随意性、朴实性、广泛性等特点，因此进入门槛很低，扮演主人容易，作为粉丝或追随者更不需要什么前置条件，因此，创作的面积、领域更为宽广，接受和反馈的人群更庞大，粉丝和追随者更加热烈甚至疯狂（个别）。

雅文化和俗文化理想的关系模式应该是：两者彼此理解、尊重和包容，共同发展和与时俱进；虽然雅文化有引领俗文化的使命，但这并不意味着雅文化就是高级文化，俗文化则是低级鄙陋的文化，和平年代更难说雅文化比俗文化重要，至于想把人人都变成雅文化的粉丝、拥趸，那肯定是一种数学上的无穷大，永远无法达到。

事实上，人类一直发展到今天，教育事业和大众传播，使多数人身上都是雅文化和俗文化因素、影响并存的，很难找出一个人身上纯"雅"，可以不食人间烟火；也很难找出大量的人，身上只有百分之百的"俗"。这种现实告诉我们，一个精神家园美好的城市，必然是虽倡导雅文化，但肯定承认、支持、包容俗文化，而且因为这种平衡和协调的运用，达成所有子民在"雅""俗"之间转换和吸收两者之营养和正能量的自在从容的温暖空间。社会精英基于自律、自励所需的雅文化和普通民众基于要获得快乐、幸福、解脱所需要的俗文化的和谐包容，在现代化、全球化及各种物质技术手段推陈出新带来的冲击、改变（比如手机为王的 5G、6G 时代的到来）中，两者必然出现相互激荡的局面，在碰撞、激荡后再恢复新的平衡，文化也就这样伴生、支撑城市的一路向前。

按照我们的上述认识作为参照系，成都是一座十分美丽、和谐的城市。兹举数例。

蜀王祭祀杜甫文

成都地域文化的精神优雅，从来不逊色于任何城市。从碑刻铭文来讲，除了对联、书法、绘画等表现手法多有感人精品佳作以外，名人亲自撰写的祭祀、缅怀先贤先烈的文字，也不可忽略。比如蜀献王朱椿于洪武二十六年（1393）在浣花溪畔废址上重建了杜甫草堂，他还留下了《祭工部文》：

> 先生距今之世，数百余年。而成都草堂之名，至今而犹传。予尝纵观乎万里桥之西，浣化溪之边，寻草堂之故址，黯衰草之寒烟。是以不能无所感也，于是命工构堂，辟地一廛。扁就名于其上，庶几过者仰慕乎先贤。然人之所传者，先生之遗编也；而予之所羡者，盖以先生一饭之顷，而忠君爱国之拳拳。虽其出巫峡，下湘川，罔不恋恋于此，而先生之精神犹水之在地，无往而不在焉。

不愧为朱元璋赞叹的"蜀秀才",在此文中,朱元璋最喜欢的这个皇室成员表达了对杜甫"忠君爱国之拳拳"由衷的敬意,他恢复草堂的目的,就是让来过草堂者能为杜甫的诗歌和人格而受到某种感动,接续诗圣的伟大精神传统。他和历代先贤的努力自然不会白费,至今成都的官员和人民都以杜甫草堂为第一精神高地,蜀王功不可没矣。堪称大雅的杜甫草堂,已经是整个炎黄子孙的顶级精神殿堂。

在杜甫之后,有数不清的士大夫和文人墨客,以及国内外政要、名流来草堂祭拜瞻仰,这些只要看看其碑刻长廊就可以管中窥豹。不过,成都市民在草堂的日常活动,却是喝茶、打牌、读书、亲子和家人互动这些人间烟火融为一体。成都其他的雅文化为主题的庙堂巨构如武侯祠、望丛祠、望江公园、陆游祠、崇州文庙、金沙遗址博物馆、三星堆博物馆,又何尝不是如此呢?谁说古圣先贤会反感子孙后代自得其乐地按他们喜欢的方式享受生活呢?谁说室内朗诵着诗圣诗仙的极品,与室外杠了胡了的麻将声就一定互相否定呢?朱椿这位爱民如子的蜀王再世,多半会站在笔者这一边。

成都有五座城隍庙

中华文明的包容性是人类所有文明中最强的,成都便是一个典型。在我们的诸神系统中,除了儒释道各有自己的建构和得到信众敬奉、官民承认外,庙堂和江湖也各有自己的选择重点。比如城隍神崇拜,就主要体现的是民间、江湖的精神和情趣,虽然官方也会参与组织,并使其与国家的核心价值趋近,但其活动从内容到形式却是俗文化的一部分。清代的成都,一个城市竟然有五座城隍庙,有"江湖"味十足为特征的相关活动,不说绝无仅有,也至少罕有同俦。城隍神,城市的保护神也,具有惩恶扬善、神力通阴阳两界的能力。

这五座城隍庙分别是:府城隍庙(在位于上东大街,原立体电影院处),成都县城隍庙(位于北门簸箕街西,金华街北),华阳县城隍庙(位于东较场玉皇观东头);旧时成都都府衙门也建有城隍庙(在大墙后街正对内姜街处),称为都城隍庙,理论上具有统领前三座城隍庙的资格;在成都西门花牌坊街还有一座亦称"都司城隍庙"的小庙,主要管理阴间不法事。关于其活动浓浓的俗文化特征，我们来看一篇出自"中国交子文化博客"，名为《城隍庙：在成都人的记忆中渐渐消逝》(2019-04-09) 的文章①的介绍：

> 城隍菩萨的诞辰是农历五月十三，为了祝贺他的寿诞，城隍庙的僧人从农历四月廿八就宣布"城隍会"活动开始，短则持续三天，长则半月有余。
>
> 每逢庙会，庙门外一带田坝搭棚，商货墟集，及木器、竹器、铁器、农器，陈列摆满售卖。生意发达，中道两旁，悉为花草市，男女游人，拥挤不通。庙中香火大旺，烧香妇女，如潮水狂蜂一般地争先跪拜城隍。参加庙会的不仅有成都当地的民众，也有来自周边州、县的官吏、商贾、士绅、僧尼等。据称，城隍庙会期间参与人数不下十万，庙会上除了售卖农器、铁器、花草之外，还会举办祭祀活动，其热闹程度可见一斑。因此，成都城隍庙会既满足了人们宗教文化活动开展，还促进本地区经济的繁荣。
>
> 庙会期间，照壁旁边及庙的甬道两侧，有卖打药、狗皮膏药的，也有卖白麻糖、甜水面、肺片、油酥、凉拌麻辣红萝卜丝夹春卷等小吃的，也有转糖饼、赌糖罗汉的，还有摆"西洋镜"的。在照壁前的农田里，"麻子红"表演空中飞人，郑怀贤表演飞叉，外来的老陕表演马术，"俞老陕"表演武术等。
>
> 成都北门城隍庙庙会十分热闹，在川内外享有盛誉，成都很多著名老艺人和高手，都在这里练过场子、扯过嗓子、亮过膀子。
>
> 城隍庙最热闹的大戏是城隍菩萨"出驾"。清朝前、中期，三年出驾一次，清末、民初改为一年出驾一次。1931 年后，改为一年出驾三次（清明节祭祖先、中元节祭孤魂野鬼、十月初一"牛王节"给穷人送寒衣）。
>
> 在城隍出驾的当天，先是和尚、道士、端公在城隍庙中诵经，然后

---

① 草根写于 2019 年 3 月下旬，登载于《金牛钱币》2019 年第 2 期。

是会首和众位参会人员为城隍穿衣戴帽，随后城隍被缓缓移入八抬大轿之内。阵阵鞭炮响过之后，城隍正式开始出巡，一府两县的城隍菩萨都要抬上街巡行一通。成都和华阳县城隍菩萨的行列，都要先摆队来到盐市口，等候座落在上东大街的成都府城隍菩萨一起出巡，这叫作"两县迎府驾"。然后吹吹打打绕城一周，各归本庙，以祈求平安。届时，由人抬着城隍的座像，前后用人扮成牛头、马面、判官、小鬼、鸡脚神、吴二爷等，组成浩浩荡荡的游行队伍街上游行。游行人员还沿途抛纸钱，凄声怪叫，扮鬼神的可沿途顺手抓小摊食品，不受干涉。为了欣赏这难得一见的盛大场面，沿街人头攒动，真是热闹万分。……

显然，后来纳入道教系统的成都城隍庙的神灵及围绕其展开的活动，是为普通百姓乞求个体和家人平安准备的；是为他们希望有超自然的力量来惩恶扬善准备的；是为一座城市多一些狂欢活动准备的；是为僧道和凡俗融洽沟通，共同打造一座平安城市准备的；是与普通百姓的商品和各种技艺的销售需要准备的；是为无数成都街头美食提供生存发展机会并扬名驰誉而准备的——一句话，是为"江湖"准备的。而我们的那些钟爱并擅长经史子集、诗词歌赋、收藏鉴赏、黄钟大吕的士大夫和文人雅士们，显然不是它们的拥趸或主角，但从来的历史记载都是，他们也乐观其成，就像他们对待竹枝词、西洋镜、扯谎坝的存在一样。这座城市的可贵在于，士大夫和文人雅士们，你们玩你们的，百姓也能表示尊重，但百姓们可以身心放松地玩自己的，通过自己喜欢的活动、方式表达、宣泄自己的喜怒哀乐。几乎没有居高临下的指手画脚，也没有"王侯将相宁有种乎"或民粹主义的自下而上的抬杠顶撞。

清代的四川、成都所形成的城市人文性格，对近现代成都具有决定性的影响，其中眼光向下、平民化大大强化了自古既有的雅俗文化并行不悖、相互尊重、相互包容的生态。突出的表现是川菜、川剧、川茶（尤其是消费方式和消费空间茶馆）的主要服务对象和表达的旨趣是以普罗大众为主，兼顾上流社会，上流社会并不追求在这些生活方式和活动中建立自己的强势话语权和绝对排他性的空间、场域，相反，这里产生的许多娱乐形式都是士大夫和民众共同欣赏，因此经常同悲欢共离合。最突出的是在各地会馆、茶馆、大型节庆的各类戏曲的公开演出中，观众里三教九流齐备，共情所发出的欢笑或唾骂、悲泣，成为雅俗文化经常性的联结、沟通纽带。

谁是文化大咖

改革开放以来，成都雅俗和谐共生的生态被赋予了新的时代内涵，借助现代科技带来的新的表达形式和传播手段，呈现万紫千红的活跃局面。仅就本城涌现的歌星的类型及其各自的影响力来讲，就可见阳春白雪和"下里巴人"在这里都可以拥有自己的无数粉丝，而且这些粉丝，多数既赞叹着廖昌永的美声带给家乡的自豪，也听着韩红的天籁民族之声，还对李宇春、张靓颖、纪敏佳这些通俗音乐女王的代表作如数家珍。我几乎从未听见人在他们中间故意进行褒贬，表达好恶。这就是成都。

2018年，成都市评选在世的"天府文化十大名人"，难度不小。活动由《成都商报》策划，从1月16日开启。《成都商报》全媒体用户（读者）推选出了40位文化名人，经过网络投票，进入专家评审阶段的有20位入围者。1月23日，组委会特别邀请的九位专家学者组成专家评委组，从20位入围者中评选出最终的"天府成都·十大文化名人"。笔者荣幸地受邀担任专家评审组组长，我们九位评委达成的共识有，这样的评选应该以雅文化为主，且尽量保证获奖、入围名单要经得起时代和后人的检验，所以高龄者比较可靠，但不能完全厚此薄彼，文化有雅俗之别，但并无高下之分。所以最后评选了九位德高望重的标杆性人物以后，我们把年轻的李宇春坚定地推选为名人之一。后来组委会的颁奖词是这样写的：

> 她早已不是当年的选秀小女孩。她已把歌手做成了一个时代标志。"优雅时尚"是天府文化散发出的珍贵文化气质，当李宇春站在央视春晚的舞台上，以绣娘形象唱出《蜀绣》时，全国观众都感受到成都地域文化的魅力。她自信地走上《时代》封面，走向世界的红地毯，让全球都为一位成都姑娘惊艳、喝彩，她不仅代表一种音乐力量，更代表当今中

国青年的自信和时尚。

她热心公益热心慈善。四川两次地震，她都率先捐款，以实际行动参与抗震救灾。受她影响，由歌迷捐设和命名的专项基金——"玉米爱心基金"，成立11年累计募捐善款接近1400万元。

其实，我们都知道，李宇春这位从"超级女生"舞台走出的王者，代表的就是流行文化，就是青年大众的审美情趣，就是未来伴随中国音乐雅文化一路前行的更加需要关注的流行音乐的潮流和趋势。

在成都，从来不乏戏曲表演艺术大师，因为此城是中国最早成型戏剧的诞生地，川剧是中国包含美的种类最多的地方戏剧。但改革开放以来，若论妇孺尽知、老少咸宜、庙堂和江湖都不乏粉丝、影响力好像与其年龄关系不大的王者，可能非李伯清先生莫属。这位自称生长于"一环路以内的正宗的成都人"，发明了"给原子弹抛光""为长城内外贴瓷砖""在月球上承包工程""用金属给太平洋加个盖盖""要想公道，打个颠倒""假打"等名言警句的草根艺术家，小学文化程度（文凭），从事过多种体力劳动，先在茶馆讲"散打评书"（就是一种突破传统评书规范限制，结构松散，以一个大的故事情节或说理逻辑串连众多故事、人情世故、市井百态、天下悲欢的地道成都话的个人语言表演艺术），后来声誉渐起，依靠其独到的语言表达魅力和现代大众传播媒介，终于成为草根明星，上过春晚，去过清华大学演讲，更是四川、成都大小媒体关注焦点和长期的节目嘉宾，以及各种商业活动的代言或演出嘉宾。笔者担任成都大学文学与新闻传播学院院长期间，还礼聘他担任我院客座教授。2019年6月，李伯清、王铮亮受聘担任"四川禁毒宣传公益大使"。虽然也有人对李先生的艺术地位与成就不乏微词，但比起他的粉丝和拥趸（这些人亲切称李先生为"四川男神"，尽管现在李先生已经年过古稀，依然如此）来说肯定是小众了。我常常在想，李伯清先生生在成都，生在四川，生在现代传媒无比强大的当代中国，比起东汉"击鼓说唱俑"代表的那位同样的草根艺术家（本书有专门介绍），太有幸了。可是他们都很快乐，真是太能体现这座城市的包容个性了。

人生时时皆可乐可美（市井心态）

改革开放以来，成都逐渐成为各类排名榜上幸福指数最高的中国都市，而且一直维持。这种幸福感，代表的是一种进退有据、有滋有味、自在从容的生命状态。而许多城市，不管有多高的人均产值、收入，并不具备这种状态。其实，在没有这些现代专业数据机构和大众传媒联合炮制的排行榜以前，成都早就如此了。因为太多的古今成都人相信，人生时时皆可乐可美。

中国文化是世界上所有古老文化中最乐观的文化。翻开《论语》，首先映入眼帘的是《学而》篇：

> 子曰："学而时习之，不亦说乎？有朋自远方来，不亦乐乎？人不知而不愠，不亦君子乎？"

学习、交友和人的充分自尊自信，都可以带给自己与他人快乐。快乐的人必然呈现为一种正能量，一种人性的美。

中华文化对人性的判断与西方迥然不同，它以"性善论"作为审视过去、现在、未来的基础之一，因此本身充满乐感的。它认为人的恻隐之心、羞恶之心、辞让之心、是非之心与生俱来，只要能够终身保住，便能够拥有正常的人生，按照仁义礼智信走下去，便可以成为君子，甚至圣贤，而"君子有三乐，而王天下不与存焉。父母俱存，兄弟无故，一乐也。仰不愧于天，俯不怍于人，二乐也。得天下英才而教育之，三乐也"。孟子强调了亲情、无愧于世和教书育人的快乐，与孔子相比，大同小异，总之是基于精神生活的自在充实的快乐、幸福。儒家的传人们论述过各种属于君子的快乐，概括起来，可以叫作人生时时皆可乐，并因为这种健康的快乐而散发人性的美。

可是，有些城市的人民，实现这些快乐与美很难，或没有一以贯之的传统，而成都，不仅容易实现这些快乐与美，而且除了分裂战乱祸害此城此地的时期以外，成都一贯快乐着、美着。

解读《三都赋》中《蜀都赋》

成都作为一个人类早期国际性大都市的快乐与美，文献不乏生动描述。至少在西晋文豪左思（250—305）的笔下，成都已经是一座物质充裕、市容繁华、风物绮丽、名扬中外的卓越都市——其《蜀都赋》像一部全景纪录片（节选）：

> 于是乎金城石郭，兼市中区。既丽且崇，实号成都。辟二九之通门，画方轨之广涂。营新宫于爽垲，拟承明而起庐。结阳城之延阁，飞观榭乎云中。开高轩以临山，列绮窗而瞰江。内则议殿爵堂，武义虎威。宣化之闼，崇礼之闱。华阙双邈，重门洞开。金铺交映，玉题相晖。外则轨躅八达，里闬对出。比屋连甍，千庑万室。亦有甲第，当衢向术。坛宇显敞，高门纳驷。庭扣钟磬，堂抚琴瑟。匪葛匪姜，畴能是恤？
>
> 亚以少城，接乎其西。市廛所会，万商之渊。列隧百重，罗肆巨千。贿货山积，纤丽星繁。都人士女，袨服靓妆。贾贸墆鬻，舛错纵横。异物崛诡，奇于八方。布有橦华，麫有桄榔。邛杖传节于大夏之邑，蒟酱流味于番禺之乡。舆辇杂沓，冠带混并。累毂叠迹，叛衍相倾。喧哗鼎沸，则唱嚊宇宙；嚣尘张天，则埃壒曜灵。阛阓之里，伎巧之家。百室离房，机杼相和。贝锦斐成，濯色江波。黄润比筒，籯金所过。
>
> 侈侈隆富，卓郑埒名。公擅山川，货殖私庭。藏镪巨万，鈲揽兼呈。亦以财雄，翕习边城。三蜀之豪，时来时往。养交都邑，结俦附党。剧谈戏论，扼腕抵掌。出则连骑，归从百两。若其旧俗，终冬始春。吉日良辰，置酒高堂，以御嘉宾。金罍中坐，肴烟四陈。觞以清醥，鲜以紫鳞。羽爵执竞，丝竹乃发。巴姬弹弦，汉女击节。起西音于促柱，歌江上之飔厉。纤长袖而屡舞，翩跹跹以裔裔。合樽促席，引满相罚。乐饮今夕，一醉累月。

不愧是造成"洛阳纸贵"的华夏大赋，笔者不忍过多删减。第一段写统治"庙堂"区的临山瞰江、吞云吐雾、辉煌壮丽，和毗邻的王侯将相豪宅的巍峨庄重、金玉相晖、钟鼎琴瑟相和，毫无疑问是雅文化的万千气象；第二段写

249

工商业区"少城"的万商辐辏、财富山积、车水马龙、珍货骈汇，逐利之人熙熙攘攘，联袂成云，挥汗如雨，精品已经扬名异域（部分史家认为在南方丝绸之路上通行中外的商品包括铁器、蜀布、邛竹杖、丝织品、铜器、食盐、白银、漆器等。从国外输入的则主要有海贝、琉璃、宝石、象牙等）。特别写到了都人士女，袨服靓妆，各自争奇斗艳，唯恐不扯眼球；最后写到了蜀锦的繁忙生产和华丽昂贵天下无双。这是工商业文明的勃勃生机，是城市雅俗文化并行不悖的强力支撑。第三段写了上流社会的生活方式和生活样态，包括以财富相雄，富豪们的互相往来是身价相垺则抵掌欢聚，剧谈戏论自便，无话不谈；出则连骑结驷，前呼后拥，入则喜欢选择良辰吉日，大摆酒宴，品尝各种珍馐佳肴的同时，必有来自各地的美女的器乐、声乐和翩翩舞蹈陪伴；与宴者设计游戏说辞，一定要"感情深，一口闷"，今夕不醉，更待何时，有的酒鬼可以一醉累月——也就是一个月以后才能完全从恍兮惚兮中归来。这是生活方式上的自在随性。

酒与成都

酒是人类的奇妙发明，对于人类的作用大同小异，就正能量来讲，也可以分为若干方面来论述，但不管哪一方面，其内涵、意韵都很难一言以蔽之，因为酒的品种很多，喝它们的人也千差万别，酒鬼、酒仙、酒客们类型、目的、级别也不一样，通过酒释放自身、传情达意的表达各异。而中国，自古就有各种美酒、名酒相伴，因为中国太大了，经济文化又是多元一体的格局持续了数千年，酒文化的共性和个性长期并存。比较而言，四川、成都的酒文化有如下特点。

适合普通民众的酒是主流。古今成都士大夫和富豪聚会，虽有高档名酒伺候，但日常生活，并不排斥普通百姓的杯中物，换言之，他们并不群起追逐以酒来刻意彰显自己的富贵与不凡。大量的酒是被百姓干掉的，且三教九流的普通生活，酒品差别不大。正是因为如此，四川、成都的中小酒馆、酒肆在城乡星罗棋布，密度可能罕有其匹。北宋诗人孙光宪(901—968)有文曰："蜀之士子，莫不沾酒，慕相如之涤器之风也。"从一个视角阐释了成都普通酒馆存在的底气何在——司马相如和卓文君的月下私奔，为了爱情不辞艰辛、不嫌鄙陋，以自食其力自持，而且开的是小酒馆，历来是成都小酒馆自带风雅的历史底蕴和自信所在，也使上流社会普遍不以在小酒馆用餐品酒为"跌份"丢脸。于是大才子张籍（766—830）便有这样的《成都曲》：

  锦江近西烟水绿，新雨山头荔枝熟。万里桥边多酒家，游人爱向谁家宿。

成都出身的文豪雍陶（唐代后期进士、诗人）对家乡有这样的留恋：

  大散岭头春足雨，褒斜谷里夏犹寒。蜀门去国三千里，巴路登山八十盘。自到成都烧酒熟，不思身更入长安。

晚唐著名诗人李商隐（约812—858）则有"美酒成都堪送老，当垆仍是卓文君"的名句流传千古。署名费著《成都游宴记》中记载，唐玄宗幸蜀期间，大概是想了解成都的酒店魅力，曾专门驾临市内酒店最集中的富春坊，畅饮了一番。

酒与茶、歌舞、戏曲、美女关系紧密，人们希望并能够实现五官同时都舒服。对此，各方都是自己愿望的体现，因此鲜少有人横加指责。这也为这些饮品、艺术或美的存在准备了深厚土壤。这一点，前述《蜀都赋》中已经有精彩呈现。

酒业与文学艺术创作互相促进相得益彰。不管是雅文化的诗词歌赋创作，还是俗文化的勾栏瓦肆表演、民歌竹枝词演绎，成都的酒都是强有力的媒介和润滑剂。当然这一点中国其他城市、地区也大同小异，但本书想指出的是，自古天府四川、天府成都的粮食价格特别低廉，各种物资充裕，酒的生产、消费对于各种经济条件下的文学艺术建构者都能提供较为充分的保障（由于利润高，产业大，所以宋代实行酒类国家专卖，诸路设有负责酒业管理、税收的专门机构酒务共计1839所，巴蜀地区有417所，占全国的23%；熙宁十年

(1077)前诸路酒课1506万贯，巴蜀地区酒课220万贯，占全国的15%。南宋时期，版图更逼仄，巴蜀地区酒课已经占全国的28%—49%，而成都路又占四川四路的一半以上)，所以李白、苏轼、三范及其同类的酒量、酒兴在四川、成都奠定的基础十分雄厚。这一点，可能不是一般城市和地区可以相提并论的。笔者在《宋代四川人才辈出的文化机理》一书中专门论述过，好酒宴并赋予它众多功能的宋代皇家文化——笔者研究统计过，宋朝，主要是北宋，以皇帝为酒宴东道主的君臣聚会有20多种类型，除了人们耳熟能详的"杯酒释兵权"等醉翁之意不在酒的政治酒宴之外，数量更多的是，伴随酒宴中间或前后的有君臣诗词唱和、对对联，君臣一起绘画、写书法、赏花、观鱼、钓鱼比赛、观赏由乐队演奏的皇上创作的作品、赴皇家天文台观看领略最新世界领先的天文仪器，调动禁军进行阅兵等——如何为来自四川、成都的优秀士大夫（他们的酒量、酒兴早就在四川、成都训练完毕，宫殿中出场时已经"全副酒装"）准备了活动舞台。酒、酒宴成为唐宋四川地域文化与国家轴心文化良性耦合的重要阵地。

酒的名称富有诗情画意，多入诗词。这彰显成都、四川生活方式富有艺术情趣。我们来看一看这些名字，几乎都被杜甫、陆游、苏轼等大文豪们品尝并用诗歌吟诵过。

唐代：剑南烧春（绵竹产）、云安曲米春（产于三峡地区）、青城乳酒（青城山产）、郫筒酒（郫县产）、重碧酒（戎州，今宜宾产）、生春酒（射洪县产，上贡朝廷）。

宋代：汉州鹅黄（广汉产）、春碧酒（宜宾产）、荔枝绿（宜宾产，五粮液前身）、东岩酒（嘉州，今乐山产）、巴乡酒（忠县产）。

除了蜀锦，精美漆器也装点生活

成都自古是一座因其资源，可以也擅长于自在从容地从事美的创造和享受的城市，其器物，大小繁简变化万千，服务各类需求。成都漆器就是在这样的生态下出现，并具有独特的民族风韵和浓郁地方特色的艺术珍品。

四川盛产漆和丹砂，是制作漆器的主要原材料，因此成都生产极致精美的各类漆器的历史，可以追溯到战国时期（公元前8—前5世纪）。20世纪70年代，成都羊子山、新都战国墓中出土、绘有"巴蜀图语"图形的漆耳环，是迄今最早的漆器。20世纪中叶以后，在湖南、湖北、贵州和朝鲜、蒙古国等地，先后发现了大量印有"成亭""成市""蜀郡西工""成都郡工官"等烙印或戳记的漆器，品种有奁、盒、奁、盘、耳环、壶、案、碗、卷筒等，这些漆器最早为西汉始元二年（前84），最晚为东汉永元十四年（102）。而成都的漆艺已经有3000年以上的历史（金沙遗址出土有文饰斑斓、色彩亮丽的漆器残片），从战国起这里成为中国最著名的漆器制作高地之一。成都漆艺的工艺特色以施用卤漆、雕花、填彩见长，产品呈现精致华美、光泽细润、图彩绚丽而闻名天下。其图案包括禽、兽、神仙等。其中，用金银缘饰器物边口或用金银镶嵌饰漆器花纹的，也叫扣器或错器，是成都漆器艺术制作的一大特色，水平远超其他地区。美就这样陪伴在成都人的周围。当然，它们也代表成都乃至中国之美走向了世界。

桐花凤罗扇、聚骨扇与成都

在人类历史上，没有任何一个民族像中华民族这样，为了夏日取凉并驱赶蚊虫精心制造、使用了那么多既实用又艺术的扇子，小小扇面可以经纬天地、吐纳山河、错综日月、飞鸟游鱼、花红柳绿、飞龙走蛇、喷诗溅词。而成都，又无疑是其中的佼佼者。

本书已经介绍了香雪扇的故事，另外，成都还有唐代独创的桐花凤罗绢扇。唐朝大政治家、宰相李德裕（787—850）因为曾任剑南西川节度使，生活在成都，也颇爱此尤物。桐花凤是一种生活在西南地区的珍禽，被文人墨客称为"凤雏"（小燕子），因为它比燕子稍小，羽毛呈淡草绿色，上面有斑斓五彩之色，每年暮春三月，成都地区的岷江两岸紫桐花盛开时，便飞翔穿行于桐花之间，以朝露为饮，姿态曼妙轻盈，歌声婉转。多情的蜀中诗人、画家焉能放过？如苏轼就不吝笔墨写道："家有四五亩，幺凤集桐花""有桐花凤四五百，翔集其间"。这种让人觉得吉祥的小生命，便被唐代成都的能工巧匠绘在扇面上，成为一种时尚，并成为蜀地工艺扇的滥觞。李德裕为此专门写下

《画桐花凤扇赋》。在先赞美了这种小鸟的曼妙可爱以后，他写道：

> 爰有妙工，图其丽容。宛宛兮若餐珠于芳蕊，飘飘兮疑振羽于光风。感班姬之素扇，空皎洁兮如霜。亦有美人，增华点绚。雀伺蝉而轻鸷，女乘鸾而微晞。未若绘斯禽于珍箑，动凉风于罗荐。非欲发长袂之清香，掩高歌之孤啭。庶玉女之提携，列昆墟之瑶宴。乃为歌曰：青春晚兮芳节阑，敷紫华兮荫碧湍。美斯鸟兮类鹓鸾，具体微兮容色丹。彼飞翔于霄汉，此藻绘于冰纨。虽清秋之已至，常爱玩而忘餐。

李德裕把此扇描写得十分高大上，从鸟到美女画工，到使用它装点生活、参加高档聚会的"消费者"，通通一个美加巧夺天工，最后表明自己也是其粉丝，常常喜欢把弄它而忘掉了吃饭。

如今蜀中的此类扇体，造型简练典雅，并在轻薄的丝织物表面，工笔重彩，描绘山水、花鸟、走兽，远销欧美、东南亚各国。

但成都所产、在历史上影响最大的是聚骨扇，也就是今天常说最具有书卷气的"折叠扇"。

据文献记载，此扇在元初由东南夷传入，至明永乐初年开始有人使用（另一说宋代就传入）。明代作为贡品的聚骨扇以四川和苏州所产最佳，而四川又以成都所产为上。明代浙江文豪沈德符（1578—1642）所编《万历野获编》载：

> 聚骨扇自吴制之外，惟川扇最佳。其精雅则宜士人，其花灿则宜艳女。至于正龙、侧龙、百龙、百鹿、百鸟之属，尤宫掖所尚，溢出人间，尤贵重可宝。今四川布政司所贡，初额一万一千五百四十柄，至嘉靖三十年，加造备用二千一百，盖赏赐所需。嘉靖四十三年，又加造小式细巧八百，则以供新幸诸贵嫔用者，至今循以为例……凡午节，各部大臣及许筵词臣例拜蜀扇。若他官所得，仅竹扇之下者耳。

在明朝，毫无疑问，拥有正宗的成都聚骨扇，乃是皇室、后妃、庙堂高官身份的标配，产量之大，做工之精，品种之齐，适应的人群之广，都是古代奢侈品中的翘楚。一种驱蚊纳凉的手上用品，原材料也不可能价值连城，却被成都的工匠和官员变成了美轮美奂的尤物，使君王和皇亲国戚、朝廷大员们摇晃着它就觉得天圆地方、四海升平、君臣和睦、神清气爽、臣妾生香。沈氏没有记录它的身价，估计在扇子家族中就没有其他品牌敢来叫板了。至于在成都，官员百姓多少人能用得上正品，统统只能让我们去联想了。但总不会少于其他地方吧！

方志之父常璩眼中的故乡

秦汉三国承平时期，成都民众生活如何呢？也许对故乡感情深厚的东晋常璩（291—361）所著之《华阳国志·蜀志》结尾的总结可以帮助我们管窥一二：

> 蜀之为邦：天文，井络辉其上；地理，岷嶓镇其域；五岳，则华山表其阳；四渎，则汶江出其徼。故上圣则大禹生其乡，媾姻则黄帝婚其族，大贤彭祖育其山，列仙王乔升其冈。而宝鼎辉光于中流，离龙仁虎跃乎渊陵。开辟及汉，国富民殷，府腐谷帛，家蕴畜积。《雅》《颂》之声，充塞天衢，《中和》之咏，侔乎二《南》。蕃衍三州，土广万里，方之九区，于斯为盛。固乾坤之灵囿，先王之所经纬也。

在简短的结尾中，常璩字字珠玑，把家乡成都及其管辖的属地的天文方位、地理空间、山河陪伴交代得一清二楚，总之是标准的得天独厚、钟灵毓秀。从其人文脉络来讲，大禹是蜀地走出的伟大英雄，蜀山氏是黄帝联姻的优秀族群，彭祖高寿，寓意这里是仁者（孔子说仁者寿，仁者乐山）乐土，王乔在此成仙升天，说明此处的确人杰地灵，适合各种奇幻想象和心性修炼。接下来，赞美了蜀地和平、稳固时期（比如秦汉以来）物质富裕，精神蓬勃，文学璀璨，子孙兴旺，在大禹划定的天下九州中最为优越，不管是在阴阳八卦标绘的坐标里，还是正统帝王经纬天下的序列中，蜀地都是风水宝地。在这样的家乡，人有什么理由不快乐、不自豪、不觉得生活很美好呢。

进退自如的精神家园之美

"拿得起"的担当之美
1. 何为"拿得起"

任何一个伟大民族，都必须有在各种艰难困苦和天灾人祸到来时，敢于挺身而出去面对、去承担、去化解的人群。这样的人群在和平年代，就是"先天下之忧而忧，后天下之乐而乐"的范仲淹（989—1052）、"临利不敢先人，见义不敢后身"的杨慎（1488—1559），在外敌进逼或入侵的时候就是"匈奴未灭，何以家为"的霍去病（前140—前117）和"壮志饥餐胡虏肉，笑谈渴饮匈奴血"的岳飞（1103—1142）。因为禀赋着忧患意识，担当着民族的艰难困苦，这些人永远是中华民族的决定性力量。在人类历史上，是他们，而不是其他任何人，决定着一个民族或国家的盛衰，决定着一个文明的高度和生命力大小。

本书所说的"拿得起"，还指这样的一群人，那就是和平年代拥有了巨大的财富（含金钱、知识、技能）、权力，但能够始终拒绝这种地位伴随的巨大诱惑，按照社会公认的道德规范和法律制度占有、运用这些财富和权力，不仅使"仇富""仇官"无从滋生，而且达成或靠近地位越高、掌控的财富越多，道德修为就应该越高、越好的理想社会境界。

英雄和圣贤并非天生，所有人（不论贫富贵贱）从呱呱坠地到离开世间，如何为人和处事，都存在众多变数。事实上，人性是所有动物属性中落差最大的。古往今来，那些最凶恶、丑陋、虚伪的人与那些最善良、美好、真诚的人相比，天壤之别。因此，优秀的城市作为物质、制度和精神文化资源富集之区，必然致力于形成优良的育人环境，并不断予以优化，以促使子孙后代素质的优化，从而确保任何时候都有担当城市、地区、国家使命和战胜一切艰难困苦的力量存在。没有这样的基础，前面两种"拿得起"的优秀人群也无从产生。

按照上述标准，成都无疑是十分优秀的城市。表现在社会生活中，就是这样的人、家庭，始终是楷模，是典范，是众望所归、人心所向。城市因他们有了一种崇高、庄重、温暖之美。既具神性之光芒，更是人性的华章。也许，我们在二王庙面对李冰，在武侯祠面对诸葛亮，在草堂面对杜甫，在崇州罨画池面对陆游，在大邑祭拜赵云，在彭州瞻仰尹昌衡将军青铜塑像，在新都面对王铭章将军与战马奋蹄，在建川博物馆壮士广场感受博物馆主人建此广场的恢弘气度时，已经无数次体会过这座城市骨子里的崇高、庄重和温暖之美了。而崇文尚武、濡染诗书礼乐、关注精神生活（儒家认为，在温饱以后，人的精神生活的价值高于物质生活；精神家园丰满之人才可能创造动人的艺术）便成为社会各阶层有志之士的共识。

2.主要类型及范例
耕读传家

翻开成都历代地方志，在描述府、州、县的乡土风俗篇中，无一例外均有"耕读传家"的记载。实际上，这一传统已经有两千多年的历史，文翁化蜀以后，书香成都逐渐形成（前已述及）。因此"负耒横经"成为乡间崇文的一种常见景观。也就是稍微有实力有见识的农民，在耕作时都会带上一本经书，耕作闲暇则可以阅读。读书的好处不仅仅是科举考试蟾宫折桂，光宗耀祖（因为谁都知道只有极少数人能够成功金榜题名），更多的人是通过读书形成更好的教养，更智慧更受尊重的人生，并养育出更优秀的子孙。

清代四川、成都的城市乡村，移民是主要甚至全部人群，得到朝廷众多体恤，如多年可以不纳捐税或少纳捐税，动乱或遇上天灾，朝廷多有蠲免；清代严厉治官，且倚重四川控制西南和西部，所选官吏多廉能，注重民生、公益和文教，这些都为耕读传家在18个省的移民的以友好婚嫁往来为主的竞合中的传承奠定了基础。前述德国人、柏林地理学会会长、柏林大学校长、"丝绸之路"地理概念的提出者李希霍芬（Richthofen Ferdinand von, 1833—1905）的这段话绝非戏语，因为很适合本处论述，不妨再次引出：

> 假如同等面积进行比较，在财富与繁荣、人口密度与生产能力、适宜的气候与灌溉的完善程度上，在中国，几乎没有哪个区域可以和成都平原匹敌；目前，没有任何地方像这里一样，其优雅和文明这样普遍的在居民中传播。

当时的成都平原，居民主要是农民，与李希霍芬同时或先后来到的传教士，有人用"成都是一个大农村"来表达观感，其实是成都花木葳蕤、城乡关系和睦，政治统治、文教公益、士农工商各得其所，人民和谐相处的一种宁静状态，李氏使用了"优雅和文明"来予以评价，不可能不包括耕读传家的现象。

中国人自古"敬惜字纸"，这是十分优美的传统，因为它们很多来自圣贤、代表知识和教养，所以有文字的纸张和完成印刷品用过、残损的雕版、字模是不能随便丢弃、焚毁的，因此成都城乡人烟、书籍传播密集之处都有恭恭敬敬焚烧它们的敬字亭（也叫敬圣亭、惜字塔、字库）。前已述及，因为成都是中国顶级的造纸、印刷殿堂，又有崇尚读书的浓厚氛围和悠久传统，甚至底层百姓耕读传家之风俗，就笔者游历中国各地所见所闻，今天能够看到的仅仅是清代（因为明代及以前的四川毁于宋末元初和明末清初两次罕见的人祸了）的敬字亭、敬圣亭的密度来讲，恐怕很难有城市能与成都相提并论。还是以1906—1908年应四川总督锡良之邀在成都工作的日本中学教师所写的《横跨中国大陆——游蜀杂俎》的一段话来证明吧：

> 惜字塔在我国是完全看不到的东西。大的塔有几丈高。惜字塔数量非常多，各学堂都有，用来焚烧书写过的废纸。其命名相当有意思。众所周知，中国自古以来就是一个尊重文字的国家，历代的书体以及各个时代的雄笔名墨都会刻于金石，保留至今。儿童一进校门，首先以摹写字画开始，然后依照临摹本书写……他们不允许在文字上乱涂乱抹，也很忌讳把写有文字的纸扔在地上任人践踏。像我国那样用来擤鼻涕、擦

屁股，则更是一大禁忌。一切废纸都要收进惜字塔中，并满怀无限惋惜之情将其焚烧。

延续两千多年的文雅和文明，在这位日本人通过成都"惜字塔数量非常多，各学堂都有"的记载中，得到了专门的论述和体现。文字间能够感受到他的敬意。而其深厚土壤之一，正是耕读传家的普遍存在。

诗礼传家

诗与礼，在这里是作为代词，因为孔子教导儿子孔鲤时说过：不学诗，无以言；不学礼，无以立。所以后人就用诗与礼代指人生修养的关键，即君子或士大夫必备的人格修养和知识、技能构成，它们会表现在言行举止中。作为一种传统，诗礼传家的人群要小得多，一般指具备较为丰厚的物质基础和精神需求的家庭或家族，希望自己的子孙能够接受、欣赏甚至创造雅文化，进而成为一种优雅存在，不管是通过科举走修齐治平之路，光耀门楣、流芳青史，还是做乡贤造福、表领一方，都能作为显著正能量并雄居社会中上流，总之能更好实现人生抱负。

诗礼传家是一种家庭、家族文化，通常表现在家风家训中。兹举数例。

诸葛亮训育子孙

诸葛亮在中国传统文化中近乎完美。他对子孙的言传身教都做到了极至。著名的《诫子书》和《诫外甥书》都是永远的经典，都是在成都完成的。

我们看《诫子书》：

夫君子之行，静以修身，俭以养德。非淡泊无以明志，非宁静无以致远。夫学须静也，才须学也，非学无以广才，非志无以成学。淫慢则不能励精，险躁则不能治性。年与时驰，意与日去，遂成枯落，多不接世，悲守穷庐，将复何及！

诸葛亮在刘备阵营中的地位和实际影响力很早就是一人之下，万人之上，刘备白帝城托孤以后,他成为蜀汉事实上的最高权力拥有者。可是诸葛亮以自己炉火纯青的修养和出众的智慧履行着"天下为公"和对后主刘禅(207—271)忠贞不二的道德义务,所以,他既不使小皇帝感到威胁,也能够在整体上得到蜀国上下的拥戴,然后开启六出祁山的伟大征程。诸葛亮深知他这样的家庭,后代最容易犯的错误就是依仗他的权力和威望,不仅懒于追求刻苦上进,而且可能为非作歹、欺良霸善,而根据自己的人生经验,唯有形成安静(孔子说过希望弟子们静若处子、动若脱兔)的性格,节俭的生活、淡泊的情趣、宁静的心灵,才能实现修身、养德、明志、致远的目标,中间还必须贯穿于"学"——即刻苦读书、不耻下问、三人行必有我师。他特别憎恶子孙的淫慢、险躁,权贵子弟堕落通常起于这两种卑劣德性;而且人生岁月宝贵,志向远大者绝不应该让其荒废虚度,最后时不我待,被时代所抛弃。在这篇华夏家庭教育的经典中,虽然没有说"诗礼"二字,难道说的不正是诗教、礼教的精髓吗!

诸葛亮的儿子、孙子有怎样的表现呢?他们虽然没有诸葛亮那种力挽狂澜的智慧与能力,但至少做了忠烈。诸葛亮长子诸葛瞻(227—263)出生时,诸葛亮已经46岁了,他自幼聪慧可爱,因父亲之盛名,他被蜀国上下寄予了很高的期望。建兴十二年(234),诸葛亮出兵武功县。其间,写信给在东吴为官的哥哥诸葛谨(174—241),称"诸葛瞻如今已经八岁,十分聪明可爱。只是怕他过早成熟,将来成不了大器"。所以诸葛亮临终前作《诫子书》给诸葛瞻。诸葛亮死后,诸葛瞻袭爵武乡侯。延熙六年(243),诸葛瞻十七岁,娶蜀汉的公主为妻,授为骑都尉。景耀四年(261),34岁的他与董厥并为平尚书事,统领中央事务,但后主宠信宦官黄皓(?—264),此人擅长阿谀奉承,过去被董允(?—246)坚决打压,位卑难以作恶。董允死后,此人逐渐得到后主信任,排挤姜维,国势更加衰落。魏将邓艾(197—264)伐蜀,诸葛瞻、诸葛尚等人领军在绵竹城外迎战,兵败殉国,绵竹失守。后主刘禅出降,蜀国灭亡。

在今日四川绵竹,有诸葛亮、诸葛瞻、诸葛尚"双忠祠"——是四川省重要的三国文化遗迹之一。在成都武侯祠大殿内,供奉有诸葛亮祖孙三代于一堂的塑像，而绵竹双忠祠原有的塑像也是祖孙三代，前殿祀诸葛瞻父子，启圣殿祀诸葛亮。供后人缅怀、追思诸葛亮祖孙三代的忠贞不贰，"鞠躬尽瘁，死而后已"的高风亮节。后人景仰，多有题咏。现存的诸葛双忠祠古建筑尚有启圣殿和拜殿，启圣殿建于清朝乾隆三年，拜殿建于道光七年。诸葛亮可谓有后矣。

郫县司马氏家族家风

北宋司马光（1019—1086），因为历时19年，至垂暮之年牙齿脱落、头发稀疏为代价，主持了修撰《资治通鉴》，成为中国妇孺皆知的伟大历史学家之一；因为"司马光砸缸"更是被视为神童的典范。他不仅在北宋内部有众多铁杆粉丝和拥趸，而且深受辽朝、金朝上下崇拜（辽、金崇拜的另一个宋朝顶级偶像是苏轼）。司马光一生，可谓煊赫、成功，但这不能不感谢他有好的家风，所以成就了他和儿子司马康（1050—1090）。

故事要从司马池（980—1041）说起。司马池，字和中，陕州夏县（今山西夏县）人，自称是魏晋重臣安平王司马孚（180—272）的后代。司马孚的后代司马阳是东晋大将军，死后葬在安邑澜洞曲（今山西夏县涑水）。从此，司马氏世代成为夏县人。司马池的高祖至祖父五代，因唐末五代内乱，没有做官。祖父司马政、父亲司马炫入仕，死后分别赠太子太保、太子太傅。司马池幼年丧父，但家庭相当富有，财产达数十万贯，他专心读书，把家产全部让给伯父、叔父们。

《宋史》记载：司马池首次进京考进士，临考前家人捎信告之母亲病故。同窗好友先接到信，怕影响司马池考试，把信藏了起来。司马池预感到家中有不测，夜晚不能入睡。好友不得已才把信给他，司马池得信后嚎啕大哭放弃考试，奔回家中。真宗景德二年（1005）司马池再次应试，一举考中进士。他历任诸多职务，曾为成都郫县县尉（据推算，司马光是母亲在司马池于郫县任职时怀上的，司马光的哥哥也曾经在郫县生活。所以今天的成都也视司马光及其父兄为本地名人），始终为官清正，忠诚敢言，深得宋仁宗（1010—1063）敬重和信任。司马池生活节俭朴素，即使招待客人，也绝不尽兴吃喝。他在郫县任县尉时，社会上有人造谣说守边部队叛乱，富人携家人、金银出走，吓得县令间丘梦松推说有事到府衙，主簿称病不办公。司马池临危受命代管全县政务。他一边做好防范工作，一边安定民心，元宵节同百姓一起放灯三天。此事后来得到上司表扬。天禧三年（1019）三月调到郑州任防御判官。此时光山知县缺位，改任光山知县。当年10月生下司马光。司马池的另一个儿子司马旦（1005—1087）也十分出色，廉政清明，重信守义，史书载其淡泊无欲，奉养苟完，人不见其贵。与弟光尤友爱终始，人无间言。司马光孝友忠信，恭俭正直，居处有法，动作有礼。在洛阳时，每往夏县祭祀父母墓，必去探望其兄旦。旦年将八十，司马光奉之如严父，保之如婴儿。与苏轼苏辙一样，堪称历史上兄弟友爱的典范。

司马光自幼在父亲与兄长的言传身教下成长，他对于哥哥过继给自己的儿子司马康的教育也十分重视，所以专门写下长达1100多字的《训俭示康》：

> 吾本寒家，世以清白相承。吾性不喜华靡，自为乳儿，长者加以金银华美之服，辄羞赧弃去之。二十忝科名，闻喜宴独不戴花。同年曰："君赐不可违也。"乃簪一花。平生衣取蔽寒，食取充腹；亦不敢服垢弊以矫俗干名，但顺吾性而已。众人皆以奢靡为荣，吾心独以俭素为美。……
>
> 又闻昔李文靖公为相，治居第于封丘门内，厅事前仅容旋马，或言其太隘。公笑曰："居第当传子孙，此为宰相厅事诚隘，为太祝奉礼厅事已宽矣。"参政鲁公为谏官，真宗遣使急召之，得于酒家，既入，问其所来，以实对。上曰："卿为清望官，奈何饮于酒肆？"对曰："臣家贫，客至无器皿、肴、果，故就酒家觞之。"上以无隐，益重之。张文节为相，自奉养如为河阳掌书记时，所亲或规之曰："公今受俸不少，而自奉若此。公虽自信清约，外人颇有公孙布被之讥。公宜少从众。"公叹曰："吾今日之俸，虽举家锦衣玉食，何患不能？顾人之常情，由俭入奢易，由奢入俭难。吾今日之俸岂能常有？身岂能常存？一旦异于今日，家人习奢已久，不能顿俭，必致失所。岂若吾居位、去位、身存、身亡，常

如一日乎？"呜呼！大贤之深谋远虑，岂庸人所及哉！

御孙曰："俭，德之共也；侈，恶之大也。"共，同也；言有德者皆由俭来也。夫俭则寡欲，君子寡欲，则不役于物，可以直道而行；小人寡欲，则能谨身节用，远罪丰家。……

在这篇引经据典、案例充分的训子书中，司马光给儿子着重强调了俭朴和奢靡对于人的益处和害处，强调了我司马氏的家风就是崇俭去奢，安于俭朴则必须寡欲；寡欲者不论做君子（士大夫）还是小人（普通百姓），都能无忧无患，保全自己的节操，所以尽管世人普遍追求奢靡享受，但并不能扰乱我们司马家的意志——"众人皆以奢靡为荣，吾心独以俭素为美"。

新都杨氏家族家风

明朝的四川和成都，并非其历史上的鼎盛期，但江山俊秀、人文逐渐荟聚，依然涌现了许多优秀儿女。其中声名最为显赫的当属出了一门数代一宰相、一状元、七进士的新都杨氏家族，其中杨廷和（1459—1529）是明朝中叶最为杰出的政治家之一，他英才天纵，十二岁时乡试中举，十九岁登进士第。因忠诚干练，1507年入阁任大学士，历仕宪宗、孝宗、武宗、世宗四朝，官至首辅（明朝制度里废除了丞相，造成君王十分劳累。起自成祖时的内阁逐渐行使了部分过去丞相的权力。其中排名第一的大学士称首辅，受到君王特殊信任期间，会有接近过去宰相的权力，所以非官方正式文书和民间说法里也以宰相相称）。突出贡献是和太后一起，迅速解决了浪子皇帝明武宗（1491—1521）突然离世，又没有子嗣的巨大难题，拥立明世宗以藩王身份登基，并在数十日空隙期尽革武宗留下的恶政，驱逐奸人，擢用忠贞，中外人心大快，思治若渴。后因"大礼议"事件与违背国家正统礼制的世宗意见不合，被削职为民。1529年，卒于新都。明穆宗时复官，追赠太保，谥号"文忠"。杨廷和的儿子杨慎（生平事迹前已述及）则作为明朝第一才子流芳青史。为何这个家族如此成功？根据其族谱记载，杨慎曾祖母熊夫人立下了"四重"家训：

家人重执业，家产重量出，家礼重敦伦，家法重教育。

显然，这位熊夫人贤惠过人，她为杨家子孙留下了所有人不得例外、必须遵循的四个方面的要求：有自己的事业作为立身之本，持家不准孟浪，必须有可靠的资财良性运转；家人的礼仪体现的是崇高的道德，不是可以随便应付的；而家庭最重要的规矩是保证子孙受到好的教育。这样的家庭走出的孩子，必然知道奋斗、自律、崇德、重教，知道物质保障是基础，精神和睦、上达是美好幸福人生的根本。

杨氏的家风家训还包括了杨慎在经受"大礼议"中昏君佞臣的摧残和流放迫害后，更深刻地认识到，在政治和社会生态复杂险恶的态势下，应该给一个诗书礼乐传家的家风增加什么新的内涵——他撰写了"四足"给子孙：

> 茅屋是吾居，休想华丽的。画栋的不久栖，雕梁的有坏期。只求他能遮能避风和雨。再休想高楼大厦，但得个不漏足矣。
> 淡饭充吾饥，休想美味的。膏粱的不久吃，珍馐的有断时。只求他粗茶淡饭随时济。再休想鹅掌豚蹄，但得个不饥足矣。
> 丑妇是吾妻，休想美貌的。只求她温良恭俭敬姑嫜。再休想花容月色，但得个贤惠足矣。
> 蠢子是吾儿，休想伶俐的。聪明的惹是非，刚强的把人欺。只求他安分守己寻生计。再休想英雄豪杰，但得个孝顺足矣。

杨慎告诫子孙，在这个世界上，那些与巨大金钱、权力直接挂钩，甚至要靠巨大金钱、权力才能得到的繁华、美丽、貌似的聪明，都充满风险和对人性的严峻考验，子孙们一定要知足而常乐，一定要把贤惠、孝顺这些基础人伦，作为安身立命、嫁娶交友的根本。这样，暴风骤雨来临时，子孙们可以有最大概率的平安；平常为人时，可以有最大的幸福。

36年的流放生涯，未改杨慎的君子本性，所以他的临终遗训也成为杨氏家族家风家训的另一道风景。嘉靖三十八年（1559）杨慎卒于戍所，临终时，他以"临利不敢先人，见义不敢后身"评价自己的一生，也是告诫子孙不论宠辱，都要坚持重义轻利、见义勇为。这是何等的大雅之美！

在熊夫人、杨慎等先辈影响下，杨氏后人留下许多佳话。如杨慎儿子杨有仁（也是进士）继承了其父清廉正直风骨，任侍御史之职，"抗论不避权势"，后辞官回家，"居乡清俭，虽出相门，无异寒士"。真正体现孟子的大丈夫浩然正气。我们今天行走在垂柳摇曳和荷花香、桂花香涌动的新都桂湖公园（这是杨慎和夫人黄峨恋爱和诗词唱和之地）、新都区马家镇升庵村"升庵故里坊"竹林深处之"杨氏宗祠"（这里有明朝大书法家董其昌的墨宝，更有当年杨氏生活留下的众多遗迹和古井）、成都市东郊的锦江区龙舟路小学（这里明代曾有净居寺和宋濂、方孝孺二公祠。杨慎曾经受时任四川巡抚刘大谟所邀，为家乡完成了巨著《全蜀艺文志》，是编纂《四川总志》的一部分，后单独印行），就会情不自禁联想起四重、四足和杨慎关于"义"与"利"的谆谆告诫。好家风、好家训，当然可以走出杨氏，走出新都，而成为所有炎黄子孙关于家庭生活的宝贵精神食粮。

三立传家

所谓三立，叫立德、立功、立言，是传统中国主要针对士大夫提倡的人生价值观，源自《左传》："太上有立德，其次有立功，其次有立言。虽久不废，此之谓不朽。"出自鲁国大夫叔孙豹之口。对于中国文化来讲，一个人生命价值的高低，完全取决于生前有没有为自己的国家、民族、后人留下崇高优美的道德规范，利国利民的功勋业绩，可以供当世咨政育人、后世传承借鉴的智慧文字和言论。至少要具备其一，人生才是有价值的，三者完备，那就堪称圣贤；只有具备三立者的人生，才能匹配"不朽"。至于一个人生前聚集了多少财富、掌握了多大的权力、拥有多少耀眼的头衔、享有多高的地位，都与成为"不朽"没有必然联系。

几千年来，信奉"三立"的先辈中，走出了众多民族精英、国家栋梁、天下圣贤。而丢失了三立者，一般都会变成一些个人主义、机会主义、实用主义者，甚至变成伪君子和小人。我们把成都放在三立的坐标里审视，这里深厚的儒家文化底蕴以及近现代以来的民族解放、国家独立、社会进步追求，特别是中国共产党领导下的振兴中华的伟大事业所倡导的以爱国主义、集体主义、社会主义和改革开放强中国的核心价值观（具体表现为24字），熏陶出了大批令后人敬佩的风流人物。兹举数例。

诸葛亮（181—234），东汉山东沂南人，中国历史上家喻户晓、知名度美誉度最高的杰出政治家、军事家之一。四川省首批十大历史文化名人之一，《三国演义》的主角之一。其影响遍及儒家文化圈所有国家和地区，历朝历代都有无数人是他的粉丝甚至追随者，也是其他非儒家文化圈国家的人认识、了解中国历史文化精髓必须面对的一个人物。他早孤，曾经隐居隆中，经刘备"三顾茅庐"而出山。于汉献帝建安十二年（207）辅佐刘备进军蜀中，在成都建立蜀汉政权。励精图治，北伐南抚，鞠躬尽瘁，死而后已，其功业道德赢得后人无比的尊敬，成都人建武侯祠祭拜至今。他是一个"三立"齐备的近乎完美的士大夫化身，在成都生活了27年，超过他53岁寿命的一半，其生平和悲壮事业留给炎黄子孙丰厚的道德营养，是一位把英雄主义、理想主义和忠诚担当、廉洁奉公这些中国人最看重的士大夫应该具备的人格理想和核心价值表达得最淋漓尽致、生动感人的超级英雄。他在世时，尽管对手的综合实力比他强大，但他总是能够在战场上保持主动，令对手胆寒，其智慧和匡复汉室的毅力令人高山仰止、景行行止。而他留下的《隆中对》、前后《出师表》和《诫子书》也成为儒家之"忠"和教育子孙作品中的极品天籁。天下的武侯祠至少有十所，但成都人民给他建的武侯祠则是最正宗、最宏大、最辉煌的。天下三国迷，可以不去其他武侯祠，但成都的武侯祠必须来，否则，就是一种绝对意义上的缺失和遗憾。诸葛亮是"拿得起"的典范，权力、美色、金钱对他都毫无办法，因为他心中装满了忠孝廉耻和仁义礼智信，并用生命践行了它们，因此他赢得了历代炎黄子孙的最高崇敬。许多人看《三国演义》及其演绎作品，诸葛亮病逝五丈原了，人们潸然泪下，后面的篇章、情节，也就成了可以放弃的部分。这种对他的崇敬甚至效法，就是古今成都优秀子孙的信仰。如果要找一首诗来表达无数后人面对他的"同理心"，也许，寓居成都的杜甫留下的《蜀相》就是绝唱：

丞相祠堂何处寻？锦官城外柏森森。

映阶碧草自春色，隔叶黄鹂空好音。
三顾频烦天下计，两朝开济老臣心。
出师未捷身先死，长使英雄泪满襟。

除了诗圣，谁还能写出这样文史丰瞻、情景交融、情理兼备的伟大名篇来！在中国历史上许多艰难困苦的时候，诸葛亮的事迹和杜甫的诗句，都成为子孙们勇敢面对的永恒的精神力量。而这股清泉，出自成都。

曾经有一位搞理工科的教授，带着一位想学他的看家本领、还要懂一点中国文化的洋弟子，在食堂吃饭的时候来见我，问读什么书好，我说读《三国演义》。那怎么理解其精髓呢？我说，读懂其中的理想主义、英雄主义，其他都是次要的，尤其是那些计谋乃至伎俩，更不要沉迷其中。因为我认为，只有真心想具备理想主义、英雄主义情怀的人，才有可能达成"三立"的不朽境界。

浣花夫人

这是一位集美貌、善良、勇敢于一身的真正"花木兰"。姓任，唐朝蜀郡成都人，自幼爱好弓马骑射，有出众的武功。传说其父母住成都西门外，母亲信奉佛教，常到寺庙礼拜。有一天晚上她梦见佛送给她一颗明珠，然后有了身孕，生下一个面如莲花、眼若明星的小美女，而且心地纯善。作为少女的她，曾经遇上一个患有疥癣、衣着肮脏的和尚，而且脱下袈裟要她帮忙清洗，她没有任何拒绝，在清洗时荡漾的水面泛出朵朵莲花，姑娘也甚觉惊奇。倏然间和尚和袈裟都不见了，只剩满池的莲花飘香。后人遂将旁边小河命名为浣花溪，那个水池叫百花潭，小美女也叫浣花姑娘。

唐朝安史之乱（755—763）以后，朝廷失去了对许多地区的直接掌控，军阀经常割据混战，甚至嚣张跋扈，叫板朝廷。唐代宗大历二年（767），朝廷任命崔宁（723—783，河南人，本名旰，唐朝名将）为剑南西川节度使，前后镇蜀十余年。浣花姑娘被纳为妾，因此又叫浣花夫人。唐代宗大历十四年（779）朝廷招崔宁进京议事，崔宁将成都交给其弟崔宽镇守，但他知道崔宽胆识、能力有限，所以嘱咐浣花夫人襄助。当时在四川泸州有一军阀叫杨子琳，听说崔宁离开了成都，觉得占领成都发财的机会到了，所以亲自率叛军攻打成都。叛军来势汹汹，崔宽乱了方寸，没了主意。形势危急，浣花夫人挺身而出，拿出家产犒赏、组织将士对抗叛军，她本人更是一身戎装，披挂上阵，与叛军厮杀，从而军心大振。叛军败退穷蹙，杨子琳会妖术，情急之下，平地起水，驾舟逃跑。

成都人民感念这位巾帼英雄的功德，不仅为她建立了浣花祠加以供奉，尤其每年4月19日浣花夫人的生日这天，成都百姓会三五成群地去位于今日杜甫草堂内的浣花祠瞻拜她的塑像。今人去杜甫草堂，既可以感怀诗圣与成都的相得益彰，吟诵诗圣名篇，领受唐诗的多情与庄重，还可以凭吊浣花夫人，遥想她的美丽、善良和跳荡杀敌的勇敢豪迈，这是多么完美的生命之歌。

帝师王著

历朝历代，士大夫能够成为皇帝学术或文学艺术的师傅，都是极大的荣宠。因为没有什么"工作"比这更能达成，一方面"得君行道""致君泽民"，另一方面建立与皇帝的特殊私人情感与关系的目标了。宋太宗赵光义（939—997）喜欢书法，且志向不俗，他挑选了来自成都的书法家王著并拜他为师。好文雅的皇帝不怕吃苦，按照王老师指点勤学苦练，每有自己认为大有长进的得意之作，便会拿去请老师点评。宋人王辟之（1031—?）《渑水燕谈录》载：

> 太宗朝，有王著者学右军书，深得其法，侍书翰林。帝听政之余，留心书法，数遣内侍持书示著，著每以为未善，太宗遂刻意临学。又以问著，对如初。或询其意，著曰："书固佳矣，若遽称善，恐帝不复用意矣。"其后，帝笔法精绝，逾前古，世以为由著之规益也。

王著（？—990），字知微，后蜀华阳府（今成都市双流县）人。举明经及第，历任平泉县（今简阳市）、百丈县（今名山县）、永康县（今崇州市）等县主簿。北宋初期，被授为隆平县（河北省隆尧县）主簿，任上历11年，显然仕途进展缓慢。太宗平蜀后征赴汴梁，历著作佐郎、翰林侍书、左拾遗、殿中侍御史等职。善书法，笔迹甚媚，颇有家法，遂成为皇帝书法辅导教师（他还是一位诗人）。虽然仕途缓慢，但作为帝师，他深知不能让皇帝过早产生骄傲自满情绪，所以经常说皇帝书法有进步，但还没有尽善尽美，促成了太宗埋头苦练，成为超佚前人的书法高手。当时的士大夫都很钦佩王著的良苦用心。尽快加官晋爵，从来不是王著的理想，导帝谦逊和努力，才是利国利民的更重要目标。王著对于权力名利驾驭自如，拿得起的君子哉！

皇家历史学家范冲

宋代的华阳（今双流）出了一个人才辈出、子孙兴旺、声名远播的范氏家族，其中的杰出代表是"三范"（范镇、范祖禹、范冲），都是"三立"有致的卓越士大夫。此处只讲范冲（1067—1141），字元长，登绍圣（1094—1098，宋哲宗赵煦的第二个年号）进士第。高宗即位，召为虞部员外郎，不久出为两淮转运副使。奉命修《神宗实录》，为《考异》一书，明示去取，旧文以墨书，删去者以黄书，新修者以朱书，世号"朱墨史"。及修《哲宗实录》，别为一书，名《辨诬录》。范冲性好义乐善，司马光家属皆依冲所，冲抚育之。其父范祖禹，乃北宋名臣和著名史学家，因修《神宗实录》，直书了王安石的错失，王安石的女婿蔡卞一度当政，罗织罪名，将祖禹贬谪死岭表。至是复以命冲，两朝实录完成，范冲迁起居郎，此官负责每天跟随在天子身边，记录朝廷命令赦宥、礼乐法度、损益因革、赏罚劝惩、群臣进对、文武臣除授及祭祀宴享、临幸引见之事，四时气候、四方符瑞、户口增减、州县废置，以授著作官。

不久开讲筵，范冲升兼侍读。高宗雅好《左氏春秋》，命冲与朱震专讲。冲敷衍经旨，因以规讽，高宗未尝不称善。高宗无后，当时立为皇子的建国公赵瑗（即后来又改名赵玮、赵昚的孝宗）需拜师傅，高宗首先任命范冲以徽猷阁待制提举建隆观，为资善堂翊善，而朱震兼赞读，即命范冲为主，朱震配合，二位共同辅导皇储读书。高宗为此下诏说：

朕为宗庙社稷大计，不敢私于一身，选于属籍，得艺祖七世孙鞠之官中。兹择刚辰，出就外傅，宜有端良之士以充辅导之官，博观在廷，无以易汝冲，德行文学，为时正人。乃祖发议嘉祐之初，乃父纳忠元祐之际，敷求是似，尚有典刑。顾资善之开，史馆经筵，姑仍厥旧。朕方求多闻之益，尔实兼数器之长，施及童蒙，绰有余裕。蔽自朕志，宜即安之。

高宗对范冲的道德文章，可谓极端信任，并且无可替代，所以委以不二重任，嘱托推心置腹。正因为对两位老师培养皇储质量的深信不疑，所以绍兴三十二年（1162），赵玮被立为皇太子，改名为赵昚，当年高宗便宣布禅位，自称太上皇帝（后来他竟然还活了25年）。孝宗得以登基，迅速给岳飞平反，振刷朝纲，虽然隆兴北伐没有成功，但还是依靠君臣励精图治，缔造了南宋最为和睦富庶的"乾淳之治"。

当时四川绵竹人张浚（1097—1164）作为大帅在长沙，他是南宋开国名臣，亦极力推荐冲、震可备训导，说他俩皆一时名德老成，极天下之选。不久皇帝升迁范冲为翰林学士兼侍读，范冲力辞，改翰林侍读学士，用其父范祖禹的故事也。因年龄和健康原因，后来范冲以龙图阁直学士奉祠（优礼性的闲职），直到离世。

范冲以其博学、正直、忠贞，敬事二帝，得到朝野广泛敬重，宋高宗不仅请他辅导自己读书，而且同时辅导已经立为皇储的孝宗赵昚（1127—1194）读书，还命令赵昚与范冲见面，必须行弟子拜师礼仪，这些都是宋代雅文化的动人篇章。

王铭章殉国

王铭章（1893—1938），字之钟，汉族，川军将领，新都人，早年参加保路运动和讨伐袁世凯战争，曾以其禀性正直、骁勇善战而享誉军旅。率川军122师参加抗日战争之徐州会战，以杀身成仁之信念，指挥全师将士坚守滕县，在杀伤大量日军、完成阻击任务后，壮烈殉国，为中国正面战场第一次大胜利——台儿庄大捷奠定了可靠基础，是中国在抗战中牺牲的高级将领之一。

国民政府追赠为陆军上将。毛泽东等人还联名撰赠挽联："奋战守孤城，视死如归，是革命军人本色；决心歼强敌，以身殉国，为中华民族增光。"

中日在成都的空中较量

对于四川和成都在反法西斯战争中的贡献，除了川军的丰功伟绩，以及在财政和战争物资方面名列中国各省第一的贡献以外，成都对抗战时期中国和盟国空军的贡献，也是首屈一指的。首先我们必须要知道一个基本事实，那就是抗战时期的中国空军，保家卫国的牺牲精神不输于任何一个国家的空军，共阵亡、失踪4321人，负伤347人，它创造了没有一个飞行员被俘和投降堪称唯一的骄傲纪录。1937年那支中国空军，装备的数量、质量都无法与日本空军相提并论（尤其是日本一度领先世界的零式战斗机在1940年9月大批升空以后），但他们却创造了多次空中捷报，所有可以作战的飞机和驾驶员几乎全部壮烈殉国。所以，建川博物馆群落中的抗战"壮士广场"庄严的青铜塑像群，不仅有毛泽东、蒋介石等风云人物，也有血洒蓝天的中国空军飞行员高志航、刘粹刚、乐以琴、李桂丹这类空中英雄，让我十分感动和敬佩。其次，我们可以从两个方面来看四川和成都的贡献，一是整体地位：成都是抗日战争进入相持阶段以后中国空军的指挥中心，中国空军最大的抗敌出发点和后方基地，中国空军最大的教育、训练基地和因为地位重要、意志坚定，被日军视为眼中钉肉中刺而进行"无差别轰炸"牺牲最大的城市之一。但成都人民坚韧不拔，以眼泪和鲜血支撑了中国和盟国空军的浴血奋战，并于1943年夺回中国战区的制空权。从具体贡献来讲，根据王苹、许蓉生、胡越英所撰之《成都与抗战时期的中国空军》一书所载，与成都有关的以下时间节点和大事值得后人永远铭记。

1938年5月，中国空军从成都起飞，对日本进行了第一次"纸弹"（攻心传单）轰炸。内容主要是揭露日本军国主义穷兵黩武的罪行，警告其一意孤行终将自食其果，同时号召日本人民反对战争。这次"纸片轰炸"又叫"人道远征"，使用了两架美制马丁"B-10B"轰炸机，行动负责人徐焕升，黄埔军校第4期、中央航空学校第1期毕业生。

1939年2月5日，中国空军轰炸总队9架轻型轰炸机从成都出发，在当日夜里突然袭击了山西运城的日本陆军航空兵基地，共炸毁和烧毁日机20架。

1939年6月11日，日军轰炸机27架在日落前空袭成都，中国空军以弱势英勇抵抗，但不能完全阻止。鬼子向人口稠密的提督东街、春熙西路、青石桥街、丁字街、西东大街、盐市口等处投掷炸弹、燃烧弹111枚，致市民死亡226人，伤432人，大火烧毁房屋4709间。

1939年10月3日，苏联航空志愿队的9架轰炸机从成都起飞，突袭汉口的日军机场，炸毁日机60余架，炸死炸伤日军飞行员和地面人员400余人。

1939年11月4日，日本海军航空兵轰炸机54架空袭成都空军基地，中国空军起飞应战。击落日机3架，击毙号称"轰炸之王"的大队长奥田喜久司大佐和飞行中队长以下空勤人员共19人。中国空军损失飞机3架，飞行员邓从凯牺牲。是为"十一·四"成都空战大捷。

1940年7月24日，为了"显示日本空军的威力"，使成都人产生"深度的恐惧情绪"，日军36架轰炸机于14：30直扑成都上空，在春熙路至芷泉街、纱帽街至拱背侨一带肆意轰炸，投下炸弹87枚，燃烧弹51枚，市民死82人，伤93人，房屋毁损638间。

1941年3月14日，两批日军轰炸机在12架"零式"战斗机护航下空袭成都，中国空军第五大队34架战斗机迎战。结果，因为战机性能差别太大，我空军被击落13架，击伤11架，著名空军英雄岑泽鎏殉国，而日机无一损失。成都空军司令杨鹤宵因指挥失当被撤职。至此，中国空军已经几乎拼光血本，剩余大部分飞行员被调往印度接受盟军培训，并准备接受美国援助的飞机。

1941年7月27日，日机108架分四次空袭成都，于11：45开始在成都西北、西南疯狂投弹466枚，重灾区包括南部盐市口、祠堂街、少城公园、平安桥街、青龙街、清真寺、老西门三洞桥、新南门锦江河西岸、猛追湾等。尸横遍野、浓烟滚滚，伤者呻吟惨不忍闻。市民死698人，伤905人，大量房屋被毁。是为抗战中成都承受的最凶暴的一次轰炸。

总计抗战期间，侵华日军一共轰炸成都31次，成都市民死亡1762人，受伤3573人。

1943年9月底，经过两年多的生死较量，中美空军给日本空军以重大杀伤，并开始掌握中国战场的制空权。

1943年12月下旬，按照中美两国协议，中国方面在成都附近动员了55万民工，开始修建4个供"B-29"重型轰炸机使用的大型机场。工程于1944年6月完工。

1944年4月24日，首批16架"B-29"从印度加尔各答起飞，安全降落在刚刚竣工的新津机场，随后一个多月里，100多架"B-29"降落在成都附近其他机场，美国陆军第二十航空队完成集结。

1944年6月15日，第一批共63架"B-29"从成都几个机场起飞，在当天夜里轰炸了位于日本九州的八幡钢铁厂，从而掀开了从中国大陆对日本本土大规模战略轰炸的序幕。此后，第二十航空队又对日本九州的工业、交通等设施进行了多次轰炸。……

作为中国空军反法西斯的坚强阵地、可靠后方，成都在中华民族站立起来和世界人民战胜法西斯魔兽的伟业中，无疑是一座同仇敌忾、众志成城的英雄城市。成都人民的生活之美，也因此必然包括为保卫和平、正义而战的人类良知和勇敢之美；因为有这样的美支撑，成都一以贯之的和平年代的张弛有道、收放自如、乐观包容的人间烟火之美才得以像并蒂莲、连理枝一样摇曳生姿、芬芳人间。

歼-20总设计师的情怀

自20世纪初美国的莱特兄弟发明飞机以来，本来是人类交通史上的一次伟大跨越，可是，好斗的人类，仍然选择了将飞机变成可以不断变得更加凶猛的杀人利器，并让它参与制造了20—21世纪所有大中型战争的血雨腥风。一直拥有制空权的大国在世界上通常也是最耀武扬威、欺良霸善的国家，旧中国、新中国的历史遭遇证明，没有强大空军护卫自己的领空，中国必然继续遭受强权的欺凌或讹诈，所以，改革开放以来，中国作为世界和平的坚定维护者，致力于建设一支足以让侵略者止步、收手的强大空军。在这一伟大事业中，成都的科学家、工程技术人员当仁不让，挑起了大梁，最突出的成就就是集合了众多原创技术的第五代隐形战斗机歼-20的研制成功，成为保卫中国领空、捍卫世界和平、震慑所有空中强盗的标准大国利器。他的总设计师、中国科学院院士杨伟成为了国人心目中的英雄。

杨伟（1963— ），籍贯四川资中，出生于北京，本科和研究生毕业于西北工业大学空气动力学专业，然后一直在成都工作、创业。中国航空工业集团公司成都飞机设计研究所研究员。2017年当选为中国科学院院士。现任中国航空工业集团公司科技委副主任。

他长期从事战斗机的设计与研发工作，先后担任歼-20等7型战斗机总设计师。在我国航空科技领域取得了系统性的创新成果。曾获国家科技进步奖特等奖1项、二等奖1项，何梁何利奖基金科学与技术进步奖，荣获全国先进工作者、全国五一劳动奖章、全国创新争先奖章、巴基斯坦"卓越之星"国家勋章等荣誉。

杨伟天资颖异，1978年15岁初中毕业，因为毕业考试五门课只丢了1分，所以他试着申请了破格参加高考，然后高分进入西北工业大学。中间还有一段趣事，就是他体检时是色弱，只能学数学和物理，让西北工业大学的老师差点没有录取他，结果他在高中已经上了近一个月的课了，由于爱才惜才的西工大系主任罗时钧老师以"招啊，我也是色弱，就招到我的专业"的干预，才接到录取通知书。杨伟在成都已经生活了35年，他是今日成都的骄傲。他是"工科男"的极品，但他也是一位诗人。他写过一首让人感慨的堪称当今大丈夫宣言的诗歌——《写给2035年的歼-20》：

  出生时，你是西南一隅的电光石火，
  喜悦在这头，质疑在那头

  长大后，你是珠海航展的惊鸿一瞥，
  自豪在这头，振奋在那头

后来啊，你是祖国海天的坚强卫士
担当在这头，威慑在那头

而现在，你是战鹰家族的不老传说
引领在这头，希冀在那头

我也是一个业余诗人，但我的所有作品，都没有这样的胸襟和情怀。这是应该进入中小学教材的当代诗歌极品！

杨伟的人生志向极为豪迈，用他自己接受记者采访时的话来说就是："我的梦想是未来战机标准中国来定。"我们深信，有这样的巴蜀儿女，有这样的成都偶像，这一天的到来只是时间问题。

"中国激光女神"侯静

在这个并不太平的世界上，每一个国家和民族都会加强自己的国防，以免遭受那些信奉丛林法则的国家或民族的欺凌。中国有自鸦片战争以来遭遇列强欺凌的惨痛记忆，所以改革开放以来，与时俱进地努力建设可以维护自身合法权益和发展利益，以及捍卫世界和平的国防力量。其中的"大国利器"是和平的最可靠保障。除了"两弹一星"、歼-20研制的四川、成都贡献以外，侯静这位出生、成长于成都都江堰市的"中国激光女神"也必须介绍给读者。

侯静，1975年生于四川成都，被称为我国的"激光女神"。1993年考入国防科技大学应用物理专业，毕业后保送至中国科学院硕博连读，师从著名光学专家姜文汉院士（1936—），2002年，侯静取得博士学位，回到国防科大任教，并从事"超连续普光源"方面的研究。2007年曾前往英国巴斯大学做访问学者，随后也与英国科学家开展"光谱可控的高功率超连续谱光源"合作研究。短短数年，侯静团队攻坚克难，掌握了拥有自主知识产权的高功率超连续谱光源技术，打破美国保持4年之久的主要技术指标纪录。这个技术的转化带来了丰厚的军事和社会效益，为我国激光武器的研制发展作出了关键性贡献。她因此被敬称为"中国激光女神"。

侯静的父亲叫侯有誉,原为都江教育学院深受敬重的一位系主任,该校在20世纪末与成都大学合并,侯老师也成为成都大学的一员,在电信工程系任过副主任。侯静从小性格温和,孝敬父母,经常手牵父母出行散步,即使成为风云人物,这一像人文风景画的画面也一样会出现在成大教师居住的花园绿道中。笔者询问侯有誉先生的同事和朋友,除了对这位父亲人品的赞不绝口,说"这样的父亲一定培养了不起的女儿",更是对侯静的低调、孝顺有尤其深刻的印象。我想,在哪里去找比侯静更典型的天府文化当今时代的优秀代表啊。

"放得下"的逍遥之美
1. 何为"放得下"

在这个世界上,尤其是在各种人类凭本性本能会努力竞争的资源(如权力、金钱、美色、荣耀)高度汇聚的都市,总有许多人会为这些"红尘"的得失而背上沉重的包袱,甚至严重受伤、死于这些包袱得失的重压。这些人也会被视为失意者、失败者,这就决定了伴随更多人的人生旅程的困难、苦恼不是是否"拿得起",而是是否"放得下"——既包括已经到手或即将到手的东西带来或潜伏着巨大风险时,也包括那些渴望得到但难以得到,却始终在心中念兹在兹的事物。纵观人类历史,凡是竞争必然伴随某种风险(即使是最"公平、公正"的竞争也一样,因为不同的人对何谓"公平、公正"的认识都不可能完全求得共识,只不过幅度和烈度小一些而已);凡是利益、利害巨大的竞争一定伴随巨大风险;凡是不当、不义、不道德的竞争必然伴随参与者无法掌控其过程、结局的风险——人类两次世界大战是最典型的证明。因此,以中国古代老子、庄子(前369—前286)为代表的道家学派(他们又生活在不当、不义、不道德甚至不择手段的竞争横行,因此出现大量惨烈人祸,无数人死于只知得到、不知"放下"的乱世)产生了比较谨慎(或者与儒家相比较为悲观)的以告诫、提醒炎黄子孙要冷静、理性审视人生价值、意义和存续方式,把个体生命的健康和心灵自由放在首位的深刻、系统思考,在老子的《道德经》、庄子的《庄子》中,我们能读到以道法自然、小国寡民、知雄守雌、和光同尘、清心寡欲、绝圣弃智、逍遥自在、自事其心等为代表的，其实是劝告那些"天下熙熙，皆为利来，天下攘攘，皆为利往"的世人，不要背上权势、名利、女色、荣耀的包袱，丢了性命，连累了亲朋，贻笑后世。历史上，响应老子、庄子的思想和生平事迹，除了诞生了道教及其教徒以外，还有"隐士"这样的人群存在。当然，还有更多的士大夫和百姓生活在世俗社会的滚滚红尘中，但因为道家智慧的影响，他们面对权力、名利、女色等各种诱惑，会多一些谨慎、理智、豁达、潇洒、庄重、宁静。

儒家关注的是天下安危、国家盛衰、民生休戚，而这需要炎黄子孙在观念和利益上形成广泛、牢固共识，其优秀分子要主动、率先承担起各种艰难困苦，并表率、带领社会各阶层去遵守国家的道德、法制，任何人（包括君王）都必须服从符合或被论述为整体利益和长远利益的规则，所以人生的至高境界是见义忘利，是大公无私，是杀身成仁、舍身取义。因此其价值坐标是集体主义至上。儒家的主张是人生要做加法，即在守规矩、有爱心的前提下，人这一辈子，就是要建功立业、光宗耀祖，官越大越好，钱越多越好，学问越渊博越好，只有这样的人多了，集体利益、长远利益才会在根本上有保障。有竞争有困难，必须知难而上，即使前途荆棘密布、风险莫测，也绝不轻言放弃。

道家关注的是生命的个体安危和人心性的自由，并认为这是人的最高价值，其他人生的目标，如果能够与它兼容，可以去争取，如果不能兼容，通通可以放弃。这就是"隐士"们——他们通常对世道人心都不乐观，没有把握或不愿意与之融合——远离都市喧嚣、甘老林泉山谷的理由。在乱世中见惯了人因为经不住权力、金钱、美色诱惑而像飞蛾扑火一样惨遭横祸的老子、庄子认为，作为个体的人，做任何事情都必须先评估风险，再决定取舍，要深知祸福相依、得失相间的人生真谛。所谓塞翁失马，焉知非福，道家认为，人的许多失去就是得到，有些前瞻性的提前放弃，比如孙武（约前545—前470）、范蠡（前536—前448）在为吴国、越国立下大功以后，迅速离开志得意满的君王，就属于大智慧、大潇洒。曾与他们并肩立功的伍子胥（前559—前484）、文种（？—前472）贪恋富贵，惨遭君王因猜忌而滋生的杀机和小人的谗言。历史上的严光（前39—前41）、陶渊明（365—427）、杜光庭（850—933）都是后人（不论儒、道）十分敬佩或仰慕的先哲。概而论之，道家是个人主义，主张人生面对功名利禄必须十分谨慎，必须放得下。后来道教发展了其"贵生"和崇尚个性的主张，升格为长生不老、羽化成仙的人生终极追求，并为此创造了神话世界、炼丹术、养生术和健生术等。

根据上述研判，以倡导尊重自然、与世无争的个人主义和人生要"放得下"为特征的道家思想，是中华文化的重要智慧和重要面相。而成都，既有儒家"达则兼济天下，穷则独善其身""道不同，不相为谋。亦各从其志也""不义而富且贵，于我如浮云"的进退思想熏陶，更是基于如下因素——山水多元梦幻绮丽、动植物资源十分丰富的自然地理，容易丰衣足食的经济地理，远离中国政治中心的政治地理，热衷于神秘主义的人文传统，以大灌区为纽带的水文化对这座城市的滋养，与神秘浪漫的藏羌彝文化上千年的互相影响，罕见的移民文化铸就的眼光向下的平民化城市格调，无疑成为了接受道家思想乃至道教正能量，并能运用于生活实践，因此在人生进退上最为潇洒的城市。这样的城市，必然幸福指数轻松就能飙升。

2. 主要类型及范例

个性成都

所谓个性成都，是指这座城市对于在生活方式或个性表达上与众不同者的一种最大程度的理解、包容、尊重；文学艺术和各类精神建构活动既有主流，也有支流，但支流很少被基于缺乏话语权而视为异端邪说予以打压者。

相如故居与琴台路

司马相如和卓文君的爱情故事，宋代及以前，受到的是成都人和寓居此地的官员士大夫、文人骚客的最高艳羡。宋代以后，有道德理性绝对主义倾向的理学弥漫并支配了此地此城的主流价值观念，这种艳羡表面上有所减少，甚至有了指责之声，但成都父老乡亲许多人，骨子里并没有完全被理学的道德格式化同化，加入气势汹汹指责违背父母之命、媒妁之言的这对夫妻的行列，很多人的选择是保持自己独立心斋和对道德苛刻主义腹诽的权利。所以近代以来，尤其是改革开放以来，司马相如和卓文君这一对才子佳人的故事再次作为中国人之间，甚至中外人士之间同理心和共情的最佳题材，被各种文学艺术形式精彩呈现。笔者和挚友、成都电视台著名节目主持人、金话筒奖得主、一直孜孜以求以"东周社"品牌传播优秀传统文化并成就斐然的周东老师一起，在成都市金牛区爱情一条街上的凤求凰剧场做过一次嘉宾，与主持人一起，向现场观众讲述"蜀地英才司马相如"的故事，得到市民朋友们的积极呼应。我大约讲了如下内容。

一个姓司马，因为崇拜战国时期赵国贤相蔺相如（生卒年不详），而给自己取名相如的成都少年，爱舞刀弄剑、舞文弄墨，家境先富后穷的成都书生，靠一个好友——临邛县令王吉的公关策划，大摇大摆进入临邛巨富卓王孙的豪宅，做了贵宾，然后根据策划，当场弹奏《凤求凰》古琴曲，向巨富膝下貌美多才的新寡千金示爱，然后他和她眉目传情、相见恨晚，迅速坠入爱河，因爱如潮水一发不可收拾，于是千金决定背着父母与书生私奔（当时是月夜还是伸手不见五指的黑夜只好打灯笼待考），他们被荷尔蒙刺激，手挽手，风驰电掣行走，最终双腿发软抵达成都。这个叫卓文君的美女知道父母一定勃然大怒，于是决定自己盘一个店（她私奔时应该携带了做千金时积攒的金银首饰之类）办酒馆，大概请了不错的厨师，为了省钱司马相如做清洁、洗碗碟、跑堂，卓文君当垆卖酒、收费。自食其力的生活保护了爱情的安然无恙。熬了一段时间，父母终于妥协，承认了婚事，给了一笔巨款和众多可供使唤的人手，小夫妻有了过富二代生活的条件。酒馆是否继续开、业绩如何待考。此间，不喜欢文学的汉景帝（前188—前141）驾鹤西去，雄才大略无比自信的汉武帝刘彻（前156—前87）登基，他喜欢文学，有一天读到了司马相如的某篇大赋，惊奇人间竟然有如此才子，不知何时何地人氏，于是感叹道：要是能见上此人一面，朕死也瞑目了。给皇上养宠物犬的狗监杨得意是成都人，而且认识小名叫"犬子"（现代汉语即"狗儿"）的司马相如，于是禀告圣上，此作家就在成都，皇上一纸诏书，他就会乐呵呵地前来拜见皇上。武帝大喜，照办。于是司马相如豪情万丈出发直奔长安，开启了既坐拥巨富娇妻，又充当大汉天降之木铎、声震华夏，后来代表朝廷出使西南夷，成功说服那些不知天高地厚与汉朝比大小的夜郎国、滇国之类西南夷的华丽人生。这段历史，感动多少自视学富五车、才高八斗的成都文人士大夫和寓居成都为官、经商、作为羁旅行客的外地士大夫，使他们除了羡慕，还是羡慕。这种艳羡，成为一种纵向凌跨古今、横向勾连四极八荒的文化力量。放在思想史长河来看，二程、朱熹建构的理学对于中华民族功大于过，但对于司马相如和卓文君的评价是有失公允的，今天我们必须为他们恢复应有之历史地位。在21世纪的当下，重新审视这个爱情故事，我个人认为它有满满的正能量。因为这是对文学的敬仰，也是对才华的尊重，同时，也代表着对爱情的勇气。

司马相如宅和琴台路，就是这对夫妻在成都生活和拨弄琴弦的浪漫之地。六朝至唐宋皆为成都名胜。后因战乱等原因，宋代以后荒芜不存了。21世纪初，市政府出资重建。改造后的琴台路于2002年12月30日正式开街，以汉唐仿古建筑群为依托，以司马相如和卓文君的爱情故事为主线，展示汉代礼仪、舞乐、宴饮等风土人情。琴台路在改造过程中注重了特色街区的营造以及同周围环境的结合，与周围的杜甫草堂、青羊宫、百花潭、文化宫等古文化遗址及公园实现了协调。全长920余米、横贯整条街道的汉画像砖带，荟萃了中国面世的绝大部分汉画像内容，游人随砖带前行，宴饮、歌舞、弋射、车马出巡等两千多年前汉代人的社会现实图景和理想天堂便复活在游人的视线中。这条街带由16万块天然青石砖铺筑而成，仿真程度之高，令人叫绝。

本书前面讲成都的优雅时尚时，已经介绍了当代文人对琴台路的喜爱。我们再来看几条古典诗词中的司马相如故宅，感受文化包容和文化共情的优雅和浪漫：

  酒肆人间世，琴台日暮云。(杜甫《琴台》)
  相如琴台古，人去台亦空。台上寒萧条，至今多悲风。荒台汉时月，色与旧时同。(岑参《司马相如琴台》)
  古迹使人感，琴台空寂寥。静然顾遗座，千载如昨朝。(高适《同群公秋登琴台》)
  故台千古恨，犹对旧家山。(宋祁《司马相如琴台》)

西汉文章世所知，相如闳丽冠当时。游人不赏凌云赋，只说琴台是旧基。(田况《题琴台》)

上述五位诗人，前三位在唐，后两位属宋。他们都亲自到达琴台故地，念天地之悠悠，几乎怆然而涕下。他们描绘、抒情的关键词、字是琴台、酒肆、相如、悲风、古、感、恨，反映了唐宋士大夫对司马相如及其爱情、文章、事业的基于崇敬基础上的深切向往与缅怀，不管是他的得遇伉俪、见知明君、琴悠千古、文焕万世，那都是古代士大夫除了羡慕还只剩羡慕的伟大时代和华丽舞台啊。这一切，都只剩下萧索遗迹，难以再现了，我们都向这位先辈的在天英灵祈福吧。

今天的笔者，和许多热爱中华文化、巴蜀文化、天府文化的人性光辉和中庸精神的同道师友一起，面对琴台路，虽然它的面貌早已不是萧索寂寥，而是朝气蓬勃的后现代成都的古典优雅的一种多彩呈现，但我们的心情，依然能与杜甫、岑参、高适、宋祁、田况发生高度共鸣，在司马相如及他秀外慧中的美丽妻子卓文君的人间勇敢与美好追求面前，我们早就忘了理学家矫枉过正但过犹不及的苍白乏味的批评之声，而耳边留下的只是《凤求凰》的天籁余音。

只要对社会和第三者没有危害的个性选择，在这里都会理所当然受到礼遇或包容，这就是成都的生活美学观念之一。

薛涛是谁

唐朝成都出了一位女诗人，她才貌双全、心灵手巧，本出身官宦之家，却坠入乐籍，以这样的身份成为一名顶级交际花。一生与十多位节度使保持着微妙的关系，与功勋盖世的大帅韦皋、大诗人元稹（779—831）有过堪称凄美的爱情，被韦皋贬谪过，但最后却因其文学艺术成就和影响力，以及一些动人的遗迹，被2020年四川省评为第二批"十大历史文化名人"之一，这个人就是薛涛（768—832）。她在成都人的记载和今天的议论中，从来都是一道亮丽的风景，和一个被人们同情兼钦佩、尊敬集于一身的优雅存在。张大千先生

（1899—1983）曾专门为她作画。其生平大致如下：

薛涛，长安人，父亲薛郧在长安当官，从小就教她读书、写诗。薛涛八岁那年，薛郧在庭院里的梧桐树下歇凉，他忽有所悟，吟诵道："庭除一古桐，耸干入云中。"薛涛头都没抬，随口续上了父亲薛勋的诗："枝迎南北鸟，叶送往来风。"那一年，薛涛不过八九岁。她天分很高，让父亲又喜又忧。

薛郧为人正直，得罪了权贵，而被贬谪到四川，一家人跋山涉水，来到成都。没过几年，薛郧因为出使南诏沾染了瘴疠，而命丧黄泉。时薛涛年仅14岁，和母亲陷入困境。薛涛不得已，凭借"容姿既丽"和"通音律，善辩慧，工诗赋"，在16岁加入乐籍（乐户的名籍，古时官妓属乐部，故称。唐、宋时官场应酬会宴，有姿色出众、能歌善舞甚至会诗词歌赋的女子侍候，就是官妓）。身在士大夫出入的娱乐场中，使得她与当时许多著名诗人如白居易、张籍、王建、刘禹锡、杜牧、张祜等诗坛领袖来往，并得到他们的尊重，以致当时的文坛流行着这样的说法，某人大作完成，第一想给皇帝看，第二便想给薛涛看，希望得到称赞。薛涛一生，作诗500多首，惜大多散佚，至今能见者90余首，仍然可以窥见其才华和风韵。

大约是在809年，与元稹的不到三个月的爱情，因为障碍太多难以逾越结束后，她离开了浣花溪，移居到碧鸡坊（今成都金丝街附近），筑起了一座吟诗楼，一袭道袍加身，独自度过了最后的时光。大和六年（832）夏，薛涛辞世。第二年，曾任川西节度使、宰相，与薛涛有过交往的段文昌（773—835）为她亲手题写了墓志铭，墓碑上写着"西川女校书薛涛洪度之墓"。一缕香魂，何时回到人间。

表达她的才情的诗歌如：

> 花开不同赏，花落不同悲。欲问相思处，花开花落时。
> 揽草结同心，将以遗知音。春愁正断绝，春鸟复哀吟。
> 风花日将老，佳期犹渺渺。不结同心人，空结同心草。
> 那堪花满枝，翻作两相思。玉箸垂朝镜，春风知不知。

今人读了，谁不为她期待的美好生活不能如愿而动容！

为什么古今成都人始终不怎么在乎她的乐籍身份，以及与众多强势男性的诗酒往来，更不热衷于猜测或推论那些男性与她往来和诗词唱和可能醉翁之意不在酒的意图及其实现没有等无聊话题，而是热情地赞美她的文学艺术（含著名的"薛涛笺"）成就，周旋于那么多强势、优秀男性之间而能得到普遍欣赏、礼遇的智慧，以及她后半生自主选择遁入道门生活的坚强毅力。大概有这么几个因素：第一，四川，尤其是成都，自古以来就是女性最受尊敬、尊重的地域和城市（原因后面专论）。第二，文学艺术和创造者在这里受到很高的尊敬。第三，薛涛的人生道路和生活方式是她自己的选择，无害于社会和第三人，什么人有资格去特别加以"关注"，并站在道德制高点上吹毛求疵、指手画脚呢？如果有这样的人和事，在古今成都是得不到太多呼应的。

诗文成都

成都对人类文明和中华文明有多方面的卓越贡献，是丝绸之路的重要节点城市，但它贡献最大最突出的领域是文学艺术，所谓诗文成都，首先是指这一点。唐朝李白的超级粉丝魏颢在为李白的《李翰林集》作序时说"剑门上断，横江下绝，岷峨之曲，别为锦川。蜀之人无闻则已，闻则杰出"。而明朝思想家兼学术明星李贽（1527—1602）在其《焚书》中有一段因钦佩杨慎而表达对蜀地文学鼎盛、人杰辈出敬慕的话可以证明东南士大夫内心深处的不敢"怠慢"：

> 升庵先生固是才学卓越，人品俊伟，然得弟读之，益光彩焕发，流光百世也。岷江不出人则已，一出则为李谪仙、苏坡仙、杨戍仙，为唐代、宋代并我朝特出，可怪也哉！

李贽先生主要是没有来过成都，所以他有些惊诧无可厚非。但他用"仙"来称呼李白、苏轼、杨慎，可能就不是人人都能同意的了。依笔者陋识，如果他仅仅是指三位大咖代表着蜀地神秘浪漫的底蕴和崇尚个性自由的人文精神并表现在文学艺术创作中，那却是很准确的。

但成都人对文学艺术骨子里的钟情和热爱，并不仅仅属于大咖。因此本城的文学艺术，除了名师巨匠、鸿篇巨制、黄钟大吕辉映古今外，还有官民生活细节中的无穷自然呈现，甚至化为了一种沿袭至少三千年（比如从古代佚名设计师完成了"太阳神鸟"图案开始，还不止）的不坠传统和生态，化为了今日成都底气十足地以"三城三都"和"公园城市"示范区建设为支撑的世界文化名城之路，化为了城市自然天成的后现代气质（后面专论），则世界上很少有城市能够与之媲美。

前已述及，并且古今大量事实证明，背靠"天府之国"的各种优越条件，以及相对远离政治中心的文化生态，成都部分人的"小富即安"并非城市迈向现代化的弊端，更不能与缺乏志向、坐井观天的"盆地意识"胡乱画等号；人生之路格式化和拒绝格式化互相尊重，并不意味着主流社会和核心价值观的传播、践行必然式微；作为天下隐士、文学艺术家甚至好享乐者竞相投奔、朝拜、旅行的必然选择（后者就是偏执者所言并含有贬义的"少不入川"）的成都，不仅不会"颓废""腐朽"掉，反而因为上述三个因素、三种现象，成都成为了诗歌和各种文学艺术的顶级殿堂，成了幸福指数高的决定性依据。成都人民不仅是各类诗歌和文学艺术（含雅与俗）最真诚、最有眼光的粉丝、拥趸，而且他们本身也有不少人从事非功利、与名利无关的诗歌创作、品鉴、传播活动和各种文学艺术活动。比如据笔者了解的信息，成都不仅以给予杜甫最高礼遇，表达了对诗歌的特殊崇敬，而且成都的民间诗社也是全国最多的。

最重要的是，诗词歌赋、琴棋书画、摄影、玩游戏、收藏鉴赏、穿唐装汉服、长时间居住于林泉山庄甚至藏羌区域，泡茶馆酒吧这些事，对许多成都人来讲，不是为了次日或度假以后更好工作、挣更多的钱，做更大的官，拥有更多头衔，而是为了自己的天性、个性不被泯灭，而是为了在短暂的人生中，不被功名利禄的"浮云"遮住了面向苍天和灵魂的望眼，而是为了还原生活的本真，那就是放得下肉身，安得下灵魂，静得下心情。所以我们眼前这座城市，骨子里是由这样的"诗文"构造的。正是因为如此，1944年朱自清先生在所写的《外东消夏录》中回忆一年成都生活时，他最看重的是成都的诗意生活，尽管那是全体四川、成都人民勒紧裤腰带，倾力支持抗战，物质生活最为艰辛的时期。

纵观人类城市心灵史，永恒散发魅力的诗文、艺术与"功利"必须保持距离，必须有很多人在适当的时候告别因人欲、物欲澎湃因此必然挤压甚至粉碎精神家园的"功利"之路，实现最优雅、豪迈的转身，把人生的关切、找寻、寄放转向精神生活，转向艺术，转向能够引起读者、受众来自人性的"会心一笑"或眉目传情，这样的城市，才会是符合中华文化理想、散发中华文化魅力、造福这座城市人民并将魅力辐射世界的"公园城市"和世界文化名城。而成都，早就具有这样的基因、脉络和改革开放以后的众多实践。也许，成都郫县人廖昌永演唱的《多情的土地》，从成都走出的、被誉为"东方之子的流行音乐第一人"郭峰的《让世界充满爱》，由成都艺术家父母养育的韩红演唱的《天路》，以及曾寓居成都的北京歌手赵雷那首《成都》引发的激情和温暖，最能说明成都这座文化关切平民化，但文化意趣和文化理想绝对高雅的城市日常生活中的"同理心"和"共情"所在。

成都的诗文，以及伴生的文学艺术，与这座城市，互相成就，温润勾连，生活就是艺术，很少有城市能与它相提并论。

养生成都

中国传统文化是好生乐生的文化，不过道家与儒家观念互有异同。道家秉赋"天人合一"和"道法自然"的世界观，十分关注和珍视个体生命的健康和心性的放松、自由，它认为人的健康长寿（最好是长生不老、羽化成仙）乃最高价值，这与儒家倡导的"敬老""养老"观念有异曲同工之妙，但儒家认为人的生命过程因上进、奋斗而充实、愉悦（比如孔子说自己"其为人也，发奋忘食，乐以忘忧，不知老之将至"），加上丰衣足食和家庭和睦、子孙孝顺是养生养老之本；道家则认为，人的欲望的无休止膨胀和充分满足对于生命质量和幸福指数并无益处，反而是亲近自然、顺应自然（比如日起日落、阴阳、季节、节气）规律，简单俭朴有节度的生活，才是健康长寿和长保幸福之道。最著名的表达是老子在深刻洞察人性以后的这段论述：

五色令人目盲，五音令人耳聋，五味令人口爽，驰骋略猎令人心发狂，难得之货令人行妨。(《道德经》)

老子看透了人性的软肋，那就是在身体和感官享受中很容易走向放纵，并因为这种放纵而将人的快乐和幸福湮灭，挤压甚至碾压人的精神家园。春秋战国时期，那些巧取豪夺的社会阶层，在山珍海味、声色犬马上的放纵，引发的是更大更多的空虚无聊，在空虚无聊状态下失去普通人的快乐与幸福的事例太多了。且不说为了达成、保持这样的奢靡生活甚至比奢斗阔，这些人必然利令智昏，其间和随后结怨树敌、招灾纳祸又有多少。通常情况下，人只有对付出了心血和汗水的得到才会珍惜，人只有因艰辛而得到并始终只能有限满足的生活，并且有精神家园驾驭、引领的生活才能长久地产生真实的快乐和幸福。这些思想和智慧，与儒家上述理念和注重平衡、协调、兼顾的中庸思想、生命哲学一起，共同建构了中国的养生哲学和理念，并在天府成都、天府四川这块中庸思想和道家智慧正能量吸纳、运用的顶级殿堂，开创出了最成功的养生养老环境与丰富实践。

考古工作者于19世纪二三十年代在彭县（今彭州）致和乡东岳村十二社发掘出了一块养老画像砖，其内容是：砖的正面是仓房，仓房建于台阶之上，阶前有踏道。仓房有两门，门上有闩。房顶有气窗两个，用于空气流通。房前放置两个容器，应为装粮食的器物。画面左侧一人身着长袍，戴冠，坐于方席之上，似乎是长官在指挥发粮，画面右侧有两人，左边一人着短褐，双手持一筒形器，躬身作发粮食状。右边老人双膝跪地，身体匍匐前倾，身旁斜插一鸠杖，双手张开口袋，作受粮状。年代为东汉时期。考古学家认为此图表现的应该是以儒治国的东汉郡县官吏在仲秋之月"案户比民"的事，也是东汉在基层社会实施养老、敬老的生动体现。

具有悠久历史积淀的当今成都的养生、养老资源，包括了包罗万象、物美价廉的川菜提供的可靠营养和无与伦比变化多样的口感；品种众多的药膳和食疗；发达的中医和近代以来的以华西医学为代表的西医；中国改革开放后发源最早、类型最为多样，又能够方便到达的密布在各种海拔高度和地理景观、地质资源上的农家乐和康养机构；以青城山、峨眉山武术、太极拳为代表的各类健生方法；已经建成十余条，最终多达30多条线路的，将把整个成都平原联为一体的方便快捷的地下地铁网络；以及按照习近平总书记要求的"公园城市示范区"建设的以世界最长、花团锦簇、人文荟萃的天府绿道，和气势恢弘的龙泉山城市森林公园串联的，大面积城市绿化、水面、多功能健身、散步、休闲绿道、各种主题公园共同支撑的花园城市……

也许，世界上有城市可以像成都一样拥有丰富的养生资源和养生设施，但绝没有一个城市，能像成都这样，齐备地拥有来自中国儒家、道家和道教的养生理念和丰富实践，儒家中庸之道全面濡染的张弛有道的生活方式，移民文化基础上的让嫌贫爱富几乎没有市场的平民化城市性格，很少排外的社会包容生态，基于天府之国独有的无穷多样的供人选择的养生菜单。

每一个人，真诚地重视养生、养老，是人温柔地善待自己，绝不会背上与天斗、与人斗的各种包袱，在这里，人们还有什么其他包袱不能"放下"呢？"老不离蜀"，不仅因为这里是老人安享晚年、延年益寿的天堂，而且是放下终身遗憾和所有烦恼的理想空间。

"想得开"的宁静之美

1. 何为"想得开"

所谓想得开，是指一种进退有据、随遇而安、保持内心宁静的人生态度。在中国传统文化中，与时俱进的佛学和佛教对它的论述和建构有独到的贡献。就总体取向和特征而言，我们说儒家是集体主义，是拿得起的奋进之学、得到之学（最高是生命得以不朽），道家是个人主义，是放得下的收敛之学、舍去之学（主要是舍去祸患或祸患之源），而佛家、佛教（尤其是汉化以后）是人类（或众生）主义，是"想得开"的多难、烦恼人生的安顿之学，它的理论博大精深，但据笔者浅见，佛给人（不管是否属于信众）的主要正能量和智慧是：人的今生总是有苦难、烦恼（包括财富多与少，如何占有和使用财富）相随的，根源是贪、嗔、痴，我们今生的修炼、悟道为的是脱离苦海、烦恼，并在圆寂后抵达光明极乐的来世、彼岸，只有祛除贪、嗔、痴，行善积德、于心无愧者才能成功。衡量人生境界的标志是人能不能经常保持内心的洁净和宁静，它与人的贫富贵贱无关。一个问心无愧、内心洁净的人，便是成功、幸福的人，反之亦然，并且不可能觉悟，来世定然可悲。有两个故事：

苏东坡与佛印

　　佛印是苏东坡在江西结识的高僧，互相以大师和学士相称。有一次，苏东坡与佛印一起参禅打坐。苏东坡问佛印：大师观我此时像什么？大师说：学士像一尊佛。佛印问：学士观我此时像什么？苏东坡说：大师像一堆牛屎。（胖胖的身躯、黄色的袈裟，故然）大师微笑不语。苏东坡觉得占了上风，回家后告诉苏小妹，不料小妹说：哥哥，今天你并没有占上风，人家大师心中装着佛，所以看人都像佛；你心中装着牛屎，所以看别人也是牛屎。

过河

　　一个大和尚带着小和尚下山办事，出发时大和尚告诫小和尚：途中不能近女色，小和尚点头。路途中经过一条小河，没有桥，只能蹚水过去。此时河边站着一位姑娘，想过河但不敢蹚水，很着急。大和尚便问她，愿不愿意我背你过去？姑娘答应了。过河以后，放下姑娘，互相依礼告别，俩和尚继续赶路。过了一阵，小和尚实在忍不住了，说：下山时，是您告诫我别近女色，怎么能背她在背上？大和尚说：你看你看，过河以后，我就放下了，怎么你现在还没有放下？

　　禅宗的修炼，负责解惑答疑的方丈或大和尚是不给答案的，他只讲故事或道理（包括用偈语或使用道具、以及肢体语言）来开示，对方自己去体悟其中的道理，获得成长，并最终"觉悟"。这两个佛教的故事，颇能体现这一点。显然，第一个故事告诉我们"境由心生"的道理——这个世界的普通景象，是善良还是邪恶，温暖还是冰冷，光明还是黑暗，宽广还是狭隘，很多时候取决于当事人的内心：善良的人、温暖的人、光明坦荡的人、心地宽广的人，他（她）看见的景物也多半具有善良、温暖、光明、宽广的特质和光芒,反之亦然。所以,人怎么能不选择和向往善良、温暖、光明、宽广呢?

第二个故事是告诉我们,人活在这个世界上,问心无愧即好。凡是为善的事,见了便做,做了便放下,没有等待别人感恩回报这样的念头。心中无杂念,这样的人,便是真正的超凡脱俗。

当然,在儒家、道家思想中,也有对于人面对各种烦恼如何"想得开"的论述与智慧。孔子的死生有命富贵在天和"三十而立,四十而不惑,五十而知天命,六十而耳顺,七十而从心所欲不逾矩"所表达的人生可以递进式地实现自己对凡夫俗子所有烦恼的超越;庄子以"坐忘"和"逍遥游",面对妻子去世"鼓盆而歌",以及他和惠施围绕人可否知道鱼的快乐所进行的逻辑辩论(庄周惠施游于濠梁之上,庄子曰:"鲦鱼出游从容。是鱼之乐也。"惠子曰:"子非鱼,安知鱼之乐?"庄子曰:"子非我,安知我不知鱼之乐?"),这些论述所体现的睿智,都是典型案例。只不过佛学、佛教(尤其汉化以后)以出世的态度和描绘,更加彻底、普适地贡献了自己引导众生看破红尘而想得开的智慧,不应忽略。尤其是巴蜀和成都佛教,在南北禅宗之间主张兼容,并且以自创的净众保唐禅派、文字禅、居士禅等为特色,在中国佛学、佛教史上表现卓越、不可取代。四川和成都佛教,还是汉传佛教和藏传佛教的一个结合、融通的桥梁。最重要的是,高度生活化、人间烟火化的巴蜀佛学、佛教(成都是其中心和大本营),在儒释道三教兼容互通、相得益彰的成都的文化生态中,发挥了更多的正能量,并与儒家、道家的正能量一起,使成都成为一座面对人生难题、烦恼最容易"想得开"的城市。

2.主要类型及范例
隐士的飘逸

隐士是中国释道为主,孕育出来的文化和社会现象。在学而优则仕成为主流的中国,那些拥有才华甚至功名的士人,选择在江湖隐居(包括阶段性隐居、终身隐居;隐居的方式包括身心遁入佛、道),不出来做官,他们是最

"想得开"的一个人群。究其原因，第一，做官就是在国家机器上充当一个零部件，它必须是程序化、标准化的存在，可以随时被替换；做官必然直面、隐忍潜规则的盛行，人的内心不可能洁净和宁静，有的人觉得这违背人的天性或自己的个性，难以调适，于是选择做隐士。第二，政治舞台（别名官场）因为诱惑多，升迁竞争剧烈，比一般的人生舞台复杂和艰难，莫测的风险比任何职业都大，尤其是政治失去清明的时期。要想升迁，不可能"问心无愧"，不可能不提心吊胆，所以有人会为了"问心无愧"做人、回避风险选择不进入。第三，做官与从事学术教化和文学艺术，分别被格式化和允许、推崇个性化，难以兼容，而成都和四川历来珍视个性，推崇学术教化和文学艺术，所以，会有人主动选择远离仕途、官场。

隐士的存在并得到官方承认、民众敬重，具有多种文化和生活方式上的正能量：对于那些不择手段谋取功名利禄者，这是一股保守正气的清流；为有个性有尊严的士大夫从容进退留下一方净土；有利于有才华者安心从事学术教化和文学艺术；在改朝换代剧烈的玉石俱焚的人才毁灭中，这些因为隐居而存留下来的人才会成为新的政权、新的社会朝野的希望。

本书前面专门介绍了严君平、刘沅、张孔山，他们都是隐士中的佼佼者，下面再谈谈扬雄的《太玄赋》和刘咸炘、后半生的尹昌衡。

《太玄赋》

汉赋的代表作之一。其作者是本书前已述及的百科全书式的大学者扬雄。首见于《古文苑》，是一篇表达作者志向、心性的哲理赋，首先感叹人贪图富贵很难避免丧身危族、贪财沽名将祸怨缠绕，以鸟羽毛美丽殃及性命、蚌里含有珍珠遭掰开为喻，表达人生的取向应该是求道纳静、自由自在、歌舞闲适、与仙同乐。最后以屈原投河、伯姬焚身、孤竹国二子饿死首阳山等故事强调人生之祸福不可不慎。本赋表现出扬雄对道家思想的深刻理解，对人生祸福的深刻体悟，言志抒情集于一体，在辞赋史上，上承楚辞离骚，下开抒情小赋之先河。当然，历史上的扬雄处于儒道之间，但他的《太玄赋》和自己的生平（他尽管在长安从不汲汲于升迁，安于普通文官之位，但依然在西汉末年的政治漩涡恐吓中曾经选择自杀）恰恰为历史上的隐士们——比如他敬佩的前辈严君平的人生选择做了注释。

刘咸炘（1896—1932），字鉴泉，别号宥斋，祖籍四川双流县，清光绪丙申年（1896），出生于成都纯化街"儒林第"祖宅。祖父刘沅，字止唐，父亲刘梖文，字子维，均为蜀中知名学者。刘咸炘一生富有传奇色彩，他从未进过正规学堂，终生未离开四川，34岁以前没有踏出成都半步，仅靠父兄引领，从浩瀚书海中自学自悟，建立了一个庞大的学术体系。梁漱溟、陈寅恪等大师都对他倾慕有加，文史巨匠蒙文通先生赞其学识"为一代之雄，数百年来一人而已"。曾历任敬业书院哲学系主任，成都大学、四川大学教授，但也仅是一生的最后几年（1926—1932）的事。也就是说他一生大部分时间是"默默无闻"的，去世时年仅36岁。卒葬双流县正兴乡舅氏祖茔。其著述已刊行的就达236部，475卷，600万余言，总名《推十书》，现在都还在学者们的研究之中。为民国时期著名国学大师。

熟悉其生平的研究者介绍：他遗留的中西藏书有23000多册，现藏四川省图书馆。他一生研究学问，不喜仕途奔竞。北伐胜利后，吴佩孚失败逃至四川，企图东山再起，积极网罗人才。曾致函拟亲至先生家门造访候教。先生婉言推却，只约在草堂寺一晤。晤谈中，只谈学术问题，不涉政治。结果吴只赠送亲书对联一副，折扇一柄，始终没有谈及政事。1930年，川督刘湘曾约先生出任二十四军军部秘书长，他亦婉言谢绝。可见先生的志趣是不同于流俗的。

先生自1926年到1932年逝世前，先后任敬业学院哲学系主任及成都大学、四川大学教授。这些学校的师生都敬佩他的学问。他讲课时，听讲的人很多，教室坐满了，门窗以外还围立几层人倾听。现在听过他讲课的人，还能讲述当年先生执教的盛况。

纵观中华文明史，成都和四川历来就是这样，用对隐士之风的尊崇，低调地孕育、产生着中国顶级的学术大师。

尹昌衡将军后半生

本书前已述及，将军有收复西藏、保住四川辛亥革命的成果等历史功勋。

正是因为如此，加上他1902年就被保送留学日本陆军士官学校步兵科，回国后先后在广西、四川举办新军教育、督练的资历，使他在清末民初四川军政两界享有崇高威望，而这成为北洋军阀政府首脑猜忌的对象。1913年，尹昌衡作为平息西藏叛乱的英雄回到成都。之前，袁世凯给他的职务是征藏军总司令、复改川边镇抚使、授陆军上将衔的待遇，实际上用自己的心腹担任了原来尹将军担任的四川都督府都督。所以尹将军凯旋，袁世凯给他一个川边经略使和川边都督打发他。不仅如此，1914年，袁世凯撤川边经略使，并把尹将军骗到北京，罗织罪名入狱。1915年被判刑九年，软禁在北京。其间尹昌衡和云南的蔡锷（1882—1916）将军一起，都有了爱英雄的美女相伴，蔡将军的相好叫小凤仙，尹将军的红颜知己叫梁玉楼。1916年，袁世凯称帝引发众叛亲离，抑郁而死。北洋政府明令开复尹将军职衔，还勋位勋章。后入觐新总统徐世昌，被释放回到四川。此时的尹昌衡，尽管正当盛年（32岁），但厌倦了当时的政治、军事生态，不愿意再进入官场，于是自动归隐田园，埋头从事学术研究并诗赋人生。一直到1937年，在当局的力邀下，尹先生也愿意为团结抗战力量出一份力，才担任了名誉性的"在野军人会"执行委员，实际上没有改变隐居的状态。中国人民解放军解放成都前夕，专门安排了一支小分队先把尹先生保护起来，进入新中国，尹昌衡应邀担任了荣誉性的西南军政委员会委员。1953年尹将军病逝。但他给后人留下了一个博大精深的学术、思想体系，其著述包括《止园文集》《止园诗抄》《经述评时》《止园通书》《西征记略》《生民常识》《止园寓言》等。他的学问，堪称凌跨古今，贯通中西（包括极其深厚的佛学修养。他能够迅速平定数万藏军在英国人背后操纵下的叛乱，与他运用自己的佛学修养与藏区宗教领袖们沟通，争取他们维护国家统一，有很大的关系)，基于各种原因，四川、成都的学者，对他的思想的深入细致的研究才刚刚开始。

今日的成都彭州市，人们为了表达对将军的尊敬和怀念，当地党委、政府总投资约600万余元，在昌衡村修建了尹昌衡纪念馆、共和文化广场、辛亥园林、纪念群雕等。其中还建有一个昌衡书院，2018年5月27日，笔者曾荣幸地成为四个开院揭牌人之一。四川大学专门成立了尹昌衡研究所。在同日书院召开的研讨会上，来自全国各地的专家学者40余人，兴致勃勃地研讨将军的生平、功绩、学术、历史地位以及文创表达，感慨和共识良多，其中之一便是尹将军一生高风亮节、大勇大智，跌宕起伏，太值得拍成一部荡气回肠的电视连续剧了。

乡贤的高洁

历史上的乡贤，比之常人，特别"想得开"。他们光明磊落，心底无私，因报效国家、报效家乡的突出贡献而被铭记。支撑他们高尚情怀的力量源泉既有儒家的仁义、道家的贵德，也有佛家的慈悲、怜悯和普度众生的心愿。史不绝书的乡贤们的许多代表人性优美一面的扶弱济困、友善公益的慷慨义举，足以影响那些在金钱、名利上锱铢必较、执着徘徊的人，早一点感觉到自己的渺小甚至猥琐，成为一个个胸怀坦荡、阳光开朗的受人尊敬的人。

本书前已介绍的杨廷和、杨慎、尹昌龄，都是了不起的乡贤。此处再列举数例。

陈元敬　费著　傅崇矩

陈子昂（661—700）是唐朝前期著名大文豪和得到武则天礼遇敬重的政论家，其祖上世世代代居住于射洪县，到陈子昂时，家中已经有大量良田，其父陈元敬，曾因岁饥，"出粟万石赈乡里"（《新唐书·子昂本传》）。

费著：生卒年不详，元朝华阳（今成都双流）人，进士出身，官至太史院都事，翰林学士。学者、历史学家。著有《岁华纪丽谱》《蜀锦谱》《互见谱》《楮币谱》《氏族谱》《器物谱》《蜀名画记》，详细记录了唐宋时期成都的人文历史、民俗风情、娱乐游宴、土特物产、饮食文化、书画艺术等，成为珍贵的历史文献。

费著生活在四川、成都处于衰落时期的元朝，他对故乡过去的辉煌留恋不已，倾注大量心血完成上述著作，使成都在唐宋时期的众多突出成就和风物得以记载下来。比如：

《岁华纪丽谱》是记述宋代成都的民情风俗、游乐景观的著作，它以时间先后为序，记载了从正月元日开始，到岁末冬至的各个节庆日中，成都的官府百姓游乐庆贺的过程。笔墨形象生动而细致，费著对家乡曾有的兴旺和幸福的缅怀自在其中。由于该书影响很大，历代关于唐宋成都社会及民俗的研究著作，无不引用其中的记载。

《书笺谱》和《蜀锦谱》，则是记载宋代成都造纸与织锦手工业发展和工艺、品种的著作，同样是研究宋代四川手工业生产必读的重要文献。

受其影响，《四库全书总目提要》在介绍上述三书的作者后说：

> 成都自唐代号为繁庶，甲于西南。其时为之帅者，大抵以宰臣出镇，富贵优闲，岁时燕集，寖相沿习。故张周封作《华阳风俗录》，卢求作《成都记》，以夸述其胜。遨头行乐之说，今尚录之。迨及宋初，其风未息，前后太守如张咏之刚方，赵忭之清介，亦皆因其土俗，不废娱游。其侈丽繁华虽不可训，而民物殷阜，歌咏风流，亦往往传为佳话……

显然，代表国家轴心文化的四库馆臣，正是阅读了像费著的作品这样的书，才对成都作为中国特别繁盛、温暖都市有了清晰的印象和由衷的赞叹。

傅崇矩（1875—1917），字樵村，成都简阳人，青年时随父迁成都，故一生以成都人自诩。思想开放，提倡西学，关心时务，在新闻和著述领域贡献较大。傅崇矩曾创办了成都第一家公众阅览室"阅报公社"，出版成都第一张科学性报纸《算学报》，创办了成都第一家民办报纸《通俗启蒙报》；著有《中国历史大地图》《四川省城文明进步图》等十余种著述——其中近七十万言的《成都通览》，是记录清末成都社会万象的一部百科全书。这部书，尤其体现了他对成都文化和风土人情的深厚情怀，如今是研究成都、四川近代史最重要、最翔实、最接地气的基本文献之一。读这部书，很少人不对这位先贤的巨大付出和赤子般的拳拳之心肃然起敬。

历史上的乡贤，大致可以分为三类：主要居住、生活在家乡，实实在在关注、帮扶家乡的建设发展，造福桑梓，作出突出贡献；主要生活在外地，但因为其"三立"方面的成就,和以出身家乡而觉得温暖、自信、自豪,扬名天下,从而带给家乡人民以自豪;生活在外地,但通过其作品、著述,表达浓烈的眷念,记录家乡的历史和文脉,传递家乡的美名。这三种乡贤,成都都不胜枚举,陈元敬、傅崇矩属于第一类,杨廷和、杨慎、司马相如属于第二类,而费著和前面列举到的陈寿、常璩,无疑是第三种类型的典范之一。他们一生面对宠辱、得失、名利的高风亮节,成为人生"想得开"的楷模。

义士的取舍

人生总是伴随着得失的。儒家讲"义",包括两层含义:一是付出,极品叫舍身取义;二是做与自己身份、地位、情境匹配的事情,因为这样你才会在集体中成为正能量。所谓义者,宜也。佛家要求弟子、信众发善心、结善缘,有善举"见了便做,做了便放下";佛家也有义工,而且是一群践行佛教忘我境界、慈悲济世精神、自利利他情怀的菩萨行弟子。儒家的要求来自人文精神和集体主义,佛家子弟、信众的善举,属于宗教修行和帮扶、泛爱同类的志向。在无私付出这一点上两者并无区别。当代中国共产党领导的拯救、振兴中华的革命、建设发生以来,在成都的义士和义举又赋予了共产党的宗旨和社会主义核心价值观的新的时代内涵。而体现成都文化个性魅力和核心价值观成都实践深刻烙印的"创新创造、优雅时尚、乐观包容、友善公益"行动,又为成都面向当今和未来的义士和义举指明了努力方向。

成都历史上的许多义士及其所发生的义举,我们都可以看见这两者的支撑与汇聚。除了前面已经述及的毋昭裔、尹昌龄、樊建川以外,再列举数例。

仁爱的刘沅

刘沅(1768—1855),字止唐,成都双流人。祖上世代耕读、诗礼传家,父亲刘汝钦幼承家学,精通《易经》,壮年从军,专办粮草,曾跟随岳钟琪辗转岷嶓间,平息叛乱,安定一方。后退伍还乡,深居简出,以读书和训育子孙自娱,以乐善好施闻。刘沅七岁能文,号神童。乾隆五十七年(1792)举人,后三次会试不中,决定舍弃科举,在家乡专心奉养母亲和著书讲学。道光六年

（1826）朝廷选拔他为湖北天门知县，他安贫乐道，不愿外任，朝廷改授他国子监典簿。但很快他就归乡隐居，继续他钟爱的教书育人、著书立说事业。围绕他及其子孙（最知名的是孙子、国学大师刘咸炘）形成了一个"槐轩学派"，并产生了一个"刘门道"，弟子、门人数千，遍及西南，影响及于东南数省。他被尊为"川西夫子"。逝世后得到朝野广泛敬重，生平事迹进入国史馆所编撰的儒林列传。刘家得到社会拥戴，成为大家族，他们的慈善事业便成为一道显著的人文景观。双流县社科联编撰的《槐轩概述》在其第三章"伦常实践体系"中写道：

> 刘沅曾经亲自组织成都武侯祠刘备墓的重建，重塑武侯祠里面文武将相的塑像与重新排列座次，发起重修蜀汉将领黄忠墓，组织重修成都青羊宫、延庆寺、圣寿寺、东岳庙，培修双流福星楼，重建双流熏风楼、城隍祠，培修金堂和温江的川主宫，培修郫县宝锋寺等等。民国年间，刘氏子孙又组织重建新津老君山。

这些是刘家出资或带头出资维护、修缮成都著名历史文化遗产的大端，据有限的资料统计，刘家出资重修或参与重修事业的桥梁有：双流清江桥、天缘桥、驻云桥、昆桥、簇锦桥、簇桥等。

而除了土木工程之外的对于亲族和家乡父老的慈善行为，是刘氏家族家有余力时一贯的传统，可以说不胜枚举。包括的类型有：养老、育婴、扶节、恤贫、医药、施棺、义地、惜字、济幽、放生、发米、无息借贷等。《槐轩概述》介绍云：

> 刘氏的慈善举措，有资料可查者，始于明末乱世，世代相传，从刘沅至其孙辈三代，是其不断发展壮大的阶段，民国中晚期达到极盛。这和槐轩学派的不断发展是分不开的，几乎影响全川，深入社会各个阶层，无论城市乡村均有槐轩学人组织施医、施药、施米、施棺等，如成都君平街的崇善局，双流的与善公所等。

此外，刘沅先生在成都市纯化街延庆寺内创办的乐善公所，嘉庆年间便已经成立，其子刘梖文（他还撰写过槐轩学派劝善书籍《续刻道贵劝善总记》）加以扩建和增益，其"业务"有恤嫠（嫠：寡妇）、养老、施棺、发米、墓地、医药及放生、惜字、保产、利孤诸目，为省城善举之最久者。所里机构严密，制度严格，账目清晰，流动状况每年张榜公布。所内资金均为自筹，主要由热心慈善人士捐赠，来自所内人员携带募捐册，分赴各地寻绅、商、富室、乐善好施者劝说募捐，不论多少均开付收据，注明姓名、住址、年龄、籍贯，详细列出细账交回，然后张榜公示，以免异议，也有很多槐轩弟子及其他慈善义士，每年主动承担部分钱物份额，到时所里派人收取。诸多义举一直持续到新中国成立，是成都最温暖的一股民间力量。除了上述组织和运营方法，其禀赋的传统人文理念（推仁推爱、济世安民）也是成都城市个性最优良的一部分。

我常在想，一个地区或城市何以会有"仇富"现象，恐怕与富豪阶层大面积的吝啬、贪婪、嚣张和为富不仁脱不了干系；而一个"仇富"成不了气候的城市，无疑就没有或少有这样的问题，成都不仅属于后者，而且因为悠久、优美的基于许多"成功人士"仁爱情怀的特别"想得开"的对待财富的态度和慈善义举，而形成了较为和睦的社会关系，以及相对的贫富并不直接决定人的幸福指数的城市生态，这，值得很好地加以传承与弘扬。

穷状元骆成骧

骆成骧（1865—1926），字公骕。近代资州（今四川资中）人。清光绪二十一年（1895）状元，授翰林院修撰。光绪二十四年（1898），充会试同考官。官至山西提学使。光绪二十九年（1903）往日本留学。民国元年（1912），任四川省议会议长，后执教于四川法政学校、成都高等师范。骆成骧为人坦荡光明，一生清廉自守，不求高官厚禄。其名言"天下无如吃饭难，世上唯有读书高"勉励着一代代后生。辛亥革命后，骆成骧虽出任过临时议会议长、都督府顾问、四川筹赈局督办等职，但他始终勤政廉政。

1916年6月26日，四川总督陈宧（1870—1939）离开四川时，以建立学生军的名义存款4000元赠送给骆成骧。骆成骧当时任四川高等学校（今四川大学前身）校长，便将这笔赠款拨给了高校。因而骆成骧家用贫困，厨灶屡空，有"穷状元"之称。

他一辈子都同教育打交道，梁启超也很敬佩他，谓"状元公教书有瘾"。聂荣臻元帅评价他："辛亥革命前就在成都办高等学堂，热心教育事业……"一生经历了甲午海战、公车上书、百日维新、戊戌变法、辛亥革命、护国倒袁、五四运动、军阀混战等大波巨澜，都能够顺应时代潮流，紧扣时代脉搏，在言论上、行动上与进步思潮同步而行，在四川影响深远。1923年，继廖平后执掌四川国学专门学校，筹办成都大学，力荐张澜（1872—1955）任校长。先后出任四川高等学校、四川公立国学专门学校校长和四川大学筹备处处长等职。著有《清漪楼遗稿》。去世时，家人连一副像样的棺材也无力置办。但这样一个人，始终受到成都官民绅商的高度尊敬。他给子孙和后世同胞留下的精神财富，不可以以金钱来计算。

骆成骧9岁起入成都锦江书院，14岁进入尊经书院，与成都命运与共。他去世出殡时，灵柩清晨从文庙西街出发，成都百姓自发赶来沿街护送，街道为之堵塞，直到傍晚才到达牛市口。难怪辛亥元老，一生也行善举无数的颜楷赞美他："富贵不淫，威武不屈，潇洒人间一丈夫。"

成都的桥哪里来

生活在都江堰大灌区的成都市，主要依靠历代子孙辛勤劳作形成的河、流、沟、渠和堰、塘、湖、池，接受着岷江、沱江清泉的灌溉，享受着防洪、灌溉、航运的诸多便利。而跨越这些水道，依靠的是星罗棋布于平原各地的大小桥梁。在历史上，成都的官员和民众（包括寺庙道士、僧侣）对于带头捐资、集资修建桥梁，表现了很高的热情，体现了忘我的公益精神。在最新的《成都历史文化大词典》上"桥梁"部分词条中记录了建桥资金来源部分的统计，这样的私人带头捐资、集资建桥起码占了一半以上。限于篇幅，略举数例以飨读者。

位于川藏线国道线上的太平桥，明朝万历年间始建，乾隆时重建、补修，道光七年（1827），知县陈霁学募捐改建。

温江区东 0.5 公里、横跨江安河的长安桥，明朝万历年间乡宦梁祖龄捐款修建桥楼一座。康熙五年（1666）县令修建土桥。乾隆六年（1741）县令募捐修建为石桥，长 14 丈，宽 1.2 丈。光绪十八年（1892），由县中人士筹款重建。

位于崇庆、大邑交界处，横跨干溪河的礼让桥，系大邑罗姓募捐建造。

位于新津县的兴义桥，宽 2 丈，长 45 丈，道光二十一年被羊马河洪水冲毁。咸丰初年，乡人彭敬瑚独资再建石墩板桥，长度与原桥一样，并略高。咸丰九年（1859）又被洪水冲毁。1914 年乡人吴湘甫出资修简易木叉板桥……

位于邛崃城南、横跨南河的南桥，是川藏公路重要桥梁之一，道光年间，州牧宣瑛、州人罗世龙等倡建。"桥高五丈，宽三丈，一十五洞，长一里。"桥头建坊，桥中建亭，立碑勒石，宣大人亲书"川南第一桥"。五十六年后毁于洪水。光绪十四年（1888）州牧凤全、州绅周成武、余杰、张梓等募捐再建，在原桥上游 100 米处建成"高一丈，宽一丈八尺，长七十余丈，三十三洞"的石平桥，一直使用到民国时期。

位于新津县西十里，横跨铁溪河的铁溪桥，起自明万历三十八年（1610），邑人周绍稷父子出资所建砖桥，竣工后名"金虹桥"，清初被毁。乾隆四年（1739）知县李盛唐发动群众捐资修建石桥两座。

释迦桥，位于郫县清水河上，由当地寺庙僧人筹募经费建成，是三孔石拱桥，故有此名。新中国成立后，相继改建成了石墩台木面平桥和石墩台砖拱桥。

实际上，类似的慷慨解囊行为也广泛表现在成都兴办各种学校教育、寺庙宫观和道路、水利设施兴建与改造之中。此外，旧成都大小河流沟渠阻断道路太多，依当时的生产力，不可能每一处都建有桥梁，还有许多渡口，而根据记载，部分渡口来自民间公益资金支撑，是免费摆渡的。一些官员、绅商出资购买田土做扶助贫苦亲族、乡亲子弟读书的义田、老人离世下葬的义冢，也史不绝书。这些普通官民绅商乐于公益事业的豁达、豪迈，既来自儒家仁义学说的教诲，也与佛家要求信众超越贪、嗔、痴，发善心，结善缘，"见了便做，做了便放下"的影响有关。一般来讲，奉行利己主义、功利主义、实用主义、工具理性者的人生，必然有挥之不去的患得患失"想不开"的烦恼，而大量官民对此的超越，是成都这座城市许多人的人生特别"想得开"的高端呈现。他们净化着、升华着自己的精神家园，也感染着许多身边的人抛弃自身的烦恼，加入行善积德的过程中去。今日成都，志愿者组织和义工的活动经常可见，比如即将召开的世界大学生运动会，就有大学生骨干志愿者5000多人，普通志愿者约两万人踊跃参加。笔者有幸带领专业团队，对他们进行了网络视频有关成都历史文化和城市魅力的培训，荣莫大焉。

成都生活美学之特质

（一）个体与群体：和而不同

成都是一座把儒家的"和而不同"（即朋友之间友好和睦，不受观点、观念分歧的影响，类同于"我不同意你的观点，但我捍卫你说话的权利"，如《中庸》里所言：万物并育而不相害，道并行而不相悖）体现得淋漓尽致的城市。在成都，人际交往可以很浓烈，也可以很清淡，很少有带着强迫性、排他性、非此即彼属性的朋友关系，很少有让个体身心感到压抑的交往模式。各种选择，只要无损于他人和社会，便会无人过问。各得其所，各美其美。

此外，成都古今对于隐士格外尊崇，也是"和而不同"城市人文个性的表现之一。除了前面已经列举的案例，再举两例以飨读者。

林闾，生卒年不详，字公孺，西汉时期临邛郡（今成都邛崃市）人，博学多闻。在世时遇到这样一件事：周、秦朝廷，常以每岁开春以后，派出軺轩之使，求异代方言。但周秦鼎革以来，没有坚持下去，导致了解各地方言的人稀少。当时蜀地就他和严君平知晓。他俩决定接续这一中华文脉，说："此使考八方之风雅，通九州之异同，天子居高堂而知天下风俗也。"于是搜访方言，通力合作进行整理。成都人扬雄（也是严君平的弟子）听说后，前往拜林闾为师，亲承教益，后来撰写出《軺轩使者绝代语释别国方言》，算是对两位恩师利国利民心愿和教诲的交代。作为能够让扬雄这种西汉百科全书式的人物崇敬拜师的人，林间的学术与思想水平，毋庸置疑。可是这样一位满腹经纶的人，却很少露面，隐遁终生。所以东晋常璩《蜀都士女赞》云："林生清寂，莫得而名。"这样的高人，哪里在乎名利啊！所以他尽管生平事迹寥寥，但一直是包括常璩在内的成都父老记忆中的优雅存在。

张楷（80—149），字公超，蜀郡成都（今成都市）人。其父张霸，因擅长《春秋》学而声名远播。汉和帝（79—106）时拜会稽太守，爱民若子，百姓戴若父母，民歌其事曰："城上乌，哺父母，府中诸吏皆孝子。"十年后以病辞归，路途中又被皇帝征用，拜议郎，后迁侍中。其间，皇后的哥哥虎贲中郎将邓骘（？—121）作为朝中显贵，欲与为交，张霸迟疑不答，众人讥笑为不识时务。不久离世。大概深受其父影响，张楷学术精进，擅长《春秋》和《尚书》学，门徒和慕名而来者络绎不绝，父亲之友师宿儒也不时登门，楷厌，辄避之。家贫无以为生，乘驴车至县卖药。得钱辄还乡里。司隶校尉（汉朝权倾朝野、威震百官的"三独座"之一）以茂才名义举荐他，授长陵县令，不就。隐于河南弘农山中，学者便追随他去山中，门庭若市。后五府辟召、举贤良方正，均不应。汉顺帝（115—144）专门下诏河南尹说："故长陵令张楷，行慕原宪，操拟夷齐。轻贵乐贱，窜迹荒数。高志确然，独拔群俗。前此征命，盘桓未至。将主者玩习于常，优贤不足，使其难进欤？"郡时以礼发遣，楷复称病不至。汉桓帝时，朝政昏暗，张楷被他人犯罪连坐牵连，坐狱两年，其间他经常诵读经书，并作《尚书注》。后证得清白，被释放回家。建和三年（149），皇帝又下诏安车备礼聘用之，楷仍然以病笃不行，年七十，卒于家。

张楷的"固执"，蜀人多能会意，本身也属于清亮高洁，他不仅避免了政治紊乱状态下进入其中，必然伴随的自我扭曲与风险，而且能够专心从事自己热爱的学术和教育，造福国家和桑梓，愉悦自己的身心，这样的人，能不受人尊敬吗？

成就成都地区士大夫和民众"和而不同"人文性格的主要基础是什么呢？笔者认为，除了移民文化，道家思想的深度浸润（前均已述及），天府之国资源、物产丰饶，生存比较其他地区、城市更容易（张楷家贫，但成都中草药资源丰富，需求也旺盛，他乘驴车至县卖药，就能维持自己生计），因此塑造了其人民对待同胞的豁达、包容，对待自己也宽厚、从容的秉性，从而使儒家"和而不同"的社会理想较好得到了呈现。我们仅以历代可查的粮食价格就可以说明这一点。

四川，尤其是有都江堰作为保障的成都平原，作为中国水稻栽培最早的地区之一，历来是中国最稳定的粮仓。诸葛亮《隆中对》所说"益州险塞，沃野千里，天府之土，高祖因之以成帝业"的战略地位，十分精准。汉代和三国时期，成都的稻作农业无论从种植面积、生产技术，还是亩产量，都居于全国首位。自此以后，对于中华民族来讲，不管是战争时期给皇家军队或统一之师提供粮草，还是和平年代作为商品粮输出帮助中国其他地区度过饥荒，四川都是最可靠的基地。唐朝政治家、文豪陈子昂（661—702）十分热爱家乡，他说："蜀为西南一都会，国之宝府，又人富粮多，浮江而下，可济中国。"事实上，唐朝从开国起，就在粮食上多次仰赖蜀中度过危机，如武德二年（619）长安缺粮，"运剑南之米，以实京师"。安史之乱以后，藩镇割据，这样的供给，支撑着大唐还在内忧外患中存在了近150年。五代时期，前后蜀政权基本做到了保境安民，奖励农桑，赋税徭役较为和缓，特别是通过长距离贸易贩运出去不易，"斗米三钱"，比盛唐时期"斗米不过三四钱"还低。宋代成都平原十分富庶，北宋前期的起义、兵变的重要原因之一，就是北宋王朝入蜀骄兵悍将的嚣张虐民，和蜀中财富被中央搜刮一空而没有必要的安抚、体恤，直到宋太宗派来张咏，约束官兵，抚恤民众，倡导文教科举，后来还因势利导，实行娱乐政治，才从根本上改变局面。史家认为，宋代成都平原稻米亩产量进入全国先进行列，苏轼描绘说"千人耕种万人食"，劳动效率肯定很高。成都府路的稻米每年大量外销，南宋时期，川陕战场抗金大捷最多，金人始终无法突破吴氏兄弟的防线，重要原因之一就是这支雄师背后，有四川、成都军民的鼎力支持，有源源不断的粮草和军需物资保障（南宋时期成都还是国家主要的军械装备供给基地之一）。笔者曾经专门研究过清代四川的粮食价格，并与湖北、江西、江浙这些同时代的主要产粮区的价格相比较，结论是至少一个半世纪，四川的粮食价格（特别是成都平原）都是最低的，加上土豆、红薯、玉米、辣椒的广泛栽培种植，支撑了四川人口的超快速增长。

道家是最珍视个性的，它在很大程度上增强了儒家的"和而不同"基础上的文化包容心。东汉后期，在它的基础上，糅合巫术和信仰，再把老子推上教主的宝座，道教诞生在成都平原。我经常在想，道教的第一个组织叫"五斗米道"——加入者必须交纳五斗米作为信奉的依据，而且加入者多数都是平民百姓，不是成都平原廉价充足的粮食作为基础，道教凭什么一开始就人多势众地诞生在成都平原？而没有道家、道教深厚滋养的城市，自然在体现文化的和而不同上少了一股汩汩清泉。

（二）社会运行：表达同理心

"己所不欲，勿施于人"，是中国人做人做事的底线，也是迄今得到全人类最广泛认同的人类相处法则。但在社会强势人群中要能化为自觉言行，并非易事。社会运行是否顺利、和睦，关涉的因素很多，但决定性的因素是如何寻找到官民之间、民众之间利益和观念的最大公约数并予以尊重，并在方便治理和方便民生方面找到平衡，对于这种最大公约数和平衡的官民共识，就是所谓的同理心。一般阻碍会出自官员或强势阶层的傲慢或愚蠢。

在成都，最早放下治理者高高在上的优越感，体恤民众多数人的心愿的官员典范，除了李冰，应该是东汉清官廉范，他留下了顺从民愿、解除宵禁的故事。

廉范（生卒年不详），字叔度，京兆杜陵人，战国时赵国名将廉颇（前327—前243）后人。《后汉书》载，汉兴，以廉氏豪宗，自苦陉徙焉。世为边郡守，或葬陇西襄武，故因仕焉。建初元年（76），担任蜀郡守。其时成都民物丰盛，街道、房屋比较拥挤，过去禁止晚上聚众活动，目的是防止火灾（因为晚上需要燃灯火照明），但仍不时发生火灾。廉范进行了仔细调研，知道百姓很反感这样的宵禁。于是他下令解除城内的宵禁，但喻令官民多储水防火。民众欢喜雀跃，生活一下变得方便、舒服多了，也并没有出现更多的火灾。他们用民歌赞美这位父母官：

廉叔度，来何暮？不禁火，民安作，平生无襦今五绔！

成都百姓说，廉郡守大人啊，您怎么不早来成都做父母官？您取消了宵禁，老百姓安居乐业，过去我家床上缺被褥，如今我已经有五条裤子可穿！可见经济也得到了增长，百姓更加富足了。

本书前已述及，体现儒家与民同乐观念产生的同乐政治（以宋代最为典型）在成都有丰富实践，其实也是社会运行同理心在当时优秀士大夫身上的巅峰表达。这一传统，后代一直在延续，如下。

城市建设"众筹"

明末清初，成都成为一片废墟，很长一段时间虎狼横行。清代成都作为大都市的重建，过程延续一个世纪以上，尤其可见官民的同心同德，公益心和公益行为成为城市的主旋律之一。比如，张学君、张莉红之《成都城市史》写道：

> 清代成都新建、重建桥梁的费用，少量的来自地方经费或地方官捐俸，如乾隆时期，川督李世杰修复万里桥、九眼桥，华阳县令安洪德重修安顺桥等。主要的工程费用则由地方绅粮、商贾和市民行善捐资。如陈继舜"创修孔道桥梁"，傅廷秀对"桥梁有损坏者，修补之"，苟登元见"城东安顺桥车马辐辏，岁久未穿"，慷慨捐献厚木板做桥板，使桥梁"坚固如初，行旅便之"。由于通衢要津上的大桥是成都商业贸易的生命线，地方官、绅粮、商贾一般乐于捐资修建。如成都东门长春桥，"出东门自西而东者，轮蹄络绎，视他路较多，百货交驰，是以本地繁庶而毂击肩摩自朝达旦，必以东门桥为最"。乾隆年间，东门石桥将圮，于是"谋重修者数十人"。修建大型桥梁的经费，少则数百两，多则愈万金。

清代官员（须知清代官俸是很低的）和人民，基于命运共同体意识的同理心所产生的公益慈善行为，绝不仅限于修建桥梁，而是遍及修建学校、道路、寺庙、牌坊、河道疏浚、水利工程等诸多领域。至于对于清代后期人口过剩和吏治大不如前背景下产生的乞丐和鳏寡孤独、贫病人群的以义学、义田、施粥等为形式的帮扶救济行为,那是无法统计的。其主要原因有三：清官循吏居多的政治生态；教化重兴、儒释道的和谐共生对民众的熏陶；移民们受到朝廷和地方政府许多关照（比如清朝对四川和成都有20多次赋税的蠲免），加上许多工程开启时官员和地方富豪们的带头捐赠，和衷共济、互相帮扶、守望相助的同理心及其表达有了官民的共识，所以我们才可以看到清代成都城市基础公共设施建设连绵不绝的公益行动。

文化普及

体现同理心的文化自觉还表现在学者、文豪们所做的文化普及上。明朝伟大文豪杨慎专门将词曲通俗化，创作了《廿一史弹词》，以最通俗易懂的文字，传递有关中国历史的个人识见与感悟，最有名的当属于这首华人耳熟能详的说秦汉之开场词《临江仙》：

> 滚滚长江东逝水，浪花淘尽英雄。是非成败转头空。青山依旧在，几度夕阳红。
> 白发渔樵江渚上，惯看秋月春风。一壶浊酒喜相逢。古今多少事，都付笑谈中。

事实上，四川、成都一直有将文化表达、传播重心面向民间的优雅传统。像起自川东，后来以成都为创作中心的竹枝词，这种民歌性质的诗歌，历史上参与仿照创作、吟诵的杰出诗人、文豪有唐朝寓居成都的刘禹锡、白居易；滞留川东时的宋代苏辙、黄庭坚、范成大。清代有名士刘沅、杨燮、定晋岩樵叟、吴好山、王再咸、筱廷、彭懋琪、冯骧、吴德纯、冯氏兄弟、赵熙、方旭、方于彬、闵昌铨等，他们共留下了500多首文人竹枝词，反映了清代社会生活的各个方面。张学君、张莉红的《成都城市史》归纳竹枝词的价值时指出了三点：雅俗共赏，褒贬皆宜；描写城市风貌，刻画士农工商；描述社会生活，涉及三教九流人物。

实际上，在本书看来，从内容到形式，它都成了这座高度平民化城市的精神家园包容和谐，社会运行也因此总是照顾着各个阶层心理、情感、利益的最大公约数的艺术形式。

本书多次提到的德国人李希霍芬在1871年对成都社会的观察结论之一是：

> 如果将各阶层的状况最后折中，那么成都比中国其他任何城市都好，并可与世界上最大的城市比肩。这里的小城市和农民阶层的文明程度至少可达平均水平。

这样一个贫富悬殊和身份歧视都相对较轻的城市，官员和民众在比较悠闲、张弛有度的生活中还习惯于共用、共享公共空间，四川、成都茶馆、川菜、川剧的兴旺也与此有关。对此，李希霍芬也注意到了——在汉州（今广汉市，当时属成都府）时，李希霍芬曾专门提道："另外一件特别的事就是那些巨大的茶馆——轩敞公开的厅堂，摆满了茶椅，坐满了茶客。"他对成都的总体评价有：与"在中国通常所见大不相同""在中国还是第一次"，我想，应该特别是指成都的社会和睦、安详，毕竟"民风淳善""质朴有礼"几乎是他对当地百姓最多的评价。

近代以来，成都经历了各种风雨，这一人文个性几乎被淹没。直到1978年，情况才开始发生根本性改变。改革开放以来，成都又逐渐成为一座照顾、表达社会同理心很出众的城市。42年日新月异的发展，最突出的并能与优秀地域文化个性相衔接的成就，体现在围绕城乡统筹进行的系列改革创新；城市规划和重点项目建设体现生产与生活协调、经济与文化并重、传统与现代互补、人文关怀与工具理性平衡；发展后劲由注重硬实力向注重软实力转变；特别是2017年成都市提出"传承巴蜀文明，发展天府文化，努力建设世界文化名城"的文化战略以后，以"创新创造，优雅时尚，乐观包容，友善公益"作为必须传承、弘扬的古今成都的优秀基因与个性，以"三城三都"（世界文化名城、世界旅游名城、世界赛事名城；国际美食之都、国际音乐之都、国际会展之都）建设为具体抓手，打造一座不仅被世界亲近，而且被世界向往，最终被世界仰望的温暖幸福之都。2018年习近平总书记视察成都时，要求成都努力建设"公园城市示范区"。这些都完全符合成都社会运行尽量满足、照顾同理心的文化个性,并已经赋予更有活力、更具大美的时代内涵。成都连续十多年蝉联中国最具幸福感的城市第一名,除了天府之国的得天独厚以外,必须感谢古今官民共同创造的这一文化传统。

(三)文化关切:偶像也食烟火

明清以来,成都是一座高度平民化、眼光朝下、文化关切宽广的城市,这深刻影响了进入近代化、现代化、全球化以来成都文化个性的重塑,并赋予它最强、最自然的文化亲和力。在1978年改革开放以来,各种受制于市场经济逐利需要和欧风美雨吹打的煽情活动的喧嚣如潮水般来去之后,城市得以继续保持低调、自在、从容的性格和风情。

在当今时代,既依靠自身实力、魅力,也依靠以电脑、手机为代表的大众传播媒介的推广,所形成的各种"偶像"(并非全指文艺和体育明星。比如袁隆平、钟南山,在2020年以来成为中国人无与伦比的偶像),最能代表一个城市的精神气质和审美取向;这些"偶像"的言行举止,对于城市的生活美学也往往具有标杆意义;他们与城市的发展目标之间,是不是一种良性互动,也是城市生活美学建构、升华的重要保障。就这些方面来讲,成都都有卓越的表现,其特质,就是"偶像也食人间烟火"。

偶像与"三城三都"建设

一个城市的各种偶像,按是否居住于本城市,分为两类,一般而言,起作用更大的毫无疑问是前者。这部分"偶像",能否聚焦和倾力于自己国家、城市、民众看重的建设和发展愿景,并在其中身心放松、如鱼得水般发挥自己的聪明才智,和民众一起享受其发展成果,并深深热爱这个自己参与了构建的城市的生活方式、生活样态,是本书"偶像也食人间烟火"的重要内涵。就这个标准来看,成都无疑是很杰出的城市。

从相关因素来讲,除了前述天府之国的各种得天独厚的优势外,成都市的建设发展始终注重各种价值的平衡、协调,注重经济建设与民生工程的同步推进，注重高瞻远瞩的科学规划的论证、制定，注重既植根历史，也立足现实，还要引领未来发展的城市愿景（比如美丽宜居公园城市、世界文化名城等）的描绘，注重把这些规划与愿景落实在可靠的城市建设具体目标上，每一个目标又有清晰的发展路径和配套政策（包括人才的引进所需要的政策、硬件、资金等；留住本地重要人才的制度和人文关怀、青年人才和后起之秀的扶持等），这些共同构筑了以"三城三都"（世界文创名城、旅游名城、赛事名城和国际美食之都、音乐之都、会展之都）为内涵的城市发展美好前景，构筑了各类偶像级人才安心在这座城市生存、发展、效力的家园和生态环境。成都连续12年被评为中国幸福指数最高的都市，这一感觉，既是广大成都普通市民的，也是"偶像"们的。比较而言，对欧美国家和北京、上海、广州、深圳这些人均收入明显高于成都的国家和城市的"向往"度，成都本土的百姓和偶像都不高。为什么，因为"三城三都"朝气蓬勃向前推进的成都，朝着模范公园城市扎实迈进的成都，肩负着成渝双城经济圈这个"中国第四极"国家战略主要发动机使命的成都，各种个性化需求都会得到尊重和实现的成都，足够满足他们的各种美好心愿了。

街边美食中的偶像

川菜是世界上品种和口味无与伦比丰富的菜系，是饮食文化、饮食美学里一种奇妙的存在，是一张跨地域、跨国界的文化沟通交流的无敌名片。而作为川菜大本营的成都，它的大厨小味，征服了无数人的味蕾和心灵，使那些外国、外地名人一想起它就涎水翻涌，如德国总理默克尔访问成都，专门请川菜大师教她做正宗的"宫保鸡丁"；英国前首相卡梅伦访问成都，在杜甫草堂听美女讲杜甫和草堂的来龙去脉时眼神发呆，但一进入火锅馆子，尤其是吃到了我们四川人早就吃腻了的"香菜丸子"时，就痛感过瘾一样（均有照片为证。当时《成都商报》对此报道的标题之一就叫"卡梅伦如愿整火锅"。后来此店幸福地使用这位英国大佬做免费模特，生意火爆）。

当然，名气不在他俩之下的川菜粉丝多了去了。比如国际汉学泰斗，曾经在四川大学学习汉语和中国文化的瑞典人马跃然（Goran Malmqvist, 1924—

2019，斯德哥尔摩大学东方语言学院中文系汉学教授和系主任，瑞典文学院院士和欧洲汉学协会会长）在成都生活过一段时间，此人是个语言天才，他很快学会了说成都话，并喜欢吃辣，最爱麻婆豆腐，他说："只要是有辣椒，啥子东西都好吃！"[当然，这位超级达人、巨擘眼里不只有美食，还有成都美女——1949年秋，他从峨眉山学习考察方言回到成都，跟随华西协和大学的闻宥教授进修汉语。他当时居住在华西后坝的教育家陈行可（1893—1984）家，利用近水楼台，成功地将房东的二女儿陈宁祖揽入怀中——陈宁祖的父母邀请马悦然给陈宁祖补习英文，两人因此坠入爱河。1950年9月，马悦然与陈宁祖在香港道风山教堂举行了传统瑞典式婚礼。1996年11月，陈宁祖病逝于瑞典斯德哥尔摩。马悦然对中国文化情有独钟，第二任妻子是中国台湾人。马悦然把《春秋繁露》《庄子》《西游记》《水浒传》《辛弃疾词》等翻译介绍给西方读者，还翻译了鲁迅、沈从文的作品，致力于提升中国文学的国际地位。马悦然努力向西方推荐中国作家，比如沈从文。1988年，瑞典学院原本要将该年度诺贝尔文学奖授予沈从文，因为沈的去世而作罢。马悦然在妻子的推动下，还将中国山西作家李锐多部作品翻译为瑞典文，曾亲自到李锐插队的小山庄，住在李锐插队那家农民的窑洞里。他还在那里发现了一位当警察的作家曹乃谦。包括莫言在内的两位中文作家获诺奖也与他的力荐有关。他在新中国建立时还逗留在成都，并留下了解放军作为仁义之师进入成都的真实记忆——1949年年末，他写道："十二月三十日，红军终于进城来了。大兵们看起来很疲倦，可是他们的纪律和态度很好。他们晚上在街上睡……街上到处都挂起红旗和红灯。"马悦然因爱成都，也爱中国，所以后来他回忆说："自从1950年离开中国的时候，我就把中国当作我的第二个祖国。"] 而写出了《中国科学技术史》巨著的英国人李约瑟（Joseph Terence Montgomery Needham，1900—1995，英国近代生物化学家、科学技术史专家，其所著《中国的科学与文明》即《中国科学技术史》对现代中西文化交流影响深远），也超爱川菜，他是个很随便的人，外国人大多看不上街边的摊点，而李约瑟则在街边吃得津津有味。特别是四川火锅，给他印象极深，"简直使你的灵魂也暖和起来"。李约瑟先生已经在生活方式上彻底"入乡随俗"，完全应该补发"成都市荣誉市民"和"火锅美食家"称号。

川菜是天府之国无尽的物美价廉的食材,和勤劳善良、心灵手巧的18个省的移民及其后裔,把各种烹调技艺融会贯通并加以创新的产物,它是一种充满蓬勃生机、无穷变数,但始终低调、开放,不断吐故纳新的饮食文化体系,是别的城市、国家的美食家可以学习、模仿,但永远拿不走的"不动产"(任凭各种良莠不齐甚至挂羊头卖狗肉的"川菜馆"开遍五洲四海、天涯海角)。据各种报道,到目前为止,来过成都的外国友人对四川、成都印象最深最美的事物,依然是熊猫和川菜。在历史上的大部分时期,川菜的服务对象绝大部分是普通民众,所以其分量、价格、品相、味道、就餐环境都极为亲民和具有普适性,它极重口感,并在其变化、创新上达到极致。它能够让美食家和味蕾稍微活跃的人根本不管就餐环境而狼吞虎咽,大块朵颐。生活在成都的各种"偶像",自然也不例外,早就习惯了与普通市民在简陋的街边店吃价廉物美的川菜(尤其是琳琅满目、令人垂涎三尺的"家常菜"和各式小吃)。著名的至少在日本的食品店或销售食品的柜台,随处可见的"麻婆豆腐",就是清代后期成都北郊的万福桥头的一个面向普通民众的小店创制,继而征服三教九流味蕾的一朵川菜小花(清朝同治初,该店开业,原名陈兴盛饭铺,主厨为店主陈春富之妻。陈氏所烹豆腐色泽红亮,牛肉粒酥香,麻、辣、香、酥、嫩、烫、形整,极富川味特色,陈氏豆腐很快便闻名遐迩,清朝末年,陈麻婆豆腐就被列为成都的著名食品。其得名是因为陈氏脸部皮肤有麻点,所以食客们把她称作"陈麻婆",其作品称为"麻婆豆腐"。今日是"中华老字号"老牌名店)。此外,成都的茶馆、演出川剧的剧场,何尝又不是这样起自普通百姓的需求,想进入这些生动的公共空间,就必须忘记自己的身份、名车、豪宅和银行存折上的壮胆数字。这样的城市,何愁没有"偶像生活在民间"呢!

感谢这座身份、贵贱意识几乎没有市场的城市,深知祸福相倚、盛极必衰、上善若水的城市,人生可以急流勇进,也可以急流勇退的城市,它能使所有人(包括偶像、大腕)在这里从容自在,身心和谐。我因为在2017年带领几位美女老师做过19名川军抗战老兵的口述史(现由四川省档案馆收藏),曾经拜访过樊建川先生(因为他的博物馆群落里,川军抗战是最有震撼力的一个重点），他听说我们到了博物馆，立即驱赶着"奔驰"来见我们，然后热情邀请我们在一个小店喝小酒，聊抗战，聊他在全世界搜集文物的故事，其情也融融，其乐也洩洩。

自然天成的后现代气质

三种品质齐备

成都独有的文化个性和生活美学，自带抵御工具理性、把人全面格式化、物欲泛滥精神萎靡、片面追求物质文明、急功近利等西式"现代化"弊端的免疫力，使它仅用改革开放42年，便形成了自然天成的后现代气质，具体的表现就是，它已经同时拥有健康的经济、活跃的文化和舒适的生活。

"后现代"来自"后现代主义"，是一个针对西方坐标中的现代化的弊端能够进行解构、反思、批判、超越的概念。一部近现代人类城市史告诉我们，没有基于对城市优秀传统和文脉足够尊重、呵护的人文多元性、生活方式包容度，和城市治理者高瞻远瞩、深谋远虑的城市化、现代化、全球化，难免形成自然与人文、物质与精神、生产与生活、城市与乡村、本真与艺术的众多紧张关系或扭曲状态；城市优秀传统和文脉的失传，相当于这座城市已经无法回答"我是谁"和"我从哪里来"，那么"我要到哪里去""我的光明未来在哪里"也会成为睁眼瞎，这样的城市不仅难免邯郸学步、东施效颦，沦为问题、疾病缠身的"四不像"，甚至成为各种恶性冲突、犯罪、灾难的渊薮。因此，在现代化、全球化浪潮的冲击下，成都能够很好地传承、弘扬自己和中国的文化传统，尤其是保留和传承自己独有的生活美学所形成的进退有据的精神家园，同时拥有健康的经济、活跃的文化和舒适的生活的个性特色与魅力，既是上苍所赐，也是成都人民努力奋斗的结晶。放眼世界，这三种优良品质经过40年便自然天成、同时具备并相得益彰的城市，不仅在中国罕有，即使是西方发达国家，也并不多见。

拥抱"一带一路"

中国古代是一个高度文明的国家，"丝绸之路"的诞生、存续，以及在21世纪初以"一带一路"的倡议和行动重新连接起世界主要经济文化圈，其已经取得的成就，因应了中国古代的强盛富庶和起自1978年改革开放奠基的伟大复兴，体现了对习近平主席所倡导的人类命运共同体意识的广泛响应，也顺应了20世纪经历了不幸的两次世界大战以后的人类不要对抗冲突而要友好往来、和平发展的共同心愿。

成都作为古今中国和平统一年代总能繁荣富庶的最具代表性的城市之一，从来都是丝绸之路不可缺少的重要成员。它从启动现代化追求到基本具备后现代气质，只用了四十余年，这是十分罕见的。它既是中国改革开放事业的一部分，也是其自身传统、文脉、生活方式富有生机活力和当代价值的部分得到很好延续、传承、丰富和发展的结果。尤其是其最具有文化交流借鉴价值的生活美学，与其后现代气质的滋生、发展、形成，互相融通，互相促进，互相证成。如果要问其背后的充沛动力和稳定器，笔者必须再次指出其奥秘所在——中庸哲学（平衡、协调、兼顾、统筹）在这座城市建设、发展的整体谋划和经济、文化、生活各自的治理、运行中始终得到了很好的坚持。一个始终牢记全体市民命运和利益最大公约数和同理心的城市，一个始终立足于植根历史、观照现实、引领未来寻求发展的城市，一个始终信奉"己所不欲，勿施于人"和"和而不同"的城市，一个始终坚信在温饱以后幸福与相对的贫富贵贱无关的城市，一个身份、地位、银行卡上数据并非至关重要的城市，一个始终保持着自己的节奏不会为工具理性绑架的城市，一个在丝绸之路或任何一个舞台对远方来客会永远充满善意和笑脸的城市，它的名字就是成都。永远陪伴在它身旁的，是全世界最多最可爱的熊猫、美食、绿道和梦幻般的山水、对诗歌的仰慕和崇拜，最幸福的女性，以及对所有神秘浪漫不会衰竭的好奇、执着，恰如驰名中外的三星堆最新考古发掘出土，不断给世界带来震撼、给炎黄子孙带来骄傲和感动的500多件文物，尤其是那个出自成都金沙遗址的不朽的中国历史文化遗产标识——太阳神鸟金箔。成都带给世界的温暖、惬意和惊喜将永远不会终止。

成都大事记

先秦

公元前1000年左右，经历近两千年的沉积，三星堆文化形成。

公元前1250年至前650年，金沙遗址文化形成。

公元前11世纪中叶，蜀国派军队参与武王伐纣。

约公元前8世纪至7世纪初鳖灵任蜀相，治水有功，受杜宇禅让，建开明王朝，定都郫邑。

公元前316年，秦派张仪、司马错等灭蜀。设蜀郡。

秦国

秦昭王后期（约公元前277—公元前251）任李冰为蜀郡守。李冰主持修建都江堰水利工程。

西汉

汉景帝（公元前157—公元前141在位）时，文翁任蜀郡守，首创地方官学于成都城南。

公元前135年，以成都为基地，朝廷开发"西南夷"。令司马相如回蜀主持。

平帝元始二年（2），成都县第一次户口记载出炉，时全县人口数7.6万余户，仅次于都城长安，为全国第二大城市。

东汉

公元 36 年 11 月，吴汉、臧宫率军击灭公孙述。

公元 69—76，第五伦任蜀郡太守，造福于民，百姓歌颂。廉范继任蜀郡守，罢成都城内的夜禁令，百姓追念其德。

东汉顺帝时，沛国丰（今江苏丰县）人张陵在成都大邑鹤鸣山创立道教。

蜀汉

公元 221 年 4 月，刘备在成都称帝，建立蜀汉。

公元 222 年 6 月，孙吴大将陆逊大破刘备于夷陵。次年三月，刘备在白帝城托孤。

公元 225 年 3 月，诸葛亮平定南中。

公元 227—234 年，诸葛亮六出祁山，但"出师未捷身先死，长使英雄泪满襟。"

两晋

武帝太康初年（280），成都开始盛行饮茶之风。

公元 3 世纪至 4 世纪之间，大慈寺建立于成都。

公元 304 年 10 月，巴氐流民势力占据蜀地，李雄自称成都王，改元"建兴"。国号"大成"。347 年 3 月，东晋大将桓温灭成汉

公元 348—354 年，蜀都江原（今崇州市）人常璩撰《华阳国志》。

南北朝

梁武帝天监初年（503—508），益州别驾李膺撰写《益州记》三卷，被视为古代巴蜀最有影响的地方志之一。

隋

公元 581 年，隋文帝封其子杨秀为蜀王，重建成都城。

炀帝大业五年（609），成都增至十万五千五百余户，为汉以来高峰。

唐

公元618—622年，玄奘从长安到成都，师从宝暹等法师，并受具足戒。

公元742年，成都以259634户，人口数名列全国第三，仅次于长安、洛阳。

公元756年7月，唐玄宗为避安史之乱，由长安经蜀道风尘入蜀。

公元768年，浣花夫人激励将士，并身先士卒，击败泸州军阀杨子琳入侵。

公元881年7月，唐僖宗避难至成都，官吏、士族及百姓大量入蜀。

五代

公元910年6月，前蜀皇帝王建颁布《劝农桑诏》，重用道士杜光庭。

公元940年，赵崇祚在成都编成我国第一部词集《花间集》。

后蜀后主统治时期，宰相母昭裔自己带头出资营造学宫，刊刻儒家九经于石碑。

宋

公元993年2月，王小波、李顺以"均贫富"为口号发动起义。攻占成都，建立"大蜀"。

公元1001年3月，朝廷以益州路、梓州路、利州路、夔州路，并称"川陕四路"，简称四川。

公元1005年2月，张咏发行"官交子"，是世界上最早使用的纸币。

公元1044年范仲淹发动"庆历新政"，成都府学人才辈出，再现汉代文翁石室之盛景。

公元1074年，宋榷茶于蜀地，置茶马司，我国的官营茶马贸易正式开始。

公元1235、1241年，蒙古军两度攻下成都，大肆杀戮抢掠。四川政治中心迁至重庆府。

元

公元1286年，四川等处正式置行中书省，简称四川行省或四川省。

明

公元1378年1月，朱元璋第十一子朱椿被封为蜀王。两年后就藩，以礼教守西陲。

公元1488年，杨慎出生。24岁中状元，因"议大礼"坚持正统，被明世宗终身流放云南。才华横溢，为明朝三大才子之首。

公元1644年8月，张献忠攻下成都。蜀王朱至澍率妃妾自杀。

清

公元1646年7月，张献忠逃离前焚毁成都，在西充县凤凰山被清军射死。

公元1668年，清廷"招垦条例"颁布，"湖广填四川"开始，绵延一个多世纪。

公元1709年，清廷准年羹尧奏，派湖北荆州八旗兵驻守成都。后建满城。

公元1712年，"地丁合一"田赋征收办法在四川率先实施，成都平原成为全国大粮仓。

公元1725年，令岳钟琪任川陕总督。

公元1876年，升山东巡抚丁宝桢为四川总督。次年丁宝桢创建四川机器局。

公元1889年，建望江楼，又名崇丽阁，取左思《蜀都赋》"既丽且崇，实号成都"之意。

公元1906年，首次商业劝工会在省城青羊宫举办。以后每年举办一次，连续六次。

公元1910年3月，来自英、美、加的基督教各差会在成都联合创办华西协合大学。

公元1911年5—10月，四川爆发以成都为中心的保路运动。

公元1911年11月，尹昌衡领导的四川军政府与成都将军和平解决满城问题。

民国

公元1912年春，成都最早的新闻团体四川报界联合会成立，次年更名为四川报界公会。

公元1912年6月，尹昌衡挥师入藏，平定英国人幕后操纵的叛乱。

公元1914年8月，华西协和大学增设医学院，为成都地区最早的西医大学。

公元1915年2月，成都的飞机及航空活动由此开始。本月，蜀绣在国际巴拿马赛会中荣获金质奖。

公元1919年4月，成都《国民公报》刊登第一篇介绍马克思和马克思主义的文章。

公元1922年2月，成都《人声》报创刊，是第一张以宣传马克思主义为主的报纸。

公元1923年，中国共产党成都独立小组成立，王右木任书记，由中共中央直接领导。

公元1924年8月，成都市市立通俗教育馆成立于少城公园内，首任馆长为卢作孚。

公元1924—1925年，在杨森主持下，"春熙路"建成。

公元1931年11月，"国立四川大学"正式创建，由国立成都大学、国立成都师范大学、公立四川大学合并而成。

公元 1937 年 12 月，金陵大学、齐鲁大学、东吴大学等到华西大学校园复课。

公元 1937 年 5 月，蜀锦在美国纽约万国工业博览会获"东方美人奖"。

公元 1944 年 6 月，第一批执行对日本本土实施战略轰炸的 63 架 B-29 轰炸机从新津、彭山、广汉机场起飞。

公元 1949 年 12 月 10 日，蒋介石父子从凤凰山机场登上"美龄"号专机直飞台北。

公元 1949 年 12 月 30 日，解放军入城，人民欢欣鼓舞，成都和平解放。

中华人民共和国

公元 1953 年，苏联援建中国的 156 个项目中的 8 个落户成都。

公元 1958 年，当时被称为"国营成都电子管厂"的红光电子管厂建成投产，诞生了新中国第一支黑白显像管、第一支投影显像管、第一支有电子工业"原子弹"之称的彩色显像管。

公元 1974 年，成都女棋手孔祥明连续迎战日本七位顶尖的女流棋手，七战全胜。

公元 1978 年，孔祥明与日本女子围棋冠军小林千寿五段展开了围棋史上两国女子首次正式较量，三战皆胜。

公元 1980 年 12 月，成都诞生了新中国第一只股票"蜀都大厦"。

公元 1992 年，成都第一家证券行——四川金融市场证券交易中心成立。

公元 1993 年，二环路全线建成通车，双向四车道，全长 28.3 公里，初期立交桥共 6 座。

公元 1994 年，成都计划单列市确定为副省级市，成为全国 15 个副省级市之一。

公元 1995 年，四川盆地第一条高速公路成渝高速建成开通。

公元 1997 年，成都科学家、工程师启动歼—20 隐身战机的研制工作。

公元 1998 年，成都府南河工程获联合国人居奖。

公元 2003 年，占地 12 平方公里，有"五朵金花"的成都市锦江区三圣花乡建成。2005 年被建设部授予"中国人居环境范例奖"；2006 年 6 月被文化部授予全国首批"国家文化产业示范基地"。

公元 2010 年 2 月，成都荣获联合国教科文组织"美食之都"称号，成为亚洲首个世界"美食之都"。

公元 2010 年 9 月，成都地铁 1 号线开通，为中国中西部首条地铁线路，也使成都成为了中国大陆第十个拥有城市轨道交通的城市。

公元 2011 年 1 月，大国利器歼—20 隐形战机在成都试飞成功。

公元 2016 年 5 月，设计旅客吞吐量达 9000 万人次（全国第二）的天府国际机场在简阳市开工建设。是丝绸之路经济带中等级最高的航空港之一。

公元 2017 年 4 月，成都市第十三次党代会宣布新的文化发展战略：传承巴蜀文明，发展天府文化，努力建设世界文化名城。

公元 2017 年 5 月，成都市提出建设长达 1.7 万公里的天府绿道，计划 2035 年建成。

公元 2018 年 2 月，习近平总书记视察成都，要求成都建设成为公园城市示范区。

公元 2018 年 9 月，成都市召开世界文化名城建设大会，提速打造"三城三都"（即世界文创名城、世界旅游名城、世界赛事名城；国际美食之都、国际音乐之都、国际会展之都），全力推进建设独具人文魅力的世界文化名城。

公元 2020 年 12 月，成都成为国内首个一次性开通五条地铁新线的城市，也是全国地铁运营里程最快突破 500 公里的城市，成都轨道交通累计开通 13 条线路，运营里程达到 558 公里，全线车站达 373 座，其中换乘站 46 座。

公元 2021 年 3 月 30 日，成都天府国际机场航站区工程顺利竣工。

后记

一直以来，我都在传统文化的研究与传播中孜孜以求，始终觉得这是一项值得托付终身的庄重事业，至于对外"讲好中国故事"，更是有理想和情怀的中国学人、作家应该肩负的历史使命。但始终有很多遗憾如影随形，就研究来讲，现在汗牛充栋的大量高级别"项目""成果""论文"，能够像《史记》《汉书》《资治通鉴》《吾国吾民》《生活的艺术》那样，吸引人（包括老外）兴味盎然读下去的很少（包括一些所谓的"高被引"大作），不能只怪世风浮躁、手机为王，说真心话，当它们评完职称并化为名利以后，大量被束之高阁，鲜少有人问津，然后人们又开始下一轮数字更加庞大的重复工作的时候，我总在想：这样的状态能够真正迎来"社会科学"的繁荣吗？能够真正产生众多"讲好中国故事"的精品力作吗？当大量"成果"鲜少有人阅读、问津时，中国传统文化追求的三个核心价值基本都虚掷了：忧患意识、经世致用、明德新民。没有阅读，等于没有传播；没有传播，等于是一堆废纸。坦率地讲，在这样的生态下，我以前的那些"成果"多数也"未能免俗"。因此，自我2017年接受重托，担任天府文化研究院院长，在同事们配合下，甄选了六位名校博士、一名海归作为基本队伍，开始"非典型"研究和传播（即高度关注并回应城市在文化传承弘扬与城市文化个性打造与传播时，来自领导层、管理层、百姓们的最大关切、最棘手问题的认识与解决；作为课题、项目出现时，没有"级别"，没有"评审专家"和"高级别"刊物编辑们的指手画脚和耳提面命，只需要实现助益国计民生现实问题的解决实效即可）以来，我觉得自己获得了新生。至少我不需要像许多"专家"指导的那样，被格式化为一个失去自我的机器了。成都市在改革开放四十多年取得与同级别城市相比，既有共性，也不乏优良个性的巨大成就的基础上，高举"天府文化"的旗帜，志在成为不仅被人亲近，被人向往（就像张艺谋先生为成都做形象片时使用的广告语"成都，一座来了就不想离开的城市"），而且要最终被人仰望的城市，其深谋远虑、雄心壮志，正合我意。不仅如此，近四年来，文化聚焦和建设路径逐渐清晰的成都，已经取得扎扎实实的成效，文化软实力明显增强——名列中国新一线城市榜首和连续12年名列中国最具幸福感城市名单榜首，就是明证。当前的成都，正努力贯彻2018年习近平总书记视察成都时，要求成都建设中国公园城市示范区的指示精神，同步推进"成渝双城经济圈"建设这一国家重大战略、四川省关于成德眉资同城化发展战略的顺利实施，有大量的来自鲜活实践的各种理论和现实问题，我们研究院和城市文化研究与传播中心（去年成立）也在其中做了针对性强的学术挖掘、理论阐释、决策咨询、项目论证工作。此外，面向或联合各种媒体，进行高端学术论坛策划、组织、实施工作和天府文化最新理论和实践的传播工作，开设面向各种人群的讲坛、讲座工作，都使我们感觉到自己的努力和汗水，发挥着实实在在的经世济民功能，岂不快哉。近两年，我们又在致力于天府文化和成都整体形象、个性、气质的对外传播，目标是以成都、四川的魅力展示去"讲好中国故事，"已经翻译出版一本专著《天府文化与成都的现代化追求》，即将出版一部英语精致口袋书《天府文化四季丛书》，正在撰写《煮酒论道——谁是英雄》（以成都为中心的三国文化国际传播读物）六部中的前两部。生活充实而忙碌，痛并快乐着，因为中国已经到了彻底扭转文化出入总是呈现进多出少的巨大赤字的尴尬局面，做强做大自己的文化软实力的时候了。尽管经历了新冠疫情后，欧美出现了开始失去自信以后的一些无理取闹行径，但从长远来讲，世界必然回到理性的轨道，和平崛起，不惹事但也不怕事的中国，必将迎来柳暗花明，"讲好中国故事"，依然任重而道远。正是因为有着这样的思考和判断，所以承蒙成都市作家协会友人错爱，把我作为《成都传》作者推荐给"丝路百城传"项目的主持方中国外文局新星出版社时，虽然一开始我有一点小犹豫（因为此书的写法必须要有开创性，难度不小，又加上诸事缠身），但很快还是作出决定接受这个庄重的委托。因为从一开始，出版社领导和编辑同志就很真诚，所以我的写作在协议签订以前就开始了。整个写作基本上是一气呵成，并三易其稿后定稿。我告诉给我审读稿件的弟子苗倬鼐说："你老师这么多年探索成都的所有看家本领都在这本书里了。"这个本领如何，只能由读者们来评价了。

成都是一个奇妙的存在，您越深入了解它，就越想继续了解；越是了解得多，就越是喜欢和敬佩它。就像它的前身三星堆代表的那个伟城、出土太阳神鸟金箔的金沙遗址代表的那个美城一样，不知还拥有多少激动人心的宝藏在地下、在文献里、在待解的文物里，在近1700万成都人民与时俱进的发明创造和独具魅力的"生活美学"实践里。

感谢关注过、鼓励过、帮助过此书得以出版的中宣部、中国外文局领导、新星出版社领导和工作人员以及刘传铭老师的付出。感谢我的中学同窗、诗人童光辉对本书的审读与指点迷津，中学同窗、摄影家李晓宁和挚友黄剑华、沈尤先生慷慨惠赠本书多张表达成都的摄影作品；感谢家人和研究院全体同事的理解、鼓励和支持。犬子谭俊峰，目前为银行职员，但喜欢成都的历史文化，他为本书提供了自己拍摄或已经购买了版权的若干图片。我的得意门生苗倬鼐，两度审读全书，找出错讹之处，供我修改。呦呦鹿鸣，食野之苹。我有嘉宾，鼓瑟吹笙。生活在这个中国蒸蒸日上的伟大时代，有那么多良师益友理解、支持和鼓励，君子勖哉！

谭平
2021年3月27日于成都

《成都传》参考文献

史、传、志类

〔汉〕司马迁.《史记》.中华书局.1959

〔汉〕班固.《汉书》.中华书局.1959

〔刘宋〕范晔《后汉书》.中华书局.1965

〔晋〕陈寿.《三国志》.中华书局.1959

〔晋〕常璩.《华阳国志》.齐鲁书社.2010

〔后晋〕刘昫.《旧唐书》.中华书局.1999

〔唐〕魏徵等.《隋书》.中华书局.1999

〔宋〕欧阳修、宋祁等《新唐书》.中华书局.1999

〔宋〕司马光等.《资治通鉴》.中华书局.1973

〔宋〕李焘.《续资治通鉴长编》.中华书局.1979

〔宋〕袁说友.《成都文类》.文渊阁《四库全书》本

〔元〕费著.《岁华纪丽谱》.文渊阁《四库全书》本

〔元〕脱脱等.《宋史》.中华书局.1977

〔明〕杨慎.《全蜀艺文志》.线装书局.2003

〔明〕曹学佺.《蜀中广记》.文渊阁《四库全书》本

〔明〕冯任、赵世雍等.《天启成都府志》.成都时代出版社.2007

〔清〕张廷玉、万斯同等.《明史》.中华书局.1977

〔清〕黄廷桂等.《雍正四川通志》.文渊阁《四库全书》本

〔清〕吴巩.《嘉庆华阳县志》.成都时代出版社.2007

〔清〕衷以埙等.《嘉庆成都县志》.成都时代出版社.2007

赵尔巽.《清史稿》.中华书局.1998

曾懿、林思进.《民国华阳县志》.成都时代出版社.2007

傅崇矩.《成都通览》.天地出版社.2014

方韬译注.《山海经》.中华书局.2011

袁庭栋.《成都街巷志》.四川教育出版社.2010

研究著作类

天府文化研究院.《天府文化研究》.巴蜀书社和四川大学出版社.2018

李学勤.《东周与秦代文明》.文物出版社.1984

袁珂.《山海经校注》.巴蜀书社.1993

蒙文通.《巴蜀古史论述》.四川人民出版社.1981

贾大泉、陈世松主编.《四川通史》.四川人民出版社.1970

编纂委员会.《成都通史》.四川人民出版社.2011

谭平等.《天府文化与成都的现代化追求》.巴蜀书社.2018

蒙默等.《四川古代史稿》.四川人民出版社.1989

徐中舒.《论巴蜀文化》.四川人民出版社.1981

林语堂.《苏东坡传》.张振玉译.湖南文艺出版社.2012

方国瑜.《中国西南历史地理考释》.中华书局.1987

江玉祥.《古代西南丝绸之路研究》第二辑.四川大学出版社.1995

童恩正.《古代巴蜀》.重庆出版社.1998

胡昭曦.《四川书院史》.巴蜀书社.两千

钱穆.《中国文化史导论》.九州出版社.2011

谭其骧主编.《简明历史地图集》.中国地图出版社.1991

陈世松主编.《四川通史》.四川大学出版社.1993

石硕等.《交融与互动——藏彝走廊的民族、历史与文化》.四川人民出版社.2014

段渝.《四川通史》第一册.四川大学出版社.1993

李世平.《四川人口史》.四川大学出版社.1987

王笛.《跨出封闭的世界——长江上游区域社会研究1644—1911》.中华书局.2001

王笛.《显微镜下的成都》.上海人民粗版社.2020

段玉明.《成都佛教通史》.宗教文化出版社.2017

刘复生等.《近代蜀学的兴起与演变》.四川大学出版社.2017

何一民主编.《变革与发展：中国内陆城市成都现代化研究》.四川大学出版社.2002

陈世松.《天下四川人》.四川人民出版社.2008

侯德础.《抗战时期中国高校内迁史略》.四川教育出版社.2001

周勇主编.《重庆通史》.重庆出版社.2002

王苹、许蓉生、胡越英.《成都与抗战时期的中国空军》.四川大学出版社.2015

张学君、张莉红.《成都城市史》.2020

四川文史馆.《成都城坊古迹考》.四川人民出版社.1987

岱峻.《风过华西坝——战时教会五大学纪》.江苏文艺出版社.2013

〔英〕谢立山.《华西三年：三入四川、贵州与云南行记》.韩华译.中华书局.2019

〔英〕威廉·萨默塞特·毛姆.《映象中国》.詹红丹译.万卷出版公司.2017

本土文献类

谭继和主编.《尹昌衡研究概览》.四川人民出版社.2013

舒大刚.《蜀学论衡》.孔学堂书局.2018

王川.《藏羌彝文化走廊史话》成都时代出版社.2018

贾大全主编.《四川历史辞典》.四川教育出版社.1993

何一民、王苹主编.《成都历史文化大辞典》

任桂园主编.《天府古镇羊皮书》.巴蜀书社.2011

王文才.《杨慎学谱》.四川人民出版社.2018

双流社科联.《槐轩概述》上海科学技术文献出版社.2015

白郎主编.《锦官城掌故》.成都时代出版社.2013

张仲裁主编.《云山锦绣——唐诗里的成都》.成都时代出版社.2020

姚锡伦.《成都老街记忆》.成都时代出版社.2017

唐婷主编.《成都何在——名人笔下的成都》.成都时代出版社.2020

张丰主编.《锦里风流——成都生活的印象》.成都时代出版社.2020

李冰研究中心编.《李冰研究学刊》(第二辑).巴蜀书社.2020

冯晖.《影像里的成都》.成都时代出版社.2020

张建.《从清朝开来的的士——成都出租交通史话》.四川文艺出版社.2017

成都、彭州地方志办公室.《天彭牡丹史话》.中国文史出版社.2017

图书在版编目（CIP）数据

成都传：熊猫家园诗歌殿堂 / 谭平著 . —— 北京：新星出版社，2021.5
（丝路百城传）
ISBN 978-7-5133-4451-7

Ⅰ . ①成… Ⅱ . ①谭… Ⅲ . ①文化史－研究－成都 Ⅳ . ① K297.11

中国版本图书馆 CIP 数据核字（2021）第 061664 号

出版指导：陆彩荣
出版策划：彭明哲　简以宁

成都传：熊猫家园诗歌殿堂

谭平　著

责任编辑：简以宁
责任校对：刘　义
责任印制：李珊珊
装帧设计：冷暖儿　闫　鸽

出版发行：新星出版社
出 版 人：马汝军
社　　址：北京市西城区车公庄大街丙3号楼　　100044
网　　址：www.newstarpress.com
电　　话：010-88310888
传　　真：010-65270449
法律顾问：北京市岳成律师事务所

读者服务：010-88310811　　service@newstarpress.com
邮购地址：北京市西城区车公庄大街丙3号楼　　100044

印　　刷：天津图文方嘉印刷有限公司
开　　本：660mm×970mm　　1/16
印　　张：22.5
字　　数：338千字
版　　次：2021年5月第一版　　2021年5月第一次印刷
书　　号：ISBN 978-7-5133-4451-7
定　　价：89.00元

版权专有，侵权必究；如有质量问题，请与印刷厂联系调换。